PETER PETERSEN

ALLGEMEINE ERZIEHUNGSWISSENSCHAFT

ZWEITE UNVERÄNDERTE AUFLAGE

WALTER DE GRUYTER & CO · BERLIN
VORMALS G. J. GÖSCHEN'SCHE VERLAGSHANDLUNG · J. GUTTENTAG, VERLAGS-BUCHHANDLUNG · GEORG REIMER · KARL J. TRÜBNER · VEIT & COMP.
1962

Dieser Band ist ein unveränderter Nachdruck
der im Jahre 1924 erschienenen ersten Auflage

Archiv-Nr.: 34 17 62/1

(Printed in Germany)

Meiner Frau

widme ich dieses Buch zum Dank für die schirmende Sorge
und Mitarbeit in einem schweren Jahrzehnt

Inhaltsverzeichnis.

Vorwort.

Hamburger Vorlesungen, vorbereitet 1920 auf 1921 und gehalten S. S. 1921 und 1923, lege ich hiermit der öffentlichen Kritik vor. Es geschieht auf oft wiederholten Wunsch von Hörern, aber weit mehr aus eigenem Bedürfnis. Die hinter den beiden, in diesem Buche veröffentlichten, Teilen stehende Wertphilosophie wird dem aufmerkenden Leser in ihrer Grundstruktur erkennbar sein. Was gesagt, gefolgert und gefordert wird, ist nur aus einer Welt mit ganz bestimmter Rangordnung der Werte heraus zu begründen, und ein dritter Teil: Das Reich der Werte und seine erziehenden Kräfte, hätte erwartet werden können; in seinem Aufriß ist er in der Tat fertig. Aber ich stehe mitten in umfassenden philosophiegeschichtlichen wie systematischen Untersuchungen, die auch solchem dritten Teile ganz besonders zugute kommen, und möchte vor seiner Veröffentlichung erst diese abschließen. Aller Wahrscheinlichkeit nach werden sie auf die beiden ersten Teile, was deren inneren Aufbau angeht, stark zurückwirken.

Dennoch erscheint mir das Vorliegende in sich als eine Einheit, so wie es geboten wird. Die Vorlesung erweckte jedesmal den Eindruck einer Einheit; auch in den kritischen Aussprachen mit der Hörerschaft ward es so empfunden. Mir aber wird für die weitere Arbeit die große Kritik von höchstem Wert, ja notwendig für mein Ziel: eine illusionsfreie Erziehungswissenschaft. Nur diese — so meine ich — kann zur Pädagogik wie zum gesamten Volksbildungswesen der Gegenwart mit Aussicht auf erfolgreiche Einwirkung auf alle Erziehungspraxis normierend Stellung nehmen und in der vollkommen verworrenen schulorganisatorischen wie volksbildnerischen Lage helfen, die Kräfte zusammenzufassen und aus der Zeit im Einklang mit ihrer „Tendenz“ für die Zeit zu bauen.

Jena, 1. Februar 1924.

I. Grundbegriffe.

„Das ganze Leben des Menschen und der Menschheit ist Ein Leben der Erziehung."
(Fr. Fröbel.)

§ 1. Masse, Gesellschaft, Gemeinschaft.

1. Wir leben im „Jahrhundert der Masse", ist ein beliebter Ausspruch; und mehr als ein Schlagwort? Es hat zu allen Zeiten Massen und Massenwirkungen gegeben, keineswegs minder kräftig als heute. Aber als Problem stand die „Masse" nicht derart vor dem Bewußtsein nachdenkender, ihre Epoche analysierender Menschen. Sie war nicht in demselben Grade wissenschaftliches Problem wie jetzt und seit langem. Wenn sie erlebt wurde, so nach der Seite des Quantitativen, des Numerischen, nicht des Qualitativen, der Form und der Gestalt, weder psychologisch noch ethisch als eine Einheit. Thomas Hobbes ist einer der typischen Vertreter dieser individualistischen Theorie. Eine Menge von Menschen, die sich freiwillig verbunden haben, sind — so sagt er [1]) — „nicht eine Körperschaft, sondern viele Menschen, von denen jeder seinen eigenen Willen wie sein eigenes Urteil über alles hat, was vorgebracht wird". Menge ist ein Sammelwort und bezeichnet so viel wie „viele Menschen". Die Menge hat demnach keinen natürlichen Willen, sondern in ihr hat jeder seinen und einen andern. So kann auch „keine Handlung der Menge als die ihrige zugeschrieben werden; auch wenn alle oder viele eingewilligt haben, entsteht nicht eine, sondern stets so viele Handlungen als Menschen". Daraus folgt weiter die Unmöglichkeit, daß eine Menge etwas ver-

[1]) Lehre vom Menschen und vom Bürger, übers. von Frischeisen-Köhler, 1918. S. 136 ff.

spreche, Verträge eingehe, Rechte erwerbe oder übertrage, noch etwas tue, habe, besitze oder ähnliches, sondern dies alles immer nur jeder für sich, Mann für Mann, und es bleiben demnach so viele Versprechen, Verträge, Rechte, Handlungen wie Menschen. Eine „Massenhandlung" gibt es also im Sinne dieser Theorie nicht. Was die Masse verübt, gilt als getan von jedem einzelnen, der zu ihr gehört. Und Hobbes findet nun von hier aus die Brücke zum Absolutismus. Wenn nämlich dieselbe Menge gegenseitig ausmacht, daß der Wille eines einzelnen Menschen oder der übereinstimmende Wille der Mehrheit von ihnen als der Wille aller gelten soll, so wird sie dann eine Person. Sie ist nun mit einem Willen begabt und kann deshalb freiwillige Handlungen vornehmen, Gesetze geben, Rechte erwerben usw. Nun aber reden wir nicht mehr von der Masse, sondern von einem Volk. Tut jedoch eine Menge Menschen oder das Volk etwas ohne den Willen dieses von ihr erkorenen einen Menschen oder des von ihr gewählten Parlaments, so ist das wiederum getan durch die verschiedenen Willen verschiedener Menschen, und ihnen spricht Hobbes einen Gesamtwillen ab.

Der Einzelwille ist nach dieser Lehre der einzige reale und ursprüngliche Wille. Das gemeinsame Wollen ist nur eine zufällige, teils durch äußere Einflüsse, teils durch einen freien Entschluß der Individuen herbeigeführte Übereinstimmung und mag in einem König oder einem Parlament u. a. repräsentiert sein, aber auch dort existiert kein „Gesamtwille", sondern nur das Wollen vieler verschiedener Einzelner. Dieser krasse Individualismus ragt bis in die Gegenwart hinein, in dem, was sich „Liberalismus" nennt in allen Lebensgebieten, Politik und Wirtschaft, Religion und Ethik; er liegt dem zugrunde, was unter dem Schlagwort „alte Schule und alte Erziehung" bekämpft und mehr und mehr zurückgedrängt wird.

Denn auch die Erziehungslehre wird sich wesentlich wandeln, wenn die Masse als Eigenbegriff eigenen Wertes und eigener Macht erkannt und gewürdigt wird. Als John Locke von der Bedeutung und dem Einfluß der society schreiben sollte, da möchte er fast seine Feder wegwerfen, er weiß, daß sie mehr vermag als alle Vorschriften, Regeln und Unterweisungen, allein er kann nicht die Folgerungen daraus ziehen und sie als eine positive, eine miterziehende Macht recht würdigen[1]). Doch schon das 18. Jahrhundert konnte sich nicht so einfach um dieses Problem herumwinden; im Zeitalter der „Aufklärung“ erblüht die Volksschule und darüber hinaus die Sorge um die „Aufklärung der Massen“. Aber die großen geistigen Führer sind sich immer noch nicht klar über die Geistigkeit der Masse. Sie bleibt ihnen ein Wort, das zum Gegenbegriff dient gegen „Gebildete“, Aristokraten u. dgl. Rousseau[2]) sieht im Stile seiner Träume von der neuen Gesellschaft die Lage des Armen so romantisch, daß er keine Erziehung braucht, weil er aus sich selber ein Mensch werden kann. Und die Summe der Armen ist ihm die Masse. Anders sein Zeitgenosse und Gegner Voltaire[3]), der sich so gerne als Schüler Lockes rühmte. Er kann den Hochmut des Gebildeten der Canaille gegenüber nicht loswerden, findet Volksschulen bedenklich, schon ein Mindestmaß an Volksbildung und Volkshebung gefährlich. Dann aber erkennt er in der Masse die stärkste Bundesgenossin der Kirche, die er so leidenschaftlich bekämpft und wiederum nur durch Aufklärung der Massen glaubt erfolgreich bekämpfen zu können — allein das Problem der Bildung der Massen und ihrer Erziehung steigt nirgends vor ihm auf. Erst der große Menschenfreund, der diese Frage zeitlebens auf dem Herzen trug und mit dem Herzen anfaßte, erst Pestalozzi wird der Vater der Volksschule und der größte aller neueren Volkserzieher.

Die individualistische Einstellung der letzten Jahrhunderte war Nachwirkung der Welt- und Lebensanschauung der Renaissance. Ihr Höhenindividualismus ward zunehmend Gemeingut und Westentaschenphilosophie, bis er in unseren Tagen als liberalistische Theorie zur Stütze der ausbeuterischen Wirtschaftsformen in den Spalten der gemeinen Presse wohl sein wenig würdiges Ende gefunden hat. Diese Auflösung der Renaissancekultur wurde nur vorübergehend aufgehalten durch

---

1) § 70, vgl. § 146.

2) Emil, I. § 86.

3) Vgl. Paul Sakmann, Voltaires Geistesart und Gedankenwelt, 1910. S. 265 ff.

die große Epoche um 1800 und ihr Bildungsideal. Dieses hat schließlich die Schulorganisation und die Bildungsmittel der neuen bürgerlichen Schulen zersetzt und mitgeholfen, die alte Kultur aufzulösen. Vor allem deswegen, weil ihr edles Bildungsideal keine Einstellung auf die neu sich gruppierenden „Massen" ermöglichte, die deren Eigengeistigkeit gerecht werden konnte. Diese neu sich formierenden Massen traten aber auf als bildungsbedürftig, nicht nur um ihrer selbst willen, sondern um aller derjenigen Kreise willen, welche sie brauchten, um mit ihnen Macht und Ansehen zu erlangen, und so entstand hier derselbe Widerstreit wie zur Zeit Voltaires. Wissen ist nötig, aber gefährlich, nur daß der Egoismus der modernen Wirtschaftsmächte sich, wenn auch zögernd, so doch zu einer positiven Entscheidung zwang, im Gegensatz zum Bildungsaristokratismus eines Voltaire und seines Kreises. Zudem erlebte das letzte Jahrhundert Massenbewegungen, Massenkämpfe, Kriege, passive Resistenz, Revolutionen, so daß die Welt, auch die gelehrte, daran gewöhnt ward, Masse als Einheit und als Mittelpunkt eigentümlichen Lebens zu behandeln und zu versuchen, in ihre eigentümliche psychische Struktur hineinzugrübeln, sie nach der psychologischen, soziologischen und ethischen Seite, nach der besonderen Problematik zu erforschen. —

Wann haben wir es nun mit „Masse" zu tun? Masse als soziologischem Begriff. Die zahlenmäßige Umgrenzung ist unmöglich, ja es ist möglich, nach dem psychischen Befunde, unter ganz bestimmter Konstellation der Umweltverhältnisse „Massenempfindung" sogar in einem einzelnen zu erzeugen. Jedenfalls ist es nicht ohne weiteres richtig, zu meinen, Masse sei immer ein irgendwie ganz großer Haufe von Menschen. Wie kommt es z. B. zur Bildung von „Masse"? Die Menge, welche in schwarzen Scharen jene Großstadtstraße auf und ab eilt, ist keine Masse. Aber in dem Augenblick, wo sie sich um einen verunglückten Menschen schart, wird aus der Menge eine Masse. Alle, die sich um den Verunglückten scharen, sind in ihrem Gefühlserleben und in ihrem Vorstellungskreis auf dieses Ereignis eingestellt und aus ihren, bislang nach ganz verschiedenen Richtungen hin strebenden, Gedanken und Interessen, streben die hervor, welche allen gemeinsam sind. Dasselbe Bild kann ebenso gut wie ein Unglücksfall die sich um einen Straßenverkäufer scharende Menge liefern. Das Geheimnis des Erfolges dieser Verkäufer beruht darauf, daß sie es verstehen, um sich herum aus der Menge eine Masse herauszuschälen, die sich gleichmäßig auf ihre Waren einstellt. So entsteht in dieser Schar ein Massenbewußtsein, das gleichsam das sonst bestimmende Individualbewußtsein ersetzt. Und nun kauft der erste; der Kauf wirkt ansteckend; und wer den Ausrufer beobachtet, merkt, wie er geschäftig wird, sobald der erste gekauft hat, wie er eiliger anpreist, hinreicht unter stetem Reden usw. Er weiß, dieses Massenbewußtsein hat die Neigung, schnell wieder zu verschwinden, ausgeschaltet zu werden. Auf diese Tatsache eines solchen schnell sich bildenden Massenbewußtseins rechneten mit Erfolg die Straßenpolitiker aller Revolutionen, so im Palais Royal 1789/91, während der Bankette im Februar 1848 zu Paris, auf allen freien Plätzen der Großstädte während der Novembertage 1918 in Deutschland. Und wie Straßenverkäufer und Politiker, so sucht jeder Redner aus den Zuhörern eine Masse zu bilden oder sich doch unter ihnen aus der Mehrheit eine zu formen, die mit ihm ein gemeinsames Ziel habe, dasselbe denke, empfinde und wolle. Nur einer kann auf diese Massenbildung verzichten, der nüchterne Wissenschaftler, er *kann* die Masse entbehren, da es ihm nur auf die Sache ankommt und erst in zweiter Linie auf die Wirkung dieses Sächlichen auf Menschen. Darum sehen wir die ganz großen Denker und Forscher bewußt auf „Schulen" verzichten, soweit dafür ihr persönlicher Einfluß in Frage kommt; sie überlassen die Schulbildung der Macht des Werkes; denn sie wissen, daß Massenwirkungen stets von kurzer Dauer sind, sie sind Erregungen, mit denen der Wissenschaft selten gedient ist, und jene Männer haben die schädigende Wirkung der, notwendig, erstarrenden Schulen zur Genüge erkannt. Schon hier aber erstehen auch die stärksten Bedenken gegen die Popularisierung der Wissenschaft und alle University Extension, da diese allzu leicht nur dazu dient, durch tüchtige Redner wissenschaftliche *Meinungen* in ein *Massenglauben* zu verkehren, wie das Beispiel des letzten

Jahrhunderts zur Genüge lehrt. Und dann wird ein zweiter Feldzug nötig, um wiederum diesen Glauben, der sich nun „wissenschaftlich fundiert" wähnt und sich auf „Autoritäten" beruft, zu berichtigen, ja wohl als irrig zu erweisen und einen neuen an seine Stelle zu setzen — für aber ein Vierteljahrhundert!

Die allgemeine Voraussetzung der Massenbildung ist demnach dies: mehrere müssen ein gemeinsames Interesse haben, irgendwelcher Art. Es braucht dies nicht einmal ein wirkliches Interesse derart zu sein, daß es ihnen auf Grund einer engeren Lebensgemeinschaft gemeinsam ist; es genügt, wenn sie nur für den Augenblick, wo sie in diese Masse eingehen, glauben, es sei ihnen gemeinsam. In der Masse ist demnach die Macht der Suggestion und der Gefühlsansteckung außerordentlich groß, so groß, daß dadurch das normale Individualbewußtsein ausgelöscht sein kann; das was klar und vernünftig ist, scheint verschwunden. Gegen die Macht dieses Massenbewußtseins ist der einzelne wehrlos, fast ganz widerstandslos. Es beeinflußt seine Zuneigung und Abneigung, läßt ihn Dinge tun und sagen, die er allein unter der Herrschaft seiner Vernunft vielleicht niemals tun würde.

In der Masse versinkt die Individualität, das Individuelle am Menschen, insonderheit daran erkennbar, daß die Intelligenz des einzelnen sinkt; die Fassungskraft ist absolut wie relativ begrenzt. Das kennzeichnet eben auch die Masse, an die heute noch mancher zuerst denkt: die werktätige Arbeiterschaft, die ganz besonders unter dem täglichen Einfluß des Massenbewußtseins leben muß, so wie nun einmal ihr Leben und ihre Arbeit abläuft. Daher auch ihre Unfähigkeit, sich schnell mit dem Neuen auseinanderzusetzen. H. Staudinger[1]) erzählt dafür ein Beispiel: Eine Firma bezahlte immer 120 Stunden, während die Arbeiter nur 112 arbeiteten. Es war nämlich zwischen den Organisationen der Industriellen und der Arbeiterschaft vereinbart, daß durch Zeitverkürzung keineswegs eine Lohnverkürzung eintreten dürfe. Daraufhin rühmte sich nun aber diese Firma ständig, sie bezahle mehr als eigentlich verdient würde; sie be-

---

[1]) Hans Staudinger, Individuum und Gemeinschaft, 1913.

zahle 120 Stunden à 70 Pf. gleich 84 Mk., und da verlangte der Arbeiterausschuß, daß der Wahrheit die Ehre gegeben werden solle, und die Firma 112 Stunden à 75 Pf. gleich 84 Mk. zahle. Die Arbeitermasse lehnte das Vorgehen gegen die Firma ab, weil die Führer sie nicht von dem Nutzen überzeugen konnten. Es dauerte Monate, bis diese einfache Tatsache verstanden wurde. Mit anderen Worten: die neue Tatsachenreihe mußte erst in das Massenbewußtsein aufgenommen werden, bis zu dem einzelnen durchgesickert sein, bevor er verstand, worum es ging. Diese eigentümliche Bedingtheit der Arbeiterschaft, wie aller gleichen Kreise, ist von der größten Bedeutung für alle Volksbildungsarbeit. Soll sie Wert haben und will sie nicht momentane Wirkung, so muß sie mit langen Perioden rechnen und ihre ganze Tätigkeit darauf einstellen. Sind dann aber wertvolle Gedanken durchgedrungen, so ruhen sie auf einer starken breiten Grundlage und sind zu einer Macht zum Guten geworden.

Heinz Marr hat vor allem wegen dieser unvermeidlichen Minderung der intelligenten Kräfte in jeder Masse die extensive Volksbildungsarbeit verworfen [1]). Vorträge vor großen Auditorien könnten keinen massenerzieherischen Einfluß haben, weil die kollektive Seele überhaupt kein denkendes Wesen sei. In der Kollektivseele verwischten sich die intellektuellen Fähigkeiten und überhaupt die Individualitäten, und es akkumulierten sich lediglich die unter dem Durchschnitt liegenden Verstandeskräfte. Marr glaubt, das hänge zusammen mit dem Nachlassen der intellektuellen Wachsamkeit der Zuhörer, aber nicht minder des Vortragenden. Wie die Verantwortlichkeit in Ausschüssen allzu bedenklich sich verteile, der einzelne werde zu wenig mitberührt, ein großer Teil verbleibe lediglich aufnehmend, so ergehe es auch dem Vortragenden: je größer der Zuhörerkreis, desto weniger gründlich und sachlich pflege der Vortragende zu sein. So richtig dieses Nachlassen der intellektuellen Wachsamkeit ist, so ist doch damit keineswegs die Geistigkeit der Masse irgendwie erschöpfend umschrieben.

---

[1]) Das Problem der Masse, 1921.

Beginnen wir mit seiner räumlichen und zeitlichen Ausdehnung. Räumlich sind der Ausbreitung eines Massenbewußtseins heute kaum noch Grenzen gesteckt. Die Öffentlichkeit ist die Voraussetzung dafür, und diese Öffentlichkeit ist heute im Zeitalter der drahtlosen Telegraphie diejenige der Welt. So kann sich ein Massenbewußtsein bilden innerhalb eines Dorfes, einer Gemeinde, einer Stadt, eines Landes, schließlich der Welt. Aus der politischen Welt sind solche Fälle die Polenschwärmerei seit der ersten Hälfte des 19. Jahrhunderts, die allslawische Idee, der Revanchegedanke in Frankreich, Deutschlands Schuld am Weltkriege, aus der Welt der Schule die Ausbreitung der Arbeitsschulidee, der Anschauung „Vom Kinde aus" usw. Massenbewußtsein ist stark gebunden an die Entwicklung der Technik der Verknüpfung der Räume, des Verkehrswesens, der Presse. Und mit dieser Möglichkeit größter Raumumspannung in unseren Tagen hängt es gewiß auch zusammen, daß das Problem der Masse so unwiderstehlich stark empfunden wird. In früheren Jahrhunderten war die Öffentlichkeit enger, gar in der vorgeschichtlichen Zeit, und damit dürfte wiederum zusammenhängen die Zersplitterung in viele Volkssprachen und kleine Staaten. Eine unter den Voraussetzungen größerer Staatenbildung ist unbedingt diese, daß über dem ganzen Raume, den dieser Staat einnehmen soll, ein zusammenhängendes Bewußtsein erzeugt und erhalten wird. Und dafür sind heute günstig die vielen wichtigen Mittel der Öffentlichkeit in Parlamenten, Kongressen, Versammlungen, Messen, Ausstellungen, Presse. Alle diese wirken und wollen auf Massen wirken.

Die räumliche Ausdehnung verleiht dem Massenbewußtsein die äußere Macht, die zeitliche Ausdehnung jedoch gibt erst die rechte Kraft, die Intensität der Wirkung. Je tiefer zurück in die Vergangenheit gewisse Ideen gelagert sind, desto mächtiger pflegen sie zu sein. Man denke an das Familienbewußtsein etwa alt eingesessener Friesengeschlechter, jener Westfalenfamilien, die noch heute auf den, ihren Vorfahren vom Herzog Widukind verliehenen, Erbhöfen sitzen. Dergleichen ist auch die Macht des Gelehrtenideales, des humanistischen Ideales usw. Unter jenen Familien ist ein in Jahrhunderten gesteigerter Vorrat an geistiger Energie aufgewandt und für ganz bestimmte Gedanken aufgespeichert, und daran läßt man alles Neue sich hundertmal brechen, bevor etwas assimiliert wird, oder man läßt es zerreiben, geht unter Umständen lieber selber zugrunde. Daher die Zähigkeit aus grauer Vorzeit vererbter Anschauungen, sei es über Familienehre oder politische Notwendigkeiten, Regierungsformen, Steuerfragen, Erbrecht, Ebenbürtigkeit der Ehegatten. Man kann sich unter die Kraft traditioneller Mächte hineinleben, z. B. als Gelehrter. Solche traditionellen Werte werden von Kind auf, oder doch in früher Jugend, autoritativ hingenommen und anerkannte Oberwerte für alle diejenigen, in denen dies Massenbewußtsein lebendig ist. Daraus erklärt es sich auch, daß sich verhältnismäßig kleine Volksteile gegen ihnen numerisch überlegene jahrzehntelang politisch behaupten können. Den im Laufe des 19. Jahrhunderts neu heraustretenden Ständen, etwa dem sog. vierten Stand, fehlte die zeitliche Tiefe, die Tradition. Jeder neue Stand mußte sich diese erst neu erwerben, mit Schäffle zu reden, sich ein „immaterielles Kapital" anlegen, welches nun von den Vätern ererbt ist und im Falle aufsteigender Entwicklung mit Zins und Zinseszins von der lebenden der nächsten Generation hinterlassen wird — hinterlassen in Reden, Schriften, Drucken, Bildwerken, Gedichten, Legenden, aber auch als politische Disposition. Über und aus diesem immateriellen Kapital erwächst dann das Massenbewußtsein innerhalb einer Volksschicht, eines Standes. Es bildet sich eine neue „Konvention".

Im Voraufgehenden haben wir den Begriff der Masse absichtlich schon mehrdeutig verwendet. Wir sprachen zuletzt von einer Masse, die man als die „organisierte Masse" oder als „Gruppe" bezeichnen muß, ich werde sie auch die „reale Masse" nennen, — eine Masse, die sich in derselben Kaste, derselben Berufsgruppe oder Bevölkerungsschicht findet: Junker, Bürger, Bauer, Arbeiter, technisch-industrielle Angestellte, kaufmännische Angestellte, in religiösen Sekten oder politischen Parteien usw. Ihr gegenüber könnte man reden von einer „fluktuierenden Masse", wie sie sich bildet im Hörsaal, Theater, auf der Straße. Menge aber wäre gleich „atomisierter Masse", die es nicht zu einem Handeln, zu einem Gemeinsamen bringen kann. Wenn im Kampfe Heeresmasse gegen Heeresmasse steht, so ist der Sieg in dem Augenblick errungen, wo die eine der beiden Massen atomisiert wird, zur Menge wird, „sich auflöst" Der Unterschied zwischen fluktuierender und organisierter Masse aber wäre zunächst ein rein äußerlicher: Die fluktuierende Masse ist immer räumlich beisammen, wenn sie zur Geltung kommen soll, und hat die Neigung, sich geradezu blitzschnell wieder zur Menge zurückzuverwandeln. Es fehlt ihr das zeitliche Moment und eben damit die Intensität der Dauer. Dennoch bleibt es im höchsten Grade kennzeichnend für die Macht des Geistigen im Grunde, daß Minuten ja Sekunden genügen können, um Menschen, die zu „anonymen heterogenen Massen" (Le Bon) zusammenschießen und wieder auseinanderschnellen, durch ein gemeinsames Geistiges zu verbinden. Die organisierte Masse ist als ganze niemals räumlich beisammen oder doch nur in Teilen der Gruppe oder durch Repräsentanten. Hier wird nun die gewisse Überlegenheit der Arbeitermassen als organisierte Masse verständlich. An unzähligen Punkten eines Landes finden sich nämlich heutzutage numerisch starke Gruppen tagaus tagein auch räumlich zusammen, auf ihrem Arbeitsplatze; man denke an Werften, Fabriken, die Leunawerke, Krupps Arbeiterstadt usw. Sie leben aber auch in den Städten dichter zusammen, und die lieblose, oft menschenunwürdige Bauweise der modernen Arbeitervorstädte hat nur die Massenwirkungen verstärken helfen, und es ist richtig gesehen, wenn man daran geht, diese Massen zu durchsetzen, indem man die Arbeiterschaft siedeln läßt und sich davon auf die Dauer auch politische Wirkungen verspricht. Freilich ist zu erwarten, daß die bisherige Geschichte des vierten Standes bereits zu einer solchen traditionellen Macht geworden ist, daß er, auch in Siedelungen zerstreut, die Kraft einer jeden anderen organisierten Masse bewahren kann. Er besitzt Dauer.

Wie lange nun vermag diese geringere Fassungskraft, diese gewisse intellektuelle Einschläferung zu währen? Im fluktuierenden Zustande wie Stürme auf der See, wo Welle auf Welle kommt und vergeht. Ein ruhiger, besonnener Mensch kann, ohne etwas Besonderes zu wollen, über die Straße gehen und sich in weniger als einer Minute handeln sehen, wie er es sich nie zugetraut, kann etwas tun, was er bei ruhiger Überlegung niemals getan hätte und was er nach der Tat wohl gar alsbald bereut. Andererseits erkannten wir die lange Dauer dort, wo die Überlieferung zu Hilfe kommt. Wer mit einem solchen Gruppenmenschen in ein Gespräch kommt und auf Fragen eingeht, die diesem überlieferungsgemäß autoritativ beantwortet sind, der stößt auf Granit. Hier setzt jede Einsicht aus. Von bestimmten Überzeugungen und Lebensgewohnheiten ist er mit nichts abzubringen. Wie schnell verfliegt dagegen der Rausch der Begeisterung nach einer aufpeitschenden Rede, vor allem, wenn beim Verlassen des Saales draußen starker Regen niedergeht, durch den man den Heimweg machen muß, und die Gedanken sich schon auf den Kampf um einen Platz in der Straßenbahn zu drehen beginnen.

Es kommt demnach alles darauf an, Massen zu organisieren, wenn man sie schlagkräftig machen will, einerlei ob es sich um Arbeiter- oder Schülermassen handelt, um die Maurer einer Stadt oder die Mädchen eines Lyzeums. Und: Massen organisieren heißt das Geistige realisieren! Und diese Realisierung wird erst dann vollkommen, wenn es gelingt, lang nachwirkende Autoritäten zu schaffen, welche zur Mitherrschaft über das Individualbewußtsein gelangen und sich spontan in Kraft setzen, wenn es gilt. Auch im Schulleben. Wer kennte nicht aus der alten guten Schule den aufklopfenden Finger oder klopfenden Bleistift, der die Ordnung herstellte, weil in sie die Autorität verpflanzt war. Im öffentlichen Leben ist es schwieriger, allein überall sehen wir dasselbe Bestreben, den Massen „Oberwerte" zu geben, unter die sie dann mühelos alles, was man von ihnen wünscht, unterordnen können, etwa Wiederaufbau, Klassenkampf, Sozialisierung, Rache, Reparationen, oder Begriffspaare wie Ausbeuter und Ausgebeutete, Arbeiter und Bourgeois, um allgemeine und dabei besonders komplizierte Oberbegriffe zu nennen. Und wenn wir von der Herrschaft oder dem Führertum dieses oder jenes Einzelmenschen reden, so vermag er nur zu führen, wenn er die Leitung, die Beherrschung des Massenbewußtseins einer Gruppe mit Hilfe von anderen übernommener oder von ihm selbst geprägter Oberwerte zu erhalten versteht. Bei der in der neuesten Zeit, und zwar infolge ihres Verkehrswesens, starken Durchsetzung aller organisierten Massen mit fluktuierenden und bei der starken Durchkreuzung der verschiedenen organisierten Gruppen im öffentlichen Leben erfordert die Stellung des Führers einen steten Kampf gegen fremde, in sein Reich eindringende Werte. Daraus wird z. B. die ununterbrochene Mahnung begreiflich, der betreffenden Parteipresse treu zu bleiben, nicht die Blätter der Gegner zu lesen, oder das Verbot der katholischen Kirche, die Bibel oder andere Bücher zu lesen, von denen man eine Erschütterung der eigenen Autorität befürchten muß, und das mit Recht. Alle Führer streben aus eigenstem Lebensinteresse danach, mit der Gefolgschaft engste Fühlung zu erhalten und zwischen sich und ihr alles auszuschalten, was die Oberwerte zu zersetzen droht, unter denen sie das Gefolge denken und handeln wissen müssen. Im Schulleben ist das nicht anders. Hierher gehört das Bemühen der Lehrer, die Jugend vor literarischen, wissenschaftlichen, philosophischen, religiösen Gegenwerten zu schützen, die ihnen gefährlich für die Kräftigung derjenigen Werte erscheinen, die *sie* zu Oberwerten machen möchten. Wie falsch dabei der an sich richtige Weg beschritten worden ist, das lehrt die Zersetzung eben der alten Schulautoritäten durch andere, der Jugend und nun schon auch den damals Jugendlichen unter den jetzigen Lehrern, genehmere. Die Folge einer falschen Psychologie des Kindes und des Jugendlichen. Denn auch die Jugend untersteht den Gesetzen der Masse, bildet eine räumlich zersprengte, aber in recht starken Teilgruppen auch räumlich oft versammelte, von einer fremden Macht, dem Staate, organisierte Masse. Wer kennte nicht die Klage mancher Eltern: „Wenn ich meinen Jungen allein habe, so ist er ganz vernünftig, kommt er aber mit andern zusammen, so ist er gar nicht wiederzuerkennen"; oder die andere: „Zu Hause ist mein Junge so ungezogen, daß ich mich wundern muß, wie er in der Schule so sehr gelobt werden kann". Die Eltern haben keine Fühlung mit jener Kollektivseele, die in ihrem Jungen auch wirksam ist, darum können sie nur dann führen und die autoritativen Werte, die fast automatisch einsetzen, in Kraft erhalten, wenn sich das Kind in dem von ihnen beherrschten und geformten Lebenskreise bewegt. Von derselben Art ist der Kampf, der in jeder Epoche ausgefochten wird, zwischen den konventionellen Menschen und den intuitiven, den entschiedenen, die sich in den Dienst der neu aufkommenden Konvention stellen müssen, die das Neue heraufziehen sehen, ihm dienen müssen, das Neuland von der Bergesspitze aus über die Nebel in den Tälern sehen, aber kaum für ihre Schauungen und Deutungen Verständnis finden. Die Erbitterung aber, die solche Kämpfe stets und unvermeidlich begleitet, erklärt sich daraus, daß Geist wider Geist streitet, Wertreich gegen Wertreich steht. Und es wäre sehr zu wünschen, daß die Einsicht in diesen Tatbestand wenigstens allen Führern gemeinsam wäre, um die üble Herabsetzung des Gegners zu unterlassen und dem Streite die feinste Form zu sichern.

Jede Masse hat ihre besonderen Werturteile. In der zufällig geballten Masse entstehen sie, um im Fluge zu vergehen. Typisch ist aber auch hier, daß im Momente der Hingabe, der Ansteckung, des Überwiegens jenes Massenbewußtseins, der suggerierte Wert in seiner vollen Unbedingtheit erkannt wird. Im Augenblick der Fesselung der normal tätigen intellektuellen Kräfte erscheint das neue Wollen und sein Ziel als allgemeinverbindlich und muß vollführt und erreicht werden, sei es eine Hilfsaktion für kranke Kinder oder der Mord an politischen Gegnern, sei es ein Vortrag über Relativitätstheorie, der gehört werden muß, oder die neueste unübertreffliche Stiefelwichse, die auf der Karre gekauft werden muß. In der realen, der organisierten Masse bekundet sich dagegen die Macht der Werturteile weniger in dieser plötzlichen, oft gewalttätigen Natur, sondern hier liegt die Macht eben in ihrer Unausrottbarkeit, also in dem geraden Gegenteil: Ehrbegriff im Offizierkorps, in der Schülerschaft, Feindseligkeit gegen Streikbrecher; dies und das darf man sich nicht bieten lassen, sonst ist man ein feiger oder schlapper Kerl usw. Eine Zwischenstufe zwischen beiden bildet die „öffentliche Meinung", die ein Massenmeinen ist. Sie hat längere Dauer, kann sich Monate, ja Jahre halten, man denke an die öffentliche Meinung im Auslande über Deutschlands Kriegführung oder seine Schuld am Kriege. Ob es vielleicht mit zur Niederlage Deutschlands im Weltkriege beigetragen hat, daß die Gegner erheblich weniger aufgeklärte Völker, also stärker zum Massenmeinen veranlagte, zu bearbeiten hatten? Die Tatsache, daß sich Massen beeinflussen lassen und daß es geringerer Intelligenz bedarf, um eine öffentliche Meinung zu erzeugen, ermöglicht es ja gerade auch immer den Durchschnittsgeistern mehr als den Genies, die zu gleicher Zeit leben, diese öffentliche Meinung für sich zu gewinnen. Was vermag ein begnadeter Dichter gegen die Feuilletonaufsätze eines Kritikers, der sein bißchen Geist geschickt aufzustutzen und einem Publikum seine Weisheit mundgerecht zu machen versteht und dabei auf viele Zehntausende in regelmäßigen Zeitabständen einwirken kann! Und es ist ja nicht nur die höhere Intelligenz, die sich den Massen gegenüber durchsetzen soll, sondern im Genie vor allem das Neue, von dem wir schon hörten, das es erst verstanden werden kann, wenn es bis zum einzelnen durchgesickert ist. Dann freilich ist Ibsen „göttlich" und Strindberg „himmlisch", der Expressionismus „entzückend" und Nolde „unerreichbar" für jedermann. Dasselbe lehrt die Erfahrung aus der Schulwelt; es sind auch hier keineswegs immer die höchsten Intelligenzen, welche den meisten Einfluß haben, sondern ein gewisser Durchschnitt wirkt am meisten wohltuend und führt am ehesten. Kein Wunder, wenn die öffentliche Meinung von den Großen aller Zeiten gehaßt worden ist. Für Dante ist sie die „Wetterfahne" aller derjenigen, welche im Vorhofe der Hölle im Sturmwind herumfliegen, für Goethe „Wirbelwind und trockener Kot". Es ist ein ewiger Kampf zwischen dem schöpferischen Menschen und dem gemeinen Werturteil. Und alle Flüge gen Himmel nützen dem Genius nichts, er muß, will er auf Volk und Menschheit wirken, selbst oder durch andere für sich dieses harte Ackerfeld auflockern. Auch hat Schäffle nicht ohne Recht ausgeführt, daß das Bleigewicht des gemeinen Werturteils dem Genius zwar lästig sei, aber daß die geistige Massenhemmung auch für den Genius unentbehrlich sei. „Wenn die Fürsten des Geistes über die Fesseln der gemeinen Meinung klagen, so hätte, wenn ihre Ideen sofort Wirklichkeit werden könnten, umgekehrt das gemeine Volk sich noch mehr über das zu beklagen, was die Feuergeister ihm zumuten. Es wäre ein großes Übel, wenn der platonische Idealstaat oder ein Fichtescher Handelsstaat von den Philosophen oktroyiert, wenn die soziale Welt von einem Hegel panlogistisch konstruiert werden könnte"[1]). Der geistige Führer muß die Massen für seine Ideen „erziehen", und das kann immer und überall nur geschehen, wenn der Erzieher die psychische Beschaffenheit der Masse, die Psychologie der Kollektivseele kennt: er sei Politiker oder Lehrer, Künstler, Redakteur oder Werkleiter. Wo Erziehung ausgeübt wird, da ist sie Massenerziehung. Der Privatunterricht und die Privaterziehung sind keine Ausnahmen; denn der Unterrichtende und der Schüler stehen nicht als Individuen einander gegenüber, sondern es wirkt durch den Lehrer jener Gruppengeist, dem er dient, auf die in dem Schüler wirksamen Gruppenvorstellungen, -triebe usw. Auch hier steht Massengeist gegen Massengeist.

Welches sind nun, zusammenfassend und gleichzeitig erweiternd, die seelischen Eigenschaften der Masse? Nach Le Bon sind dies die Hauptmerkmale des in der Masse befindlichen Individuums: Schwund der bewußten Persönlichkeit, Vorherrschaft der unbewußten Persönlichkeit, Orientierung der Gefühle und Gedanken in derselben Richtung durch Suggestion und Ansteckung, Tendenz zur unverzüglichen Verwirklichung der suggerierten Ideen[2]). Das psychologische Gesetz, das in der Masse herrscht, ist nach ihm das „der seelischen Einheit der Massen". Die mittelmäßigen Allerweltsqualitäten werden vergemeinschaftlicht; die intellektuellen Fähigkeiten und die Individualitäten der Individuen verwischen sich, und in der alleinstehenden Kollektivseele herrschen die unbewußten Elemente, die Triebe, Leidenschaften und Gefühle. Wenn wir nun in einem Willensvorgang einen Affekt sehen, der durch seinen Verlauf seine eigene Lösung herbeiführt, und demnach von der Stärke

[1]) s. Grundriß d. Soziol., S. 73f., vgl. auch zum Vorhergehenden.

[2]) La Psychologie des Foules, 2. éd. Paris 1900, deutsche Übers. von R. Eisler, 1908.

des Affekts die Affektlösung abhängt, so wird es begreiflich, wie bis zur Siedehitze glühend gemachte Volkshaufen, zu Massen zusammengeballt, unter der autoritativen Vorstellung eines suggerierten Werturteils die scheußlichsten Taten vollbringen können, was die Geschichte aller Revolutionen aller Länder lehrt. Das Handeln der Kollektivseele ist überall das nämliche, vom Temperament der Nationen wenig beeinflußt, verstärkt oder ermäßigt, ob es sich um „kühle" Engländer oder „leidenschaftliche" Iren, um „bedächtige" Holländer oder „ritterliche" Franzosen handelt. Bei der Ausschaltung der klaren Verstandestätigkeit kann auch das Verantwortlichkeitsgefühl nicht aufkommen; denn darunter verstehen wir ja ein Gefühl, das von Einsicht und Überlegung beherrscht wird, sich selber ein Halt zuruft und die Affektlösung nicht im Sinne eines blinden Sich-Ausrasens zuläßt, sondern diese Lösung abmildert, wohl gar in einem, dem normalen Ablauf entgegengesetzten Sinne herbeiführt, den Affektverlauf anhält; man nimmt sich zusammen, man beherrscht sich.

Allein was Le Bon und viele nach ihm als Masse untersucht haben, das ist so gut wie ausschließlich die, wie wir sagten, fluktuierende oder die atomisierte Masse, die Menge. Mit der realen, der organisierten Masse steht es doch wesentlich anders, als Le Bon meint, wenn eben diese nicht zersplissen wird und nun im Sinne einer atomisierten Masse handeln muß. In der realen Masse scheint alles sich eher umgekehrt zu verhalten. Die in ihr vorhandenen geltenden Autoritäten bewirken, daß sich die organisierte Gruppe verantwortlich weiß in einem für sie höchsten Sinne. Der Streikbrecher muß verprügelt werden; der die Ehre verletzte, muß gefordert werden; die ebenbürtige Erbfolge in der Familie muß gewahrt werden usf. Und hinzukommt, daß in diesen Gruppen irgendeine Vorstellungsklarheit über diese Dinge besteht. Was sein muß, das erscheint auch in seinen Gründen vor jeder Vernunft ausgemacht und gerechtfertigt. Ja diese Gründe werden mitüberliefert, sie gehören mit zur Tradition und werden wie heilige Worte nachgesprochen. Forscht man freilich tiefer nach, so kommt dennoch auch hier das allgemeinste Kennzeichen jeder Massenbestimmtheit heraus: die letzten Gründe verfliegen vorschnell im Gefühlsleben, in einer Art Subjektivität. Wohl ist es richtig, daß schließlich alle letzten Gründe ins Dunkle, ins Metaphysische herabgehen, hier aber allzu rasch; die Diskussion bricht vorschnell ab, wenn versucht wird, solchen Gruppengründen andere entgegenzusetzen: „Lassen Sie mich damit in Ruhe! Das ist so und das bleibt so!" Also treffen wir auch hier auf ein überstarkes Massenmeinen und damit zusammenhängend für jeden Menschen, der unter der Macht anderer Oberwerte und einer anderen Gruppentradition lebt, auf den Schein einer herabgeminderten Intelligenz, und zwar oft nur für diese betreffenden Fragen, bei denen ein Mensch innerhalb der Kollektivseele denkt. Man sagt dann wohl: „Sonst ist er ein ganz gescheiter Mensch, aber kommt man auf dies oder das zu sprechen, dann: . . ."

Von hier aus fällt Licht auf den Kampf der Generationen, der stets ein Geisteskampf realer Massen ist. Der Gegensatz der Generationen verschärft sich notwendig jedesmal dann, wenn es nicht mehr gelingt, die junge Generation reibungslos oder doch ohne allzu starke Schwierigkeiten den bis dahin geltenden Werten einzuordnen, sie für deren Anerkennung zu gewinnen. Dann sehen die „Alten" ihre Welt untergehen oder empfinden es, als ob die Welt überhaupt unterginge; die Sehnsucht nach der „guten, alten Zeit" steigt auf. Und doch haben zu allen Zeiten Männer im grauen Haar, selbst Greise jugendliche Weltstürmer geführt, und der Jugendliche meidet durchaus nicht das Alter, den Alten, weil dieser an Jahren alt ist, sondern nur dann, wenn er kein Verständnis für das hat, was die Jungen durchkämpfen müssen, weil sie um eine neue Rangordnung der Werte ringen. Der Ältere aber wird gern zum Führer genommen, wenn er ihren eigenen Kampf versteht und mitzuerleben vermag. Denn er verbindet alsdann eigene Reife, d. i. er besitzt Ordnung all seines Handelns um eine Sonne, also das, worum die Jugend ringt, um die Sonne, um die sie ihr Leben lang kreisen darf, mit jener versöhnenden und gewinnenden Milde des verständnisvollen Menschen, der sich des Kampfes aus der eigenen Jugendzeit noch voll bewußt ist und darum instinktsicher den jugendlichen Menschen weisen kann.

Das klärt auf über den Typ, der ganz besonders Jugenderzieher in Epochen sein kann, in denen ein bis dahin herrschender Konventionalismus abgebaut und die Wertewelt umgeschichtet wird, wie in der Gegenwart.

2. Der Begriff der organisierten oder realen Masse leitet hinüber zum Verständnis des Begriffes der Gesellschaft[1]), dem keineswegs eindeutigen Hauptbegriffe der Soziologie. Von Hegel angeregt haben im 19. Jahrhundert zuerst Lorenz von Stein und Robert von Mohl eine Wissenschaft zu begründen versucht, deren Gegenstand diejenigen Abhängigkeitsverhältnisse sein sollten, welche zwischen Volkswirtschaft und Staat liegen, also diejenigen persönlichen Abhängigkeitsverhältnisse, welche hauptsächlich durch Besitz, Arbeitsweise und Familie gegeben sind, etwa das, was wir unter „bürgerlicher Gesellschaft" verstehen. A. Schäffle erweiterte diesen Begriff der Gesellschaft im Sinne einer ideellen Verbindung der Menschen schlechthin und bezeichnet als Gesellschaft im soziologischen Sinne die „Völkerwelt", so daß der Begriff der Gesellschaft nach ihm den Begriff des Volkes voraussetzt. Simmel hat sodann in seiner viel benutzten „Soziologie" 1908 die Möglichkeit geleugnet, die Gesellschaft als Ganzes einer eigenen wissenschaftlichen Betrachtung zu unterziehen und will in ihr nur eine Lehre von den sozialen Formen sehen, wie Über- und Unterordnung, Konkurrenz, Nachahmung, Arbeitsteilung, Vertretung, Parteibildung usw., demnach eine rein formale Soziologie. Im engeren Sinne pflegt man wohl auch heute gelegentlich Staat gleich Gesellschaft zu setzen, unter der Nachwirkung der antiken Philosophie, der beide zusammenfielen. Außerdem besteht dafür nach unserer Auffassung eine gewisse innere Berechtigung, weil der Staat die mannigfachen Formen und Erscheinungen der Gesellschaft zu einer Einheit zusammenfaßt und demnach zu den „Einheitserscheinungen der Gesellschaft" (Spann) gezählt werden kann. In unserm Zusammenhange wird unter Gesellschaft der Inbegriff sämtlicher sozialer

---

[1]) Vgl. in erster Linie O. Spann, Gesellschaftslehre, 1914, sodann A. Schäffle, Grundriß der Soziologie und vor allem Lorenz von Stein, Handbuch der Verwaltungslehre, 2. A., 1876.

Erscheinungen verstanden, die „menschliche Gesellschaft"; demnach sind Staat und „bürgerliche Gesellschaft" im Begriffe der Gesellschaft, so wie wir ihn verwenden werden, mit einbeschlossen[1]).

Diese mannigfachen Formen und Erscheinungen innerhalb der Gesellschaft nun bilden und gestalten sich eigentümlich auf dem Wege über sich organisierende Massen, sie sind unregelmäßige, nach Größe und Kraft denkbar verschiedene Atomballungen, die als solche eine Einheitstendenz besitzen, und solange diese Tendenz die Atome beisammenhält und sie anzieht, hält diese gesellschaftliche Bildung stand. Der Zusammenschluß, die Vergenossenschaftung aber hat überall den nämlichen Zweck: aus dem vagen Gefühlsleben und dem Zustand vereinzelter Intelligenz zum Massenhandeln zu kommen, zum geordneten, planvollen Handeln. Wir sehen, daß auch die fluktuierende Masse handeln kann, aber es ist ein momentanes, oft ja zumeist unüberlegtes. Im Gegensatz dazu steht nun das Streben nach Ordnung und Plan im Handeln bei einer verhältnismäßig stabil gewordenen Gruppe. Hier herrscht ein Wille zur Form. Und daher trafen wir in der organisierten Masse bereits immer auf eine stärkere Inanspruchnahme gerade auch der Intelligenz. Als solche Formen für gemeinsames Handeln wären zu nennen Berufsvereine, Gewerkschaften, Fabriken, Handelskompagnien, Militär und Polizei, aber auch Rechtsverbände, Wissenschafts- und Kunstvereine, Kirche, Staat und Volk. Denn überall finden wir unsern obersten Grundsatz wieder: es handelt sich um soziale Formen, durch die und in denen ein planvolles Massenhandeln ermöglicht werden soll.

Die Geschichte der Gesellschaft zeigt uns, wie solche Formen entstehen und vergehen. Etwa die Entwicklung des Ritterstandes, die abgeschlossen ist im 13. Jahrhundert, worauf der Stand mit dem aufkommenden geldwirtschaftlichen Zeitalter verfällt, sich wandelt in den fortlebenden Resten zum Großgrundbesitzer und Junker oder zum Hofadel und Offizier usf. In der jüngsten Zeit erlebten wir die Herausbildung des vierten

---

[1]) Spann, a. a. O. 351 f.

Standes, in den Anfängen mit allen Merkmalen der fluktuierenden, dann der realen Masse, heute einer festen gesellschaftlichen Form, oder des neuen „Mittelstandes" aus den Kreisen der Angestellten in Handel und Industrie; gleichzeitig die Auflösung des alten Bürgerstandes, den wir heute nur noch in einigen sehenswerten, im Aussterben begriffenen Exemplaren vorfinden. Die Gegenwart wird die Umgliederung der alten Beamtenschaft zu neuen gesellschaftlichen Formen erleben. Bei allen Umschichtungen innerhalb der Gesellschaft ist stets zu beobachten, wie die verfallende Form bei ihrer Auflösung in den Atomzustand zurückfällt. Nach starken Erschütterungen ist das u. a. in der allgemeinen Ratlosigkeit bei politischen Wahlen typisch festzustellen, man denke an die Unsicherheit der Wähler auf dem Lande oder sog. Mittelstandswähler in der Stadt nach der Revolution 1918. Sie fühlten sich einstweilen ohne rechte Vertretung ihrer eigensten Interessen und wurden, wie immer in solchen Fällen, vor allem das Opfer der geschickten Agitation, d. h. verfielen der örtlich stärksten Massensuggestion. Ganz anders die Sicherheit des Arbeiterstandes, der immer weiß, wen er wählt und wozu. War daher um die Mitte des 19. Jahrhunderts und bis hart in die Gegenwart hinein der Bürgerstand im Vorteil der größeren Geschlossenheit und Zielsicherheit, so heute die Arbeiterschaft. Daraus wird erklärlich, daß und wie Minderheiten schließlich siegen. Minderheiten sind stets gebildet aus entschlossenen, das Neue intuitiv stark erkennenden und sich im Kampf darum klärenden Menschen. Den Kampf aber brauchen sie unbedingt, einmal für sich selber, weil sie erst im Gegensatz zu den anders denkenden Gruppen sich selbst erkennen und über sich selber klar werden. Das Neue kann für sie noch nicht kristallklar sein, wie es das Alte ist, für das der Gegner streitet. Jene fühlen es nur als ein Neues, und allmählich erst im Kampfe selber, wird es zu dem Neuen. Sodann ist der Kampf notwendig, um Breschen in die Stellungen der Gegner zu legen; denn siegen können Minderheiten nur dann, wenn sie vorstoßen gegen im Abbröckeln, im Absterben, wie man sagt, befindliche Massen, mögen diese zunächst noch so kompakt und unerschütterlich erscheinen. Aber das stolze Wort ist richtig:

Jede neue Idee war einmal ein Mann! und ebenso jede soziale Form, welche jene Idee sich schuf.

Weil die Gesellschaft die Summe der Formen ist, in denen Gruppen zu planvollem Handeln gelangen, so ist damit schon gesagt, daß die Gesellschaftsformen in erster Linie dienende Funktion besitzen. Der Aufbau der gesellschaftlichen Welt ist demnach ein leistungsmäßiger, d. h. ein funktioneller, sie ist ein System gegliederter Dienste. Das Handeln kann dazu dienen, die Mittel zur Verwirklichung von Zwecken herbeizuschaffen, es kann lediglich der Mitteilung dienen oder dem Zusammenschluß, der Organisation als der Zusammenfassung und Ordnung von Kräften. Jede soziale Form hat ihren Ursprung in vitalen Interessen des Menschengeschlechts, dient deren Erhaltung und Förderung, sich versteigend bis zum Selbstgenuß und zu brutalster Knechtung anderer. Überall aber im Grunde der dienende Charakter. Und je nach der Stellung der Gruppen zueinander, nach ihren Abhängigkeitsverhältnissen untereinander, ergibt sich eine Abstufung, eine Hierarchie der Gruppen.

Woher kommen jedoch die Antriebe zum Zusammenschluß? Der Wille zur Form? Wer und was will diese Form und gerade diese? Da wir die Formantriebe nicht innerhalb der Gesellschaft, wie wir sie verstehen, finden können, so werden wir auf die reale Masse zurückgehen müssen, welche aus sich auch diese sozialen Formen heraustreibt. Die Antriebe entstammen derselbe Quelle, die Massen sich organisieren und dadurch real werden läßt. Die soziale Form ist demnach ein Zweig der Urorganisation.

3. Wo sich ein Massenbewußtsein bildet und Handlungen vollführt, da ist in den vielen einzelnen ein gemeinsamer seelischer Inhalt vorhanden. Denn Massenbewußtsein setzt die Möglichkeit eines Gemeinbewußtseins voraus, d. h. eines mehreren gemeinsamen Bewußtseins. Und wir sind wie so oft in der Psychologie einfach genötigt, diesen Befund anzuerkennen, ihn als unmittelbares Erlebnis hinzunehmen, das lediglich nachträglich der Analyse zugänglich ist. Seine Grundlage bildet die Tatsache, daß zwischen mir und dem andern von Ursprung her die Möglichkeit gegeben ist, Erfahrungen voneinander zu

machen, einer vom andern. Allbekannt ist es, wie schon kleine Kinder die Gabe besitzen, sich unmittelbar in den andern einzufühlen, ihn seelisch zu durchdringen, und für diese seelische Urtatsache noch bezeichnender, daß dieselbe Gabe auch bei geistig Rückständigen vorhanden ist. Übrigens nehmen auch Tiere, welche ganz bei uns leben, unser Gepräge an bis zu dem Grade, daß sie unsere Absichten verstehen und durchdringen. Das zunächst Einwirkende sind die Eindrücke durch die äußere Wahrnehmung des Gesichts, Gehörs, Getasts, Geruchs und Geschmacks. Von Kind auf begnügt sich der Mensch nicht mit dem bloßen Anblick, der bloßen Empfindung vom andern, sondern vom ersten Erwachen des irgendwie tätigen Bewußtseins, der Apperzeption, macht der andere Eindruck auf uns, und wir ordnen den andern in unsere Erlebnisse ein. Das Kind schreit beim Anblick des fremden andern, den es nicht irgendwie mit Vater oder Mutter oder Amme und Kindermädchen zusammenbringen kann. Es lacht und freut sich, wenn der andere Bewegungen ausführt, die ihm Lust zu verschaffen scheinen, etwa hochgenommen zu werden. Je reicher sich nun das Bewußtsein entwickelt, über desto mehr Kategorien verfügen wir, den andern schon rein äußerlich einzuordnen: klein und groß, Mann und Weib, schön und häßlich, Freund und Feind, Volksgenosse und Ausländer, und zwar das alles schon beim ersten Anblick. Damit hängt zusammen die Wirkung der Tracht, der Uniform, heller bezw. dunkler Kleidung, also schon der äußeren Erscheinung eines Menschen.

Dies und noch manches mehr vermittelt uns den andern, wobei uns hier nicht die Frage angeht, ob es immer ein richtiges Wissen um den andern ist, das so entsteht. Uns kümmert nur die Tatsache, daß uns der andere unmittelbar gegeben wird. Und wie durch das Gesicht, so durch den Händedruck oder durch das Gehör, etwa an seinem eigentümlichen Schritt und Gang, woran er sofort als dieser oder jener erkannt wird. Und das Wichtigste bei dem allen ist nun, daß uns mit diesem Außeren der Mitmenschen eben auch ihr Inneres gegeben ist. Selbst dann, wenn das Außere irreführt, so ist das nur ein Beweis für die sog. Oberflächlichkeit der Menschen bei der Beurteilung des andern, die soweit geht, daß sie das Äußere ohne weiteres als ein Zeugnis für das Innere nimmt. Aber diese oberflächliche Beurteilungsweise bestätigt ebenfalls die Wahrheit, daß wir mit dem Äußeren ohne weiteres auf das Innere schließen. Wir sind von Natur imstande, vom Äußeren auf ein Inneres zu deuten. Es muß demnach wohl unser Äußeres irgendwie auf das Innere hindeuten, und die Fehlurteile erfolgen nur darum, weil diese Deutung nicht einförmig erfolgen kann. Niemand aber bezweifelt, daß ein Händedruck z. B. mir unmittelbar etwas über die Gesinnung des Begrüßenden aussagt. Der Händedruck kann Herzlichkeit, Verachtung, Liebe, Gleichgültigkeit bedeuten, der Schritt Ruhe oder Erregung, die Stimme Müdigkeit oder Frische, vor allem aber die Sprache des andern sympathisch oder unsympathisch berühren und dadurch meine Erfahrungen vom andern beeinflussen.

Unter den Erfahrungen vom andern sind auch solche Eigenschaften, die wir als den unsern gleich oder ähnlich erkennen. Auf diese Weise bildet sich ein bestimmtes „Wirbewußtsein", deren es so viele geben kann, als es Gemeinsamkeiten mit anderen gibt[1]). Seine Bedeutung ist die allergrößte. Wichtiger als neue Gründe des Verstandes ist in den allermeisten Fällen und für die allermeisten Menschen die bloße Erfahrung, daß auch andere ihre Meinung teilen. Damit werden sie in der Richtigkeit ihrer Meinung bestärkt, ja von ihr überzeugt. Die Genügsamkeit kann so weit gehen, daß einer sich in seinem Vorhaben, seinem Schaffen sicher und beruhigt weiß, wenn nur ein anderer, dann freilich immer ein anderer, auf dessen Meinung er viel geben zu dürfen glaubt, die Handlung nicht für verwerflich hält oder an sie glaubt. Oder dieser andere wird oft genug vergrößert, um sich und sein geistiges Selbst zu behaupten, dadurch daß man in diesen andern Größe hineinlegt, ja hineinlügt um seiner eigenen Existenz als Mensch willen (Lebenslüge). Jeder Mensch braucht im Lebenskampfe mindestens einen, an den er sich hält und dem er vertraut. Hieraus folgt die große vitale Bedeutung der Freundschaft, aber auch der Ehe, und erklärt sich die bei

---

[1]) Vgl. Hans Lorenz Stoltenberg, Soziopsychologie, 1914, S. 40ff.

oberflächlichem Nachdenken und Urteilen oft rätselhaft erscheinende Tatsache, wie der oder jener zu dieser Frau bzw. sie zu diesem Manne kommen konnte, was er bloß an dieser Frau oder sie an diesem Manne haben kann. Ein großes Beispiel solcher Bindung zweier Ehegatten aneinander ist ja die Ehe Bismarcks, und die Bedeutung mancher Dichter- und Künstlerliebe wird so erhellt, auch die Bindung des frommen Herzens an seinen Gott, die einem Menschen in Perioden völliger Einsamkeit Lebensmut und Seelenstärke und Schaffenskraft gegeben hat. Es ist ein wunderbarer Beweis für die Wesensstärke des Menschen, daß er imstande ist, diesen andern im Jenseits, in einem Himmel oder wie immer zu erkennen und sich an ihn zu binden, so fest, daß zwischen beiden ein tragendes und über das Schwerste hinleitendes Wirbewußtsein entsteht.

Also beruht auf diesem Wirbewußtsein Glück und Zufriedenheit, Sicherheit und Mut. Und das Wirbewußtsein ist ein sehr starker Träger der Liebesgefühle aller Art zum andern in Freundschaft, Liebe, Hilfsbereitschaft, und sein Umfang ist ungeheuer verschieden: Mutter und Kind können diese „Wir" bilden, zwei Freunde, Mann und Frau, die Verwandtschaft, die Berufsklasse, selbst alle Menschen. „Wir sind alle Menschen", „wir sind alle sterblich, dem Zufall preisgegeben", dieses Wirbewußtsein ist die Triebfeder mancher Hilfsaktion gewesen, und in der Gegenwart die Überlegung, „auch uns kann die Besetzung treffen".

Diesem Wirbewußtsein entspricht das „Ihrbewußtsein", und es ist unmöglich auszumachen, welches von beiden zuerst bewußt wird. Oft mag das Bewußtsein des Wir erst durch den zuvor empfundenen Gegensatz zum andern erwachen, ein Gegensatz, der keineswegs von Natur und von Anfang an oder immer ein feindseliger zu sein braucht. Wir Volksschüler — ihr Realschüler; wir Kanadier — ihr Europäer, dann meist getragen von Haß, Verachtung, Feindseligkeit; anders im Verhältnis: wir Kinder — ihr Eltern; wir Männer — ihr Frauen, hier kann das Ihrbewußtsein sich ebensogut mit Liebe und Hochachtung, Rücksicht und Schonung verbinden.

Aus dieser Betrachtung des Wirbewußtseins und des Ihrbewußtseins, die beide nicht weiter ableitbare, sondern unmittelbare Tatsachen sind, wird helleres Licht über die Zusammenballung veränderlicher Massen gebreitet. Der Straßenredner, der Verkäufer, das verunglückte Kind, sie alle erzeugen von sich aus mitten in einer bis dahin atomhaften Masse ein Wirbewußtsein; es entsteht damit eine Gemeinsamkeit der Überzeugung über dies oder jenes, das getan werden muß. Und da jedes Wirbewußtsein leicht als seinen Gegenpol ein Ihrbewußtsein erfaßt, so wird es möglich, gegen jene „„Ihr" Mitleid und Zuneigung, Verachtung und Haß bis zum Tode zu erregen. Im Zustande des Handelns in der fluktuierenden Masse ist zudem alles, was Antrieb zum Handeln wird, konkret, anschaulich, greifbar, zu sehen, zu hören. Daher die starke Arbeit der Gesten des Gesichts und der Hände, der Sprache, um eine Verlebendigung dessen zu erreichen, wozu aufgefordert wird. Der Verkäufer zeigt die Ware, er erprobt sie, zeigt derb anschaulich ihre unübertreffliche Güte. Nicht anders der Redner, der wirken will: er muß die Herzen der Zuhörer packen, wie es ganz richtig heißt, einen ans Herz greifen. Damit erklärt sich ferner die derbe Sprache aller Volkszeitungen und aller, die sich redend oder schreibend an Massen wenden. Und wo ein Unglück einen gemeinsamen seelischen Inhalt erzeugt und ein gemeinsames Handeln bewirkt, nun da ist es eben auch der konkret vor einem liegende Verunglückte oder der durch die Beschreibung oder die eigene Phantasie unmittelbar anschaulich vorgestellte Unglückliche, der in den meisten Fällen die Hilfstätigkeit verursacht. Nicht der Ruf „Feuer!" erzeugt die Panik, nicht das Wort als solches, sondern die Summe der damit verbundenen Vorstellungen und weit mehr noch die züngelnde Flamme selbst, etwa am Bühnenrande eines Theaters. Wer keine Vorstellung von der Gefahr des Feuers hat, dem ergeht es wie jenem Kinde, das vor Entzücken in die Hände klatschte, als das Feuer in der Wohnung brannte, und weinte, als man es hinaustragen mußte. Selbst die sogenannte Roheit von Kindern und Schülern Tieren wie Kameraden gegenüber beruht ja oft nur darauf, daß sie kein Erlebnis von diesem andern haben, das mit ihm die Bildung eines Wirbewußtseins ermöglicht. Welch starkes Wirbewußtsein verbindet den Landmann mit seinen Tieren, überhaupt mit der Natur! Auf ihm beruht auch die Kraft der sog. „Nachbarschaft".

Das Handeln realer Massen und seine Motivationen unterscheidet sich von dem fluktuierender vornehmlich dadurch, daß sich hier das Gemeinsame mehr und mehr in der Sphäre des Verstandes festsetzt, mithin durch eine lange Gedankenreihe von Gründen hindurchgehen kann. In den sozialen Formen der Gesellschaft wird es sodann zu einem fest gefügten, oft von langer Überlegung gelenkten Planen, das unter Abwägung des Für und Wider den zweckvollsten Weg für die Durchführung einzuschlagen versucht. In allen Gesellschaftsformen ist so recht auch das Herrschaftsgebiet der Ratio, des klugen und klügelnden, des rechnenden und berechnenden Verstandes. Die bestmöglichen Wege zum Handeln, den Antrieben zu genügen, werden abgewogen und schließlich die erprobten festgehalten, traditionell. Denn durch die Wiederholung wird jedes Handeln leichter und leichter und schließlich automatisiert. So wird das Gebiet der Gesellschaft zu einem Reich des Verstandes und des Mechanistischen. Massen fanden sich ja deswegen zusammen, um ein, in ihrem Wirbewußtsein, das sie einigte, als gemeinsam erkanntes nützliches und notwendiges Handeln auszuführen. So wurden die einzelnen Genossen, d. h. Genießer desselben Gutes, desselben Nutzens, und durch die Vergenossenschaftung erleichterten sie ihr Vorhaben. Ist dieses Vorhaben in sich abgenutzt, veraltet, so wird es zum alten Eisen geworfen, und die Genossenschaft löst sich auf, der Verfall in Atome, die Umschichtung beginnt. Was man in der realen Masse konventionell nennt, dem entspricht in der sozialen Form das Automatische, Mechanische.

Aber jeder Verfall führt eben doch zu einer neuen Zusammenfassung, und diese erfolgt durch ein neues Handeln. Woher dieses Neue?

Jenes ursprüngliche Erleben des andern, ja das Leben im andern, bedeutet keineswegs, wie nach Ansicht der Milieutheorie, ein Aufgehen des Menschen in seiner Umwelt. Der Mensch ist keineswegs schlechthin das Erzeugnis der Umstände.

Das anzunehmen, wäre ebenso falsch wie die Annahme, der Mensch sei nichts anderes als ein Quell, der bis zum Versiegen aus sich selbst quillt, ein Bild, das ja auch nur flüchtig hingenommen richtig ist, wenn es die absolute Eigenständigkeit des Individuums bezeichnen soll; denn kein Quell fließt aus eigenem Besitz unerschöpflich, sondern bedarf steter unterirdischer Zufuhren, und so steht es mit dem Menschen. Es sind die Empfindungen, Gedanken, Gefühle und Strebungen der andern, die der Mensch als fremde Mittel aufnimmt, um aus seiner Kraft damit zu bauen und sie zu gestalten. Dieses Übernehmen, von fremden Gedanken etwa, ist keineswegs bloßes Übernehmen, vielmehr ruft das fremde Streben oder Fühlen und Denken unser Streben, Fühlen und Denken wach, ein gleiches oder ein widerstrebendes. Wir werden erst am andern unser selbst inne, leben nicht mit ihm, sondern leben an ihm erst auf. Und so ist der fremde Gedanke, das Fühlen und Denken des andern zunächst niemals in uns wie ein fremdes, sondern wie ein eigenes, und das kann immer nur heißen, wir haben es irgendwie nachgeschaffen. Der andere war für uns nur Anlaß und Anstoß, und so begann das Wachstum des Selbst, das stets das Wachstum eines Eigentümlichen, eines von allen anderen unterschiedenen Selbst ist.

Wir müssen es voll und ganz begreifen, daß fremdes Seelenleben vom Ursprung her unsere Seele nährt, daß wir auf Gemeinsamkeiten und aus Gemeinsamkeiten leben, und daß wir erst schöpferisch werden in dem Augenblick, wo das fremde Seelenleben auf uns einwirkt. Und da dies vom ersten Atemzuge an geschieht, so steht demnach jeder Mensch vom Ursprung her auf Gemeinschaft, und fragen wir, was im höchsten Sinne der Kern und das eigentliche Wesen der Gemeinschaft ist, so dies: „Die schöpferische Wirkung der Menschen aufeinander, jene Auferweckung, Bereicherung, Neuschöpfung, Anregung, die innerer Widerhall notwendig erzeugt" (Spann). Damit ist zugleich ausgesagt, daß alle Gemeinschaft im Grunde eine geistige ist. Mag es sich um Geistiges in so niederen Regionen handeln, wie bei einem Straßenauflauf, es ist hier doch die Gemeinsamkeit einer

„Überzeugung", welche für den Augenblick vereint, mag es sich handeln um das Einende unter den höchsten sittlichen Ideen bei Freundschaft, Religion, Vaterland. Darum werden nun auch Gesellschaft und Gemeinschaft etwas wesenhaft Verschiedenes für uns: Gesellschaft ist in all ihren Formen auf ein Handeln eingestellt unter der Herrschaft des abwägenden Verstandes und besitzt den Trieb zum Mechanischen, Gemeinschaft ist allseitiges geistiges Verbundensein mit einwohnendem Naturtrieb zum stetigen Wachstum an Fähigkeiten und Kräften, ein unaufhörliches Zeugen und Erzeugen. Dort die Tendenz zum schließlichen Verfall, wenn sich der Zweck der Vergenossenschaftung abschwächt, hier der Mutterboden aller Zwecke überhaupt, auch derjenigen, die sich in sozialen Formen erfüllen, das ewig fruchtbare Erdreich des Geistes.

Wo nun Gemeinschaft erfaßt wird in diesem ihren Urgrunde und verstanden wird als Quellbereich aller schöpferischen Kraft, da wird sie zugleich selbst als Ziel des Lebens und Strebens begriffen, als eine dem Menschen gesetzte Aufgabe. Man will sie in ihrer Vollkommenheit, d. h. als Idee. Und wiewohl sie Anfang ist, das Prinzip des lebendigen Schaffens der Geister, in dem einzelnen wie in den sozialen Formen, so wird sie zugleich ans Ende der Reihe aller Handlungen gerückt und damit gesteigert zu einer Sehnsucht des einzelnen Strebenden wie ganzer Gruppen, den Gliedern im Reiche der Gemeinschaft. Aus etwas, das ist, wird sie zu etwas, das sein soll, zu einer Idee, einer letzten gedachten Einheit. Und als solche Idee erhebt sie sich zur Unabhängigkeit über alle Erfahrung, wird Richtung gebend, Ziel setzend für Erfahrung, erlangt konstitutiven samt regulativen Charakter. —

Unser Weg von der Analyse der Masse im gemeinhin soziologischen Verstande bis zur Erfassung der Idee der Gemeinschaft hat in allen Teilen darüber belehrt, daß in der „Masse" in keinem Sinne rein materialistisch nur das Stumpfe, rein Sinnliche, das Dumpfe, Ungeistige und Chaotische gegeben ist. Solcher Zustand ist am stärksten möglich in einer sozialen Form, wenn sie ihrem Zwecke mechanisch bis zum Anklang von Stupidität entspricht und vor dem

Verfall steht. Daß aber in dem, was wir die „fluktuierende Masse" nannten, die geistige Gemeinsamkeit nur gering sein kann, das erklärt sich nun ungezwungen daraus, daß in ihr Angehörige verschiedenster realer Massen versammelt sind, die nur über geringe Flächen ihres gemeinsamen augenblicklichen Erlebens hin zu einer Gemeinsamkeit, einem Wirbewußtsein, kommen können. Jene Auffassung aber von der dumpfen ungeistigen Masse ist nur Kennzeichen einer Beurteilung von einem streng individualistischen Standpunkte aus, und dazu entsprungen jenem Aufklärungsstandpunkte, der die Masse mißt an einem Begriffe wie hohe Intelligenz, einem Begriffe von Geist, der so viel ist wie: großes Wissen, Bildung, Reichtum an Kenntnissen u. dgl. Allein wer kenntnisreich, wer hoch intelligent ist und das Wissen der Welt sein eigen nennt, kann dabei ein kleiner Geist sein. So ist jene Beurteilung der Masse eine unzulässige Rationalisierung des Geistigen. Zu solchem Urteil verleitete ein derbes Wirbewußtsein einer Klasse, Berufsschicht, politischen Partei, einer Gelehrtenzunft. Noch bei Paul Natorp[1]) begegnen wir dieser Anschauung, die Masse als Masse sei ungeistig. „Die Suggestion der Masse selbst, die Abschleifung der individuellen Unterschiede zugunsten der abstrakten Allgemeinheit ist es gerade, die den Geist totschlägt. Aber keineswegs müssen darum die Einzelnen vom Geist verlassen sein. Der Geist weht, wo er will, er weiß seine Träger gerade in der noch unberührten, unverbildeten Unterschicht zu finden. Der Funke des Geistes glimmt doch in allen. Daß er nicht in allen zur Flamme auflodert, liegt nicht bloß daran, daß ihm nicht die nötige Luftzufuhr von außen zuteil wird, so daß man hoffen dürfte, durch Mehrung und Stärkung der Zufuhr eine sonderlich erhöhte Geistigkeit breiter Volksmassen zu erzielen. Sondern darauf kommt alles an, daß das Eigenleben eines jeden in naturgewordener, selbst auf Eigengrund erwachsender Gemeinschaft sich so entfalten darf, daß die schlummernden Keime von selbst zum Leben aufwachen und das ihnen selbst gemäße Wachstum frei hervortreiben können."

---

[1]) Sozialidealismus, 1920. S. 126f.

Dieser Abschnitt ist außerordentlich bezeichnend für die uralte Ansicht vom Verhältnis des Einzelnen und der Masse zum Geiste. Dieser wird nach einer Art Gastheorie vorgestellt als ein frei wehendes luftförmiges Etwas, das der Menschheit gegenüber durchaus selbständig ist, so frei und unabhängig wie der Wind. Und wie die Menschen einzeln die Anlage besitzen, von der Temperatur des Windes oder seiner Stärke eine Empfindung zu bilden, so eignet auch allen Menschen ein Funke des Geistes, eine Anlage zum Geistigen, die bei günstigem Anhauch des Allgeistes zum lodernden Feuer werden kann, und des Feuers Größe ist abhängig von der vorhandenen Anlage, dem Vorrat an Brennstoff. Es zündet aber stets nur im einzelnen; und bildet sich geistige Gemeinschaft, so geht sie vom einzelnen aus. Darum führt auch Natorp im anschließenden Abschnitt aus, wie der Einzelne zur Gemeinschaft stehe als ein Schenkender, Gebender, Mitteilender, wenn hier verlangt wird, daß jedes Individuum seine eigene freie Leistung betrachten solle, als Leistung, die der Gemeinschaft gehöre. Für uns aber ist das Verhältnis geradezu umgekehrt. Wir haben gesehen, daß der Einzelne der Empfangende ist, wenn er auch Träger der Offenbarungen und Gestalten des Geistes ist, daß er der Gemeinschaft bedarf, um überhaupt geistig aufleben zu können, daß Geist undenkbar ist ohne die reale Masse, welche die Form seiner Erscheinung, sein Träger, ist. Natorps Standpunkt ist trotz seiner Sozialpädagogik und seines Sozialidealismus individualistisch im Grunde. Und das beweist auch seine Charakterisierung der Masse im Sinne des Aufklärungsstandpunktes als ungeistig, vor allem aber als „unverbildete Unterschicht", mag darin auch das Wohlwollen des „sozial empfindenden" Menschen liegen und eine menschlich hohe und reine Gesinnung, wir müssen ja eben diesen Standpunkt ablehnen, weil er die Masse nimmt als Gegensatz zu einem Bildungsbegriff, der im Geistigen einseitig das Rationale betont, und von dem engen Gesichtspunkte einer Berufsgruppe aus urteilt, demnach Masse nur noch auffaßt in ihrer soziologischen Bedeutung, d. h. sie nimmt rein als eine der sozialen Formen, als ein Stück der Gesellschaft. Uns aber ist die „reale Masse", im Vergleiche zu sprechen, das Molekel der Gemeinschaft, der Einzelne dem Atom vergleichbar, das seine Vollgeltung erst im Verbande des Molekels empfängt. Die Krafteinheit ist die reale Masse oder die Gruppe und sie sind die, die Gemeinschaft bildenden Teile, die Erscheinungsformen des geistigen Seins, und als solche wieder erzeugen sie, um der Lebensnot willen, die sozialen Formen, nehmen sie in sich zurück und gestalten neue aus sich heraus; unter diesen mag auch eine soziale Form erscheinen, die soziologisch genommen als „unverbildete Unterschicht", und dann ungenau als Masse bezeichnet wird, allein für das Problem der Gemeinschaft darf dieser Begriff von Masse nicht zugrunde gelegt werden, weil er zu schiefen Urteilen verführt und vor allen Dingen weder die Eigengeistigkeit der Masse erfaßt noch erkennen hilft, wie überhaupt geistige Gemeinschaft sich gliedert und welches die Bedeutung der Gemeinschaftsgruppen für die Entstehung des geistigen Einzeldaseins ist.

Es ist vielmehr die reale Masse der Mutterschoß allen Geistigen, und es gibt keinen andern, auch nicht für den höchstintelligenten Einzelnen, der schließlich bis zur Vereinsamung unter seinen Mitmenschen wohnt. Denn überall und für jeden ist die Masse die Voraussetzung zur Selbstentfaltung des Geistigen im einzelnen, sei dieses Selbst ein noch so bescheidenes, gemessen an irgendwelchen Barometern intellektueller Kultur. Keine Neuschöpfung, keine Erneuerung der geistigen Menschheit ist ohne sie möglich.

§ 2. Der Einzelne und das Ich; Individualität und Persönlichkeit.

1. Das Gefühl, im „Jahrhundert der Masse" zu leben, löst bei vielen heutzutage eine verzagte, resignierte, pessimistische Stimmung aus; denn „was kann da der Einzelne machen". Manch einer zieht sich zurück, oftmals verbittert, oder fast noch schlimmer, ein Leichtsinn macht sich breit, und „man läßt die Karre laufen". Ein seltsamer Gegensatz zum 18. Jahr-

hundert und noch zur Zeit des beginnenden 19. Jahrhunderts, ja so weit hinein in dieses Jahrhundert als die ungebrochene Kraft der Aufklärung reicht. Wie stark damals gerade der Glaube an die Kraft des Einzelnen! Wo noch die Vertragstheorie herrschte, da sah man im Staat eine willkürliche Schöpfung, ein durch freien Willensentschluß vieler Einzelner künstlich zusammengesetztes Gebilde, und ähnliche Vorstellungen wurden entwickelt, um den Ursprung solcher Gemeinschaftserzeugnisse wie Sprache, Religion und Sitte zu erklären. „Die Sprache gilt als willkürlich zum Zweck der Verständigung und des Gedankenaustausches ersonnenes System von Zeichen. Die Religionen sind von weisen Sittenlehrern gestiftet, oder sie sind, nach der von den radikalen Freidenkern des Revolutionszeitalters beliebten Umkehrung dieser Auffassung, die trügerische Erfindung schlauer Priester, mit Hilfe deren man die Völker in Finsternis und Abhängigkeit zu erhalten sucht. Ebenso sind Mythus und Sage Dichtung, die bald absichtlich zu lehrhaften Zwecken, bald ebenso absichtlich zur Verbreitung von Wahn und Täuschung erfunden wurden"[1]). In der Ethik wie der Gesellschaftslehre ist dieser einseitige Individualismus heute noch keineswegs verschwunden, so wenig wie in den naiven Volksvorstellungen und bei Volksführern primitiven Denkens.

Der Kampf der Meinungen entbrennt über folgende nicht zu umgehende Fragen. Was ist das Erste, das Ursprüngliche: der Einzelne oder die Gemeinschaft? und: beruhen die sozialen Formen und das Gemeinschaftsleben auf den Individuen oder die Einzelnen auf ihnen? Ferner: sind die sozialen und die Gemeinschaftsformen rein mechanische Bildungen aus Einzelnen oder sind sie etwas Eigenes, das nicht nur in seinem realen Einfluß, sondern in seiner metaphysischen Wesenheit etwas über den Einzelnen und außerhalb der Einzelnen bildet? An der Beantwortung dieser drei Fragen ist der Grundcharakter einer jeder Ethik und Gesellschaftslehre zu erkennen.

Der reine Individualismus, ausgeführt im Edelanarchismus,

---

1) Wilh. Wundt, Reden, S. 50f.

den Naturrechtstheorien, der Herrschaftstheorie Macchiavellis und in vielen Systemen der Ethik sieht im Gesamtleben nichts weiter als eine besondere Form des Individuallebens. Die Beobachtung zeige nur für sich seiende Wesen, nirgends einen Gesamtwillen. Die Gesellschaft führe kein eigenes Leben, sondern lebe nur in den Individuen. Der Einzelne, nach Nietzsches Worten gleichsam die „einsam schweifende Bestie" des Urzustandes, ist nur noch wenig gezügelt. In der schärfsten Form verkündet ihn Max Stirner: „Mir geht nichts über mich!" Das ist die alte Sophistenweisheit: der Mensch das Maß aller Dinge. Nach dieser Auffassung ist das Individuum in seinem Wesen von vornherein in sich fertig und selbständig gedacht, bevor es irgendwelche gesellschaftlichen Bindungen eingeht und Gemeinschaften erlebt. Eine Wandlung, gar eine Neuerung und innere Fortentwicklung durch diese Formen und Verbindungen kann nicht stattfinden. Trotzdem leugnet selbstverständlich der Individualismus nicht den Bestand dieser Formen, allein sie sind nichts weiter als nützliche, mechanisch zustande gekommene Erfolge des selbständigen Handelns der Einzelnen. Wesenhaft nötig sind sie nicht für ihn und die Bildung seines Inneren. Nicht mit Unrecht hat man das Individuum dieser Theorie einen „geistigen Robinson" genannt.

Nach unserer Scheidung von Gesellschaft und Gemeinschaft werden demnach vom Individualismus beide als Gebilde geleugnet, die selbständig auf das Innenleben der Einzelnen einwirken. Die Gesellschaftsformen sind nichts weiter als eben vereinigte Individuen, eine bloß mechanische Zusammensetzung aus Einzelnen, die immer das Primäre sind. Und die Gemeinschaft zwischen mir und dem andern in unserem Sinne besteht überhaupt nicht. Denn alles, was wir als Gemeinschaftsgruppen und -erleben auffassen, das erhebt sich dem reinen Individualismus nicht über die Stufe des Utilitarischen, damit nicht über die Gesellschaftsstufe, und zwar als eine Art Versicherungsgenossenschaft.

Diese Ansicht bezieht alle sittlichen Werte auf das Individuum in seiner Vereinzelung, und aus dessen Verhältnis zu den Gesellschafts- oder Gemeinschaftsformen können ethische

Werte irgendwelcher höheren Art nicht entstehen, woanders man sich nicht auf den Standpunkt einer rein utilitarischen Ethik stellt. Was Achtung verdient und Würde hat, das muß alles im Individuum angelegt sein; denn wie in der Lebensführung und in der geistigen Entfaltung, so auch in der Bewertung von Sachen und Personen ist das Individuum sich selbst genügend, demnach auch sich selber verantwortlich. Eine soziale Verantwortlichkeit ist hier schlechterdings ein Unding in ihrem tieferen Verstande. Folgerichtig neigt jede individualistische Ethik zum Eudämonismus und Utilitarismus, selbst diejenige Kants, trotz allen Bemühens, diese Klippen zu umsegeln. Weil Kant in der Gesellschaft als Kind seines Jahrhunderts nichts weiter als eine mechanische Zusammensetzung sich selber genügender Einzelner sah, so läuft im praktischen Leben seine Ethik allzu leicht auf einen Utilitarismus hinaus. Wohl kennt und lehrt Kant einen organisch-universalistischen Zusammenhang, aber dieser gilt nicht für die reine Vernunftwelt und ihre rein intelligible Ordnung. Sein berühmter Satz, daß jedes Wesen zugleich Zweck niemals Mittel sein solle, ist als solcher eine Bestimmung innerhalb der Vernunftwelt und nicht in einer gesellschaftlich verbundenen Welt vieler einzelner Vernünftiger. Die Staats- und Rechtslehre Kants verrät unverblümt ebenfalls den individualistischen Standpunk. Der Staat ist „eine Vereinigung der Menschen unter Rechtsgesetzen", ein reiner Summenbegriff: Recht ist ihm „die Herstellung der Bedingungen, unter denen die Willkür des andern durch ein allgemeines Freiheitsgesetz abgegrenzt wird". Wer erkennte darin nicht den naturrechtlichen Gedankengang! Es ist daher gewaltsam, wenn man, wie z. B. Hermann Cohen, Kant als den Vater auch des Sozialismus feiert; und wenn unter den Neukantianern eine Synthese von Kant und Marx versucht wird, so kann das nur in dem Sinne eines neuen, vor allem eines alsdann nie und nimmer kantischen Systems, erfolgen. Lag doch auch eine Soziologie im heutigen Sinne noch den Gedanken Kants fern.

Alle Konstruktionen der individualistischen Theorien gehen einseitig von der Ichform aus. Prüfen wir daher zuerst: was denn dies heißt: ein „Einzelner", ein „Ich" zu sein. Die Tatsache der Erfahrung vom andern und des Lebens im andern beweist sich bei geschichtlicher wie bei völkerpsychologischer und individualpsychologischer Betrachtung stets als ein Urakt des Lebens, der dem Erlebnis des Einzelnen und des Ich voraufgeht. Als einen Einzelnen erlebt sich nun jeder Mensch durch das Erlebnis des Gegensatzes zum andern. Und dieser Gegensatz kann selbst nicht durch die innigste seelische und geistige Gemeinschaft mit einem andern oder mehreren andern aufgehoben werden. Niemand ist imstande, sich ganz auszugeben, sich selbst ganz dem andern begreiflich zu machen in allen Gründen seines Tuns, weil es eben Urgründe sind. Jedem andern wird er anders erscheinen, nie aber ganz als der, der er ist. Und so tritt zum Merkmal des Gegensatzes noch dieser einer restlos von keinem andern zu erfassenden und auszulebenden Eigenheit. Eigene Art hat jeder, Eigenart. Selbst sogenannte einfache, schlichte, wenig oder scheinbar gar nicht komplizierte Naturen sind das alles nur äußerlich und haben im Innersten ebensogut wie jeder andere, der mehr hervortritt und „auffällt", ihre unausschöpfbare Eigenart. Wundervoll und poetisch hat Schleiermacher diese Eigentümlichkeit und ihre Bedeutung in seinen „Reden über die Religion" erfaßt und gedeutet: „Jeder hat etwas Eigentümliches; keiner ist dem andern gleich, und in dem Leben eines jeden gibt es irgendeinen Moment, wie der Silberblick unedlerer Metalle, wo er, sei es durch die innige Annäherung eines höheren Wesens oder durch irgendeinen elektrischen Schlag gleichsam aus sich heraus gehoben und auf den höchsten Gipfel desjenigen gestellt wird, was er sein kann. Für diesen Augenblick war er geschaffen, in diesem erreichte er seine Bestimmung, und nach ihm sinkt die erschöpfte Lebenskraft wieder zurück"[1]. Somit wird für uns jeder Mensch wie ein mehr oder minder scharf geschliffener Kristall, der viel Licht aufblitzen läßt, und diese Lichter sind die Bilder, die von ihm unter den Menschen umgehen. Jeder Mensch trägt von

[1]) Schleiermacher, a. a. O. S. 94 (Ausgabe R. Ottos, S. 59).

uns ein anderes Bild in sich herum, und keins dieser Bilder, auch nicht die Summe aller dieser Bilder, wird sich mit dem decken, das jeder von sich selber hat. „Jeder Einzelne läuft als so viel Persönlichkeiten durch die Welt, als er Menschen kennt. Jeder Einzelne spaltet sich in hundert voneinander verschiedene Wesen“ [1]).

Dies das Erlebnis des Einzelnen. Wo aber ist der psychologische Grund für diese Tatsache? Auf welchen seelischen Vorgängen beruht diese unaufhebbare Gegensätzlichkeit zu allen andern? Sie muß zusammenhängen mit dem Selbstbewußtsein. Seiner selbst bewußt aber wird der Mensch durch sein Handeln, seine aus ihm hervorgehende und von keinem andern so zu vollziehende Tätigkeit. Tätigkeit aber ist Ausfluß bestimmter Gefühls- und Vorstellungskomplexe. Und erst da, wo ein Menschenkind, bis zum Bewußtsein davon, erlebt hat, daß diese Gefühle und Empfindungen in ihm liegen, daß es fähig ist, sie jeden Augenblick wachzurufen und somit selbst in sich zu erzeugen, beginnt das Licht des Selbstbewußtseins aufzugehen. Das Licht; denn es muß noch etwas, und zwar das Wesentliche hinzukommen. Die Willensvorgänge, verbunden mit den Gefühlen der Tätigkeit und des Erleidens, der Aufmerksamkeit und der Apperzeption, stellen innerhalb des Bewußtseins die Kontinuität her und treten nunmehr immer schärfer heraus gegenüber den variableren Gefühls- und Vorstellungsgruppen als ein relativ konstanter Bewußtseinsinhalt. Und in dieser besonderen, von allen anderen Wesen ihn unterscheidenden inneren Tätigkeit erfaßt sich der Mensch als einen Einzelnen und zugleich als ein Ich. Denn Ich und Selbstbewußtseins sind psychologische Bezeichnungen für dasselbe Erlebnis. Der Mensch ist imstande, sich gleichsam als reine Tätigkeit, reinen Willen oder reine Apperzeption zu erfassen und sich im Wollen seinem eigenen übrigen Bewußtseinsinhalt gegenüberzustellen. Und so erlebt er sein eigenstes Wesen in der inneren Willenstätigkeit und zugleich darin sich selbst als zu jeder Zeit derselbe, eben weil die Willenstätigkeit die Kontinuität im Bewußtsein herstellt und erhält.

[1]) Stoltenberg, a. a. O. S. 39f.

Das Ich, d. h. der Wille in seiner Sonderung von den einzelnen Bewußtseinsinhalten kann nie soweit einzeln bleiben, daß es sich dauernd von den Beziehungen zu den einzelnen Elementen der inneren Wahrnehmung löst, zu dem Gefühlsleben und den Vorstellungen. Ist doch überhaupt von einer Loslösung des Willens nur im abstrakten Sinne zu reden möglich. Denn gerade je mehr ein Mensch sich selber seinem Wesen nach in seinem Wollen erfaßt, wird er sich gleichzeitig als der Urheber seiner Gedanken und Affekte und aller äußeren Folgen, die daraus hervorgehen, erfassen. Und dadurch wird das Ich nur noch inniger mit diesem inneren Leben verbunden, wird es schließlich mit ihm eins. Und diese Einheit von Fühlen, Denken und Wollen, als deren Träger der Wille erscheint, das nennen wir die Individualität.

2. Versuchen wir nun von dieser mit Hilfe der Psychologie gewonnenen Einsicht in die Begriffe Einzelner, Ich, Individualität, ob der Standpunkt des reinen Individualismus haltbar ist, ob das Individuum wirklich sich geistig selbst genug ist, in sich fertig und selbständig von Ursprung her. Nahe läge es, zuerst die differentielle Psychologie zu befragen, besonders die Schemata, die Psychologen ausgearbeitet haben, um eine vollständige Beschreibung individueller Seelen zu ermöglichen. Uns begegnen dort Fragen nach der Sippschaft des Individuums, nach der Charakteristik seiner Familie, seiner Verkehrskreise und Gruppen, Abhängigkeits- und Verpflichtungsverhältnisse, Erziehungs- und Unterrichtsfaktoren (Stern, Baade, Lipmann) und in dem ausführlicheren Schema von Lasurski einen 18 Hauptpunkte umfassenden zweiten Teil, der die exogene Seite, das äußere Gepräge der Individualität feststellen soll; und dieses äußere Gepräge ergibt sich, mit Ausnahme eines Punktes, wo nach dem Verhältnis des Einzelnen zu sich selbst gefragt wird, aus Verhältnissen des Individuums zu dem oder den andern. Das Selbstbewußtsein oder das Ich ist keineswegs mit der Geburt erkennbar. Bis sich der Mensch als ein Selbst im Sinne des Ich begreift, vergehen lange Jahre. Vorauf geht die allmählich sich herausbildende Sonderung der psychischen Inhalte in ihre Bestand-

teile. Und dabei ist von vornherein diejenige Gruppe von Gefühlen und Vorstellungen beteiligt, die an unsere unmittelbaren Lebensfunktionen, an die Bewegung der Glieder und die Zustände der Organe geknüpft sind. Und diese Funktionen verbleiben lange, und für den Durchschnitt der Menschen in der Regel immer, im dunkeln Blickfeld des Bewußtseins. Sie wirkten aber ständig auf die allgemeine Gefühlslage ein, und es ist an ihnen, daß wir zum Erlebnis gelangen, sie jeden Augenblick erzeugen zu können: die Vorgänge des Tastens und Sehens und Fühlens. Gewiß ist von Anfang an, und zwar in einem primären Grade, der Wille dabei beteiligt, aber es ist wie bei allem Erleben so auch hier, daß die höchsten und letzten Zusammenhänge auch am letzten und am seltensten erlebt werden: die Aussonderung des reinen Wollens, in dem sich alsdann das Ich als ein Ich erfaßt, erfolgt zuletzt. Es ist daher vollkommen irreleitend, wenn in der unentwickelten Kinderpsychologie besonderer Wert auf den Gebrauch des Wortes Ich im Kindermunde gelegt wurde. Es ist nichts Besonderes, daß sich die Kinder zuerst in dritter Person nennen mit ihrem Namen, „Karl haben“, „Gete lieb“ von sich aussagen. Denn darin folgt das Kind einfach dem Vorgang der Erwachsenen und gebraucht von sich denselben Namen wie diese. Es gibt ferner Kinder genug, die recht früh das Wort Ich richtig gebrauchen lernen, und doch ist bei ihnen das Selbstbewußtsein keineswegs ungewöhnlich früh entwickelt. Anders steht es mit dem Gebrauch des Ich in den Aufsätzen der Zehn- und Zwölfjährigen; hier ist wirklich der Gebrauch des Ich ein Symptom für das erwachte Selbstbewußtsein, das sich selbst erfassende Ich des Schülers.

Mit eben dieser langsamen Entwicklung des Ichbewußtseins hängt es auch zusammen, daß die Kinder mehr in andern leben als in sich selbst. Das Kind lebt mehr in der Welt als in seinem Individuum. Wenn wir von den generellen Trieben absehen wie Hunger und Durst, so sind die Ideen und Gefühle und Willensrichtungen, in denen ein Kind lebt, zunächst ganz und gar diejenigen seiner Umwelt, seiner Eltern, Verwandten, größeren Geschwister usw. Das eigene

Leben tut sich freilich dem Aufmerkenden auch kund, allein bei scharfer Analyse seiner Äußerungen wird der Bestand an Eigenem geringer, als es zuerst den Anschein hat. Das Eigene liegt umhüllt, oft ganz verdeckt von den Ideen und Gefühlen der Umwelt und blitzt nur mehr gelegentlich auf. So lebt das Kind in der Familie, in dem Verwandtenkreise, darauf in der Schule, im Freundeskreise und wird von überall her angefüllt mit dem andern. Wer kann schließlich scheiden, was Eigenes ist, was dem andern gehört? Die Schwierigkeit, diesen Befund zu analysieren, steigert sich ja noch erheblich dadurch, daß jenes eigene Leben sich in einer eigenartigen Verarbeitung des andern, des Fremdartigen betätigt.

Nur wer voll erkannt hat, daß der Mensch insonderheit als Kind mehr im andern lebt als bei sich selbst, der erfaßt den Jammer und die Not, die aufkommen mußten, als die Familiengemeinschaft für Tausende und aber Tausende Familien zerschlagen ward und dem Kinde als Ersatz dafür das Dunkel eines öden Hinterhauses, die Haustreppe, der Hausflur, der sonnenlichtarme Hof, die Straße, und diese alle mit ihren Gesellen als Ersatz geboten wurden, als sie dieses „andere" wurden, in dem ein Kind mehr als in sich selbst lebt, in dem es seine Jugendjahre lebt, dessen Ideen und Gefühle und Willensmächte aufnimmt (Kinder einer Großstadtschule schnitzten im freien Schaffen Typen der Straßenhyänen). Und von da aus erst erfaßt man weiter, welche Verpflichtung uns obliegt, dem „andern", in dem das Kind lebt, einen höchsten sittlichen Charakter zu geben, und erfassen die unendlich hohe Aufgabe der Schule und die Notwendigkeit, diese zu einer Gemeinschaft auszubilden, und wir verstehen, daß dann die Schule zu einer Macht werden kann über das Kind. Das Kind empfindet nämlich keine Macht mehr als im Gegensatz zu sich als gerade die Schule, weil diese planmäßig und stetig einwirkt, während die Straße und ihre vielen Miterzieher unmerklich, unaufdringlich das Kind beeinflussen. Die Mächte, die aus diesem Straßenleben stammen, umfangen das Kind oft wie einschläfernde, einfangende, angenehme Melodien. Ganz anders die Schule. Wie nun, wenn es die Schule fertig brächte, nicht mehr als Gegensatz empfunden zu werden, sondern als ein trauter lieber Ort, zu dem man gern kommt; und nun wirkten auf das, seiner ganzen seelischen Einstellung nach, ja mehr in der Gemeinschaft als in sich lebende Kind alle guten und edlen Mächte, vermittelt durch eine Gruppe von Erziehern, auf die Kinder ein und zögen sie, auch unmerklich, freundlich anziehend und fesselnd, immer stärker in ihre Kreise, verhälfen ihnen zu immer schöneren Fremderlebnissen, die gemeinschaftsbetont sind, und wirkten so mit allen Kräften der Suggestion, die eine solche, vom reinen Gemeinschaftsgeiste erfüllte Schule bieten würde, die sie täglich, stündlich selbst aus sich heraus erzeugte, bewußt und unbewußt, auf die Kinder ein. Dann würde die Gemeinschaftserziehung Erziehung in Wahrheit und zur Wahrhaftigkeit.

Damit, daß Kinder mehr im andern leben als in sich selber, hängt auch die späte Entwicklung des sympathetischen Gefühls zusammen. Denn dieses ist ein Leiden am Leid oder ein Sich-Freuen an der Freude des andern als eines andern, nicht Übertragung meiner Gefühle auf den andern, was damit wenig zu tun hat. Etwa in der blassen Mitleidstheorie eines Schopenhauer, wonach ich beim Mitleiden daran denke, wenn ich an des Leidenden Statt wäre. Diese Stufe des Mitleidens wie des Mitfreuens ist bei weitem nicht die höchste, die wir als altruistisch und sympathetisch im reinsten Verstande auffassen können. Das Mitgefühl in seinem höchsten Sinne verzichtet in der Reflexion und überhaupt auf sein Ich. Es ist ganz eingestellt auf den Menschen als einen andern Menschen und überträgt sein Fühlen auf diesen, als einen andern. Ich nehme also den andern im vollen Unterschied zum eigenen Selbst, und nun erfolgt die Tat der Hingabe an Freude oder Leid dieses andern, bewußt und absichtlich mit dem ganzen Gefühl, im völligen Verleugnen des Ich, ohne irgendwelche Gefühlsduselei, ohne Gefühlsansteckung und Schwärmerei, und erst damit ist dem wahren Altruismus der Boden bereitet. Wie spät wird der Mensch sich des Gegensatzes zum andern so rein bewußt, daß er sich derart von ihm abheben und sich ihm rein teilnehmend gegenüberstellen könnte!

Ganz allmählich wird sich also das Kind seines individuellen Willens inne, wächst in demselben Maße, wie dies geschieht, aus seiner Umgebung heraus und wird zu einer Individualität unter andern Individualitäten, und d. h. zugleich es wächst die Gegensätzlichkeit, die Unterschiedlichkeit in dem Maße, wie sich die Eigenart ausprägt. Auch darin wiederholt das Individuum den Werdegang der Gattung. Am Anfang steht die Horde, jene primitive Kultur, in der das gemeinsame Wollen, Fühlen und Denken vorherrscht, mit ihrem Mangel an Individualitäten, die über den Durchschnitt hinausragen. Es ist das ein Zustand einer gewissen Indifferenz zwischen Einzelnem und Gemeinsamem. Der Einzelne scheint jedes Selbstbewußtseins noch zu entbehren, so wenig ist er losgelöst von der gemeinsamen Sitte und der gemeinsamen Lebensanschauung. Er fühlt demnach selbst für Übeltaten keine Verantwortlichkeit und andere messen ihm auch keine bei. „Odysseus scheut sich nicht, sich vor der ihm als Jüngling erscheinenden Göttin Athene als flüchtigen Meuchelmörder des Orsilochos, des Sohnes des Idomeneus, auszugeben. Wer einen Mord begeht, muß zwar vor der Rache der Sippengenossen des Ermordeten fliehen, wird aber in der Fremde freundlich aufgenommen. Z. B. gewährt Telemach dem wegen Mordes verfolgten Theoklymenos ganz unbefangen liebevolle Gastfreundschaft. . . Es gibt überhaupt keine Schuld, sondern nur Unglück“ [1]). Aus einem solchen Zustande relativer sozialer Indifferenz heraus entwickelte sich die gesamte Kultur, entwickelt sich jeder einzelne Mensch von neuem. Aber „er individualisiert sich nicht, um sich bleibend von der Gemeinschaft zu lösen, aus der er hervorragt, sondern um sich ihr mit reicher entwickelten Kräften zurückzugeben“ [2]).

So gut wie wir die Annahme für sich seiender, in sich fertiger Individuen zurückweisen, ebenso die andere, daß sich ein Einzelner von allen Bindungen durch die Gesamtheit lösen könnte. Doch soll damit nicht gelehrt werden, daß das

---

1) Paul Barth, Geschichte der Erziehung usw., 2. A., 1916, S.16f.
2) Wilh. Wundt, Ethik III. 30.

Individuum in der Gesamtheit untergehe, unser Weg führt zwischen diesen Äußersten hindurch. Jede Gesamtheit setzt sich aus Individuen zusammen, und has heißt immer und überall, auch auf der primitivsten Stufe, sie wird getragen von diesen Individuen, ist abhängig von diesen Einzelnen, ohne deren Existenz sie ja nirgends wäre, so wenig wie der Wald wäre ohne die einzelnen Bäume. Und darin hat nun jeder Individualismus recht, eine Gesamtheit, einen Gesamtwillen, losgelöst von den Individuen, kann man nirgends aufweisen in concreto wie diesen oder jenen Menschen. Ja, auch darin hat er recht, daß es organische Ganze gibt, die aufhören können, während die Individuen, welche sie bildeten, fortdauern und neue Verbindungen eingehen können: Vereine, Staatsformen. Aber er übersieht geflissentlich, daß die Schöpfungen des Volksgeistes in sozialen Formen und Gemeinschaftsgruppen andererseits gerade dies auszeichnet, daß sie fortdauern. Volksseele und Volksgeist sind gerade darin der Individualseele überlegen, und der Einzelne ist eben auch ein Erzeugnis dieser Volksseele. Jene uranfängliche und unaufhebbare Wechselwirkung zwischen mir und dem andern wird die Ursache aller schöpferischen geistigen und seelischen Tätigkeit, sie wird Antrieb zur Entfaltung der Kräfte des Einzelnen, und diese Entfaltung ist wie Neuschöpfung, wie Auferweckung, wie Blüte. Alles geistige Leben, das sich in irgendwelcher Gesamtheit regt, verdankt den Strebungen Einzelner seinen Anfang, und auch die Bedingungen, welche neben den Gemeinschaften auf den Einzelnen einwirken, wie die Naturbedingungen und die physischen Bedürfnisse, wirken, durch den Einzelnen vermittelt, auf die Gemeinschafts- und Gesellschaftsformen ein. Es kann ganz gewiß keine Motive geben, Beweggründe im ganzen Leben wie im Leben des Ganzen, die nicht als Motive des Handelns Einzelner vergebildet sind, und was sich eine soziale Form, eine Gemeinschaft als Zweck setzt, auch das muß gleichzeitig und vorher Zweck Einzelner gewesen sein. Es gibt keine Vorstellungen, keine Strebungen, deren Ursprung nicht ein individueller ist, demnach ist „der Einzelne der einzige Erzeuger“ neuer „Kräfte auch des Gesamtlebens“

und „es gibt keine Gemeinschaftszwecke, die nicht zuvor als bloß individuelle vorhanden wären“ (Wundt[1]).

Wo liegt da der Irrtum des Individualismus?

Es ist sein Irrtum, „daß alle Einflüsse der Gemeinschaft auf das geistige Leben des Einzelnen nur von einer Vielheit an sich isolierter Individuen ausgehen, und daß es keine anderen Zwecke geben könne als solche, die der Einzelne auch abgesehen von jeder Verbindung mit anderen erstreben müßte“. Denn: warum sind die Zwecke der Gesamtheit auch solche des Individuums? Nur deswegen, „weil der Einzelne mit allen seinen geistigen Kräften inmitten des Zusammenhanges der Wirkungen steht, welche die Gemeinschaft in ihren verschiedenen Gliederungen auf ihn ausübt“. Es ist ja durchaus nicht einseitig so, daß die Einzelnen sich der Hilfe kollektiver Organisationen bedienen, sondern es besteht ein wechselseitiges Verhältnis: es gibt Zwecke, welche von vornherein nur eine Gesamtheit sich stellen und durchführen kann, und diese setzt sie alsdann um in individuelle, um ihre Zwecke zu erreichen. Das Recht ist hierfür der schlagendste Beweis. Und so kann sich auch erst in jedem Einzelleben das individuelle Wollen aus dem Egoistischen und Utilitaristischen zum selbstlosen Handeln emporheben.

Denn was bedeutet im Grunde jener Vorgang der Individualisation aus einem Zustande relativer Indifferenz zwischen Individuum und Gemeinschaft? Der Einzelne erwachte zum Selbstbewußtsein, gewann immer größere Selbständigkeit im Handeln wie im Vorstellen; er erarbeitete, erwarb sich einen Gedankenkreis, der ihm besonders angehörte, einen geistigen Besitz, den er sein Eigentum nannte. Aber auch hier müßte man das Eigentum als Diebstahl bezeichnen, wenn es dahin kommen könnte, daß dieser Gedankenkreis zu einem von aller Gemeinschaft getrennten Besitz werden könnte. Es wäre gleichsam ein Raub aus dem gemeinsamen Schatze. So liegt es nun keineswegs. Was sich das selbständig werdende Individuum

[1]) Wilh. Wundt, System II. S. 196f., Ethik III. S. 35f. Völkerpsychologie I. S. 1ff.

erwirbt an eigenem geistigen Besitz, an besonderem Gedankenkreis, das stellt sich immer dar als eigentümlich in der Richtung, in der ein gemeinsamer geistiger Besitz angeeignet und verwertet wird. So ist jede individuelle Kraft eine Richtungsvariante der Gemeinschaft, jede Individualität eine besonders geschliffene Linse, in der sich Gemeinsames bricht, ein und dasselbe Licht.

3. Der Einzelne löst demnach nichts aus gemeinsamem Besitz für sich ab, um es für sich getrennt zu besitzen, so wenig wie er sich ständig von der Gemeinschaft lösen kann. Er kehrt ja vielmehr ständig von neuem zu ihr zurück. Innerhalb der Allgemeinheit erfaßt mit wachsendem Bewußtsein und Selbstbewußtsein jeder Einzelne seine Stelle, den Platz, der ihm zukommt, und es bildet gerade eine Aufgabe des Einzelnen, nach erfolgter Freiwerdung und mit zunehmender Bewußtheit, sich diesen Platz zu suchen. Denn sobald die individuellen Kräfte zu quellendem Wachstum entwickelt sind, wird es die Aufgabe, den Mittelpunkt dieser Kräfte innerhalb der sozialen und Gemeinschaftsformen zu finden, von dem aus die Entfaltung zu einer besonderen Form erfolgen kann. Und ist dieser Platz gefunden, alsdann beginnt der Lebenskampf, das ist nichts anderes als die verschärfte Form jenes Urgegensatzes, in welcher sich das Ich dem andern gegenüber erlebt. Hier, auf der entwickelten Stufe, beginnt der Kampf der nunmehr entwickelten, selbstbewußten, vollen Individualität mit den mannigfaltigen Bindungen, ihr Ringen mit den Abhängigkeitsverhältnissen natürlicher, physischer, persönlicher und sozialer Art. In diesem Ringen erst wächst und reift die Individualität, weckt und schafft neue Kräfte in sich und anderen. Der Nehmende wird zum Gebenden, der Befreite zum Befreienden, der Erlöste wirkt Erlösung. Das ist das letzte Geheimnis, das zwischen Individuum und Gemeinschaft raunt. Und in diesem Schaffen ist es, wo sich die Individualität erst vollenden kann zu dem, was wir die Persönlichkeit nennen wollen.

Ein Begriff, mit dem wir gespart haben und sparen wollen gegenüber dem modischen Mißbrauch dieses Wortes. Wo wir von Individualität geredet haben, da setzt mancher schon das volltönende Wort Persönlichkeit ein. Und doch kann kein Zweifel darüber bestehen, daß dieses Wort die letzten Geheimnisse des Menschenwesens umschließt, und es ist daher unangebracht, diesen Begriff voreilig zu verwenden. Andererseits ist es nicht minder verwerflich, in den Begriff der Persönlichkeit mystische Wunderdinge hineinzusinnen und von dem ewigen Dunkel und den unerschließbaren Gründen der Persönlichkeit zu reden. Er ist nicht dunkler und verschlossener als irgendein anderer Begriff als Empfindung, reiner Wille, Apperzeption, Bewußtheit, Seele.

Die Individualität sollte sich zur Persönlichkeit vollenden. Wie geschieht das? Es ist falsch, entgegen den individualistischen Systemen nun von universalistischer Seite [1]) den Begriff der Individualität nur als Anlage oder Vermögen, als Potenz oder Latenz zu fassen, die erst in geistiger Verbindung entwickelt wird. Individualität ist vielmehr lebendige Kraft, gewiß vor dem Erwachen des Bewußtseins ihrer selbst nicht vollbewußte Kraft. Aber schon das Erlebnis des Gegensatzes war ein Erlebnis von Kraft und Gegenkraft. Freilich erst dann, wenn jene Einheit von selbstbewußtem Vorstellen, Wollen, Fühlen und Handeln hergestellt ist, wenn das Ich sich in seiner ganzen Eigenart, seiner Individualität besitzt, ist auch das Bewußtsein der ganzen individuellen Kraft vorhanden, und von nun an beginnt der große Prozeß, den das Individuum mit den sozialen und Gemeinschaftsformen selbständig zu führen hat. Und in diesem Prozeß aller Individualitäten miteinander und gegeneinander gestalten sich alle Formen des Zusammenlebens. Die individuelle Kraft offenbart sich ja nicht nur in dem äußeren Anblick wie bei der Pflanze, die fest an ihren Ort gebunden ist, sie tritt stündlich, täglich zutage in der Verschiedenheit ihrer Betätigungen, in der Art und Weise ihrer Arbeitsleistungen, ihrer Bedürfnisse und der Formen, diese Bedürfnisse zu befriedigen, im Genußleben, in der geistigen Entwicklung, in der gesamten Lebensführung, in dem, was man wirtschaftlich und geistig-kulturell ihren Besitz

[1]) O. Spann, a. a. O. 261.

nennen kann. Besitz in jenem von uns bereits bestimmten Sinne einer Richtungsvariante innerhalb der Gemeinschaft. Die aus der Gemeinschaft heraus individualisierten Kraftmittelpunkte streben so voneinander, gleichzeitig aber zueinander; denn alsbald zeigt es sich, daß nach kurzer Dauer des Traumerlebnisses einer gottähnlichen Selbstgenügsamkeit (etwa während gewisser Zeiten der Jugendlichenperiode) jede Individualität anderer bedarf. Sie erlebt das Bedürfnis nach dem andern, und zwar eben nach der Individualität des andern, d. h. sie braucht den andern, eben weil er ein von ihr verschiedener, ein anderer ist. Während der Reifezeit beobachten wir dies Wechselspiel sexufugaler Kräfte mit mancherlei Formen der Annäherung, um dem andern, besonders dem anderen Geschlechte, aufzufallen, der Zuneigung, der schwärmerischen Hingabe in Denken und Handlung. Überall tritt das auf, was Lorenz von Stein als „die größte aller organischen Tatsachen" bezeichnet hat, „daß der eine gerade durch diese seine individuelle Entwicklung nicht mehr bloß er selbst, sondern die Bedingung für die Entwicklung des andern wird"[1]. Der Reiche für den Armen, der Arbeiter für den Unternehmer, der Kapitalist für den Arbeiter, der Lehrer für den Schüler und umgekehrt, die ältere Generation für die jüngere, aber auch die Verschiedenheit physischer und psychischer Natur wie Körperkraft und Schönheit, wie Schlauheit, Beredsamkeit, Kritikkraft wird Bedingung zur Entfaltung von Kräften in dem andern. Und so gilt es zu erkennen, „daß der eine in seinem Besitz diese Bedingungen für den andern auch besitzt und daß daher gerade diese Verschiedenheit zugleich das Verhältnis des einen zum andern überhaupt ordnet".

Auch das System der gesellschaftlichen Ordnung erwächst auf dieser Grundlage. Denn was bedeutet dies: Bedingung für die Entwicklung des andern sein? Es könnte bedeuten: ich entfalte mein Selbst zu seiner höchsten Vollkommenheit, zu seiner höchsten Freiheit mit Hilfe und Unterstützung des andern. Es könnte heißen: ich lebe

---

[1]) Lorenz von Stein, a. a. O., S. 743, s. auch zum Folgenden.

mit von der Kraft des andern, und — dieser andere überläßt mir in brüderlicher Gesinnung, so viel ich davon brauchen muß, um selber zu wachsen, und so wachsen wir auf gleichem Boden brüderlich miteinander. Und dieses Wachstum wäre unter Menschen durchaus möglich. Es ist Raum genug auf der Erde für alle, und es ist nicht nötig, ein Utopien zu suchen, ein Nirgendland, um sich eine gesellschaftliche Ordnung zu denken, wo keiner dem andern die Aufgabe, für die ihn die Gemeinschaft bestimmt hat, erschwert oder unmöglich macht. Freilich unsere Welt der sozialen Verhältnisse zeigt ein anderes Bild. Sie belehrt uns alltäglich darüber, daß diese größte aller organischen Tatsachen die Ursache der drückenden und lähmenden Abhängigkeitsverhältnisse des einen vom andern ist. Daß der andere für mich Bedingung meiner Entwicklung ist, macht mich abhängig von seiner Kraft und von seinem Willen; was Anlaß sein sollte zu gegenseitiger Hilfe in der Entwicklung, das ist zum Ursprung aller Macht des einen über den andern geworden.

Ich begnüge mich nicht damit, die Kraft des andern zu gebrauchen, sondern im Gebrauch unterwerfe ich ihn meinem Willen. Und ich unterwerfe ihn meinem Willen, um ihn meinen Zwecken zu unterwerfen, dienstbar zu machen. Denn Dienst bezeichnet nichts anderes als „die Dauer der Unterwerfung unter die Zwecke eines andern“. So nutzt nicht nur der Reiche oder der Eigentümer der Produktionsmittel den Mitmenschen aus, der darin weniger glücklich zur Welt kam oder in die „Welt“ hineinwuchs, sondern auch der Schlauere den Dümmeren, macht die Schöne den Mann zum Sklaven, der Beredte die Massen, die er zu gewinnen weiß, oft nur zu Treppenstufen für eigennützigen Aufstieg. Was diese Überwucherung der ursprünglichen Gemeinschaftszwecke mit Tendenzen, die des Menschen tierische Natur im Lebenskampfe erwirbt und die eine starke Neigung haben, des Menschen Wesen und Bestimmung zu verfälschen und ihn herabzuziehen zum Tier in ihm, schließlich im Gefolge hat, das zeigt eben das Reich der gesellschaftlichen Abhängigkeiten zur Genüge: es ist die Unfreiheit innerhalb aller sozialen Formen, Unfreiheit des persönlichen Lebens im Einzelnen. Alle Formen der Unfreiheit, deren Zahl Legion ist, gehen zurück auf die Tatsache der krafterfüllten, sich von jeder andern unterscheidenden Individualität, die zu ihrer Entwicklung des andern bedarf. Darauf geht der Ringkampf auf Leben und Tod, das heißt um gesellschaftliche Freiheit und Unfreiheit, innerhalb der sozialen Formen zurück. Und überall wo sich diese Verhältnisse der Unfreiheit Anerkennung verschaffen, da entsteht das Verhältnis der Herrschaft in ihren tausend und abertausend Arten vom Verhältnis des Bürgers im Staate bis zu dem des Angestellten zum Arbeitgeber, des Kindes zu den Eltern usw. usw. Und wann würde die Unfreiheit verschwinden? Dann, wenn entweder die in sich verschiedenen Individualitäten gleich würden oder wenn die Bedingungen, unter denen der eine den andern für seine Selbstentfaltung gebraucht, andere würden; alsdann könnte jede Form der Herrschaft vergehen zugunsten eines Systems organisierter sozialer Hilfe aller für einen und eines jeden für alle. Diese Bedingungen aber wären im idealen Sinne erreicht, wenn jene Forderung Kants, daß jedes vernünftige Wesen zugleich Zweck an sich sei und nicht bloß als Mittel gebraucht werden dürfe, nicht nur im Vernunftreiche intelligibler Geschöpfe, sondern in der realen Welt inmitten der sozialen Abhängigkeiten und Herrschaftsformen unter warmblütigen Einzelwesen zum obersten Gesetz für alle würde und seine restlose Anerkennung und praktische Verwirklichung durchzusetzen vermöchte. Und ist die Beseitigung der individuellen Unterschiede so unmöglich wie unerwünscht, und zwar beides apriori, so steht es anders mit diesem letzten Ausblick. Zum Wesen der Individualität gehört es, unterschieden zu sein, und darum würde die Aufhebung der Individualität der Vernichtung alles Organischen und alles Menschlichen gleichkommen; sie wäre die Erschöpfung aller in der Gemeinschaft angelegten geistigen Kräfte, ein Zustand, der nach aller unserer Einsicht in das Wesen des Geistigen nicht anders als in einem Gedankenspiel gedacht werden kann. Es gehört aber nicht zum Wesen der Individualität bloßes Mittel für andere Individualitäten zu sein, denn das folgt mit nichten aus der Tatsache, daß ich die Bedingung für die Entwicklung des andern bin. Keine Individualität ist geschaffen auf Unfreiheit, sondern jede Individualität, sie sei welche sie wolle, ist angelegt auf Freiheit oder in der Sprache des religiösen Menschen ausgedrückt, alle sind Kinder Gottes[1]).

Was heißt das? Das Erwachen des Ich zur Individualität bedeutete: das Ich erkennt, daß die ihm gewordenen Kräfte des Vorstellens, Wollens und Handelns eine eigentümliche Aufgabe haben, daß er in einer besonderen Richtung schaffen muß und daß diese Richtung, wie sie in ihm liegt, auch nur durch ihn eingehalten und beendet werden kann. Und das heißt weiter: das Ich erkennt, daß seine Individualität von einer Idee beherrscht wird. Denn auch uns ist Idee wie für Kant Ausblick und Durchschau und Richtung, aber wir weichen von Kant und vielen Neukantianern, die ihm folgen, darin ab, daß wir nicht Idee betonen als Ausblick ins Unendliche. Was Idee als unendliche Aufgabe für uns ist, davon später. Solches Reden von der Erfahrung als unendlicher Aufgabe, von der Idee als im Unendlichen gelegenen Ziel entstammt der Mathematik und hat im Geistleben einen anderen Sinn. Doch mag wiederum ein mathematisches Bild zur Klarheit verhelfen, die konvergente Reihe. Von der 1 bis zur 2 ist eine unendliche konvergente Reihe möglich. Immer aber neigt, konvergiert diese Reihe zu der gegebenen 2 hin. Das ins Auge gefaßte Ziel ist erreichbar. Es mag nicht immer erreicht werden, dies Ziel eines Menschenlebens. Es gibt Verwicklungen, Störungen, gewaltsame Verhinderungen, allein das alles hindert nicht das Recht der Behauptung, daß jeder Einzelne innerhalb der Gemeinschaft, aus der er aufsteigt und zum Schaffen ent-

[1]) Pestalozzi, Sämtl. Werke herausgeg. von L. W. Seyffarth VIII, 276: „Nein, der Sohn der Elenden, Verlorenen, Unglücklichen ist nicht da, bloß um ein Rad zu treiben, dessen Gang einen stolzen Bürger emporhebt. Nein! Dafür ist er nicht da! Mißbrauch der Menschheit, wie empört sich mein Herz! Daß doch mein letzter Atem meinen Bruder noch sehe und seine Erfahrung von Bosheit und Unwürdigkeit das Wonnegefühl der Liebe nur schwäche."

lassen wird, mit gerade seiner Begabung, seiner Anlage bestimmt ist für eine Aufgabe, die nur er leisten kann und die er leisten soll. Und je reiner die sozialen Zustände zu einem Ausdruck der sie erzeugenden Gemeinschaft, des Geistigen, werden, desto leichter wird es jedem, sein Ziel zu erreichen, die Tat seines Lebens zu vollbringen.

In solchem Sinne reden wir auch von der Idee als einem Ausblick. Denn wenn das Ich seine Eigentümlichkeit als bestimmt für eine Sonderaufgabe weiß und unter der Herrschaft einer Idee, dann ist ihr damit auch der Zielpunkt gegeben, und zwar als in ihr selber gelegen. Alle Reihen ihrer Handlungen, ihrer Vorstellungen und Willensvorgänge, all ihr Leiden und Tun, es konvergiert alles auf diesen, in der so und so bestimmten Individualität gegebenen zentralen Punkt. Kein Mensch, das sollen diese Darlegungen sagen, hat seine Aufgabe außer sich, jeder hat vielmehr seine Aufgabe in sich, und es ist genug, wenn er dieser dient. Denn für uns ist es klar geworden, daß diese Aufgabe von der Gemeinschaft ihm gesetzt, übertragen, in ihm angelegt ist, daß er im treuen Lebensdienst für sein Werk nicht sich, sondern der Gemeinschaft dient, die ihn aus sich entließ für diesen seinen besonderen Auftrag und zu dessen Darstellung die Tat seines Lebens erwartet.

Diese Tatsache eines, einem jeden einwohnenden Berufs erklärt auch die Entstehung einer Monadenlehre, wie sie Leibniz erdachte, und wonach „der Begriff einer individuellen Substanz ein für allemal alles einschließt, was ihr jemals zustoßen kann und daß man aus der Betrachtung dieses Begriffs alles, was wahrhaft von ihm ausgesagt werden kann, im gleichen Sinne ersehen kann, wie wir in der Natur des Zirkels zugleich alle Eigenschaften erblicken können, die sich aus ihr deduktiv ableiten lassen“[1]). Es gibt auch etwas wie eine Autarkie des Einzelnen und eine Vollkommenheit, für die er angelegt ist in einem eigentümlichen Sinne. Allein damit ist er nicht abgeschlossen von den andern, nicht ein „Spiegel

[1]) Leibniz, Hauptschriften usw., übers. von Buchenau, II. 149.

der Welt" neben andere gereiht wie Spiegel neben Spiegel an einer Wand, zwischen denen ein Verkehr unmöglich ist. Das tiefere Wesen der Monade erschloß erst Wilhelm Wundt dadurch, daß er die letzten Einheiten als Willenseinheiten erkannte, deren stetiger ununterbrochener Zusammenhang durch die rastlose Tätigkeit aufrecht erhalten wird[1]). Und eben dieser Urzusammenhang der Tateinheiten ist der unerschöpfliche Mutterschoß alles Geistigen. Unentrinnbar in seiner Mitte stehend und von seinen Kräften durchpulst und belebt und getrieben, steht der Einzelne da gemeinschafterfüllt und ein Spiegel der Welt, wenn sie sich in ihm bricht und nun in ihm ein Glanz aufleuchtet, der zurückstrahlt in die Welt und diese für andere lichter, deutlicher macht, daß die andern in ihrem Leben Helligkeit erlangen, ihr Lebensdunkel durchlichtet und damit auch ihr persönliches Leben kräftiger wird. Dann ist der Einzelne mehr als nur Bedingung für das geistige Auf- und Ausleben des anderen, er ist bestimmt für ihn und weiß sich selbst in dieser Bestimmung für den andern. Jede einzelne Tateinheit ein Strahl aus der einen Sonne. Daher bedarf es keiner prästabilierten Harmonie mehr, um die Gemeinschaft zwischen den Substanzen zu erklären, sondern in allen wirkt das eine, einende Gesetz der Bestimmung füreinander, wie es sich äußert in der unaufhebbaren Tatsache alles Lebens, daß der eine des andern bedarf, daß alles Leben, wie es sich äußere, ein Gefüge von Diensten ist.

Und auch in diesem Fortgange der Gedanken blieb Dienst, wo wir vom Dienst an der eigenen Vollendung reden, dauernde Unterwerfung unter den Zweck eines andern. Und wäre dieser „andere" die eigene Individualität, so stünden wir vor dem krassen Egoismus, wären es die anderen Individualitäten und ihre Zwecke, dann kämen wir nicht hinaus über die knechtenden Abhängigkeitsverhältnisse der Gesellschaft und was an Zwecken in ihr lebt, d. h. aber, wir kämen nicht hinaus über Sklaverei und Knechtschaft. In beiden Fällen müßte der Mensch fronen sein Leben lang: ein Fronknecht seiner Lüste

---

[1]) Wilh. Wundt, Sinnl. und übersinnl. Welt, S. 356.

oder der Machtgelüste anderer. Nein, der Zweck, dem sich der Mensch unterwirft, wenn er sich erkennt als im Dienst einer Idee stehend und für diesen Dienst geboren, kann einzig und allein der Gemeinschaft entstammen. Und im Reiche des Geistigen (und dessen Formen sind eben die einzelnen Gemeinschaften) wird er Diener im Reiche der Werte. Individualität war nur Einheit von selbstbewußtem Vorstellen, Wollen und Handeln im psychologischen Sinne, durch ihre Richtungs- und Kraftvariante von jeder anderen verschieden. Nun ergreift das Ich auch diese seine Individualität als eine zu einer höheren Einheit bestimmte Einheit. Ich bin nicht nur eine Einheit, ich soll eine Einheit sein. So entsteht die Einheit unter der höchsten Idee, derjenigen der Gemeinschaft. Aus der Herrschaft individueller Zwecke wird die Herrschaft von Gemeinschaftszwecken. Und dort, wo sich die Individualität mit diesen Zwecken der Gemeinschaft erfüllt hat und sich mit allen ihren Kräften Leibes und der Seele in den Dienst dieser Zwecke stellt, sich ihnen unterwirft, dort verwandelt sich die Individualität, sie entwickelt sich zur Persönlichkeit. Somit ist von der Persönlichkeit niemals der Begriff der sittlichen Freiheit zu trennen. Die Persönlichkeit ist Diener im Reiche der Werte, die Werte sind die Zwecke der Gemeinschaft.

Von der Persönlichkeit aus ergibt sich demnach auch ein völlig veränderter Anblick des Lebens und der Welt. Die Dienstverhältnisse der sozialen Welt erscheinen in ihrer ganzen Minderwertigkeit, fast ihrem sittlichen Unwert; es kann ihnen nur eine sittliche Beschaffenheit niederen Ranges zuerkannt werden, insofern sie für die Lebenserhaltung notwendige Gebilde sind, und damit auch notwendige Bedingungen für die physische Entfaltung und Darstellung des geistigen Lebens. Aber nie und nimmer können wirtschaftliche Gegebenheiten, können selbst Staat oder Kirche von einer Persönlichkeit als höchster Zweck anerkannt werden, und überall, wo sich ein Mensch ganz in den Dienst dieser Formen stellt, da betet der Sklave seine Gebieter an und erhebt zum Gott das Gemächte seiner Hände. Und es ist bejammernswert, und doch wieder wegen der bisweilen erstaunlichen Höhe der Verirrung bewundernswert, wie Menschen diesen Götzen Opfer bringen und Anbetung zollen, sogar ihre eigenen Kinder opfern in einer Leidenschaft religiöser Glut. Wie sie Achtung, Ehre und Würde dem schenken, das doch lediglich Mittel ist, um dem Menschen über die Notdurft des Lebens und über die Verschränkungen der Lebensbedingungen hin zu helfen, daß er sich die Stunden der Weihe im Dienst des höheren Lebens verschaffen kann, und sei es auch nur die Stunde eines kargen Sonn- und Feiertages. Denn — Achtung, Würde und Ehre dürfen nur im Reiche der geistigen Gemeinschaft verliehen werden, nur dort wo Persönlichkeit mit Persönlichkeit vereint am Werke sitzt und sich die Urzeugungen vollziehen.

Auch hier wiederum kein plötzlicher Aufstieg, kein ununterbrochener Flug zur Höhe des Personlebens, sondern eine Entfaltung in Stufen, in Ringen, die sich weiten und weiten. Da kann z. B. der Einzelne so in der Gemeinschaft stehen, seine Wesensentfaltung sich derart im Einklang mit der Gemeinschaft vollziehen, daß sein, doch persönliches, Schaffen in das der Gemeinschaft schlechthin verfließt und sein Werk namenlos der Nachwelt überliefert wird. Ist nicht so die Dichtung, die wir diejenige Homers nennen, ein Werk der Gemeinschaft und doch sicher durch einzelne gestaltet? So singt sich die Gemeinschaft selbst im Volkslied und nennt nicht den Mund, der das Lied zuerst formte und sang; so warf eine große Zeit unseres Volkes das gewaltige Lied von „der nibelunge nôt" ans Ufer der Zeiten, und — wohl zur gleichen Zeit schuf ein Einzelner, die Persönlichkeit Wolframs von Eschenbach den Parzival. Und was ist gewaltiger von beiden? Das Werk, das die Gemeinschaft durch die Schaffenssphäre einer einzelnen Persönlichkeit hindurch wirkte oder jenes, das Erlebnisstoff einer Allgemeinheit war und in der nämlichen Epoche seine abschließende Form empfing? Nirgends wird dieses Ruhen des Einzelnen in der höheren Einheit des Geistigen stärker empfunden und gelebt als von den religiösen Naturen. Und schon hier fällt ein Licht auf alles mönchische Leben, wo es rein erfaßt und gelebt wird, auf alles Dienen religiöser Menschen bis zum Verzicht auf sich selber. So war es auch in den Kreisen der „Brüder des gemeinsamen Lebens" (15. Jahrhundert) verboten, irgendwelche Titel anzunehmen oder Veröffentlichungen mit dem Namen zu versehen, und das große Werk „Von der Nachfolge Christi", nach der Bibel wohl das verbreitetste Buch der Welt, wird einem von ihnen, Thomas von Kempen, zugeschrieben, ohne daß er mit Sicherheit der Verfasser genannt werden kann.

Wie sich die Individualität aus einem Zustande relativer Indifferenz von Einzelnen und Gemeinschaft individualisierte, so entstanden auch die Geistschöpfungen aus einem gleichsam wenig differenzierten Gemeinschaftsleben, das mehrere Individuen oder eines zu Dienern nimmt von sich aus und gleichsam sich selbst gestaltet. Volkssitte und Volkskunst, auch Sittlichkeit und Religiosität leben also über große Gebiete des Gemeinschaftslebens fort. Und dennoch war auch hier ein Einzelner oder eine Gruppe von Einzelnen Gestalter der geistigen Kräfte. Es liegt eben in aller Gemeinschaft die Tendenz, sich in individueller Form darzustellen, und die Kraft der Gemeinschaft treibt und nährt in den Einzelnen, ihren Knospen und Blüten, das persönliche Leben in allen Schichtungen, die zwischen zwei größten Spannungen möglich sind, etwa zwischen einem Leben nachbarlicher, den Einzelnen ganz in sich aufnehmender, ihn gleichsam aufsaugender geistiger Solidarität und dem Leben einer scheinbar aller Allgemeinheit und dem Ganzen entwachsenen Einzelpersönlichkeit, dem Künstler, dem Großen Manne, dem Führer einer Zeit, eines Volkes, der weit über ihnen zu stehen scheint und in die Zukunft hineinragt, so einsam scheint es um ihn zu sein.

Alles Personleben trinkt in sich hinein aus dem Ganzen, was es nur aufzunehmen vermag, und schafft dadurch Enge und Weite seines Ideenkreises, bis die Persönlichkeit zuletzt sich genug wird und in die Arbeit innerhalb ihres Gedankenkreises versinkt und sich mit einer „intimen Sphäre" umgibt, die mehr und mehr in allen Teilen als ihr Eigenreich ausgestaltet wird. Bis auf die Worte und die Satzgefüge kann sich diese Sphäre erstrecken (George, Rilke, die „persönliche

Note" eines jeden größeren Dichters, Musikers, Philosophen usf.). Damit nun entwächst die Persönlichkeit in einem Sinne der Gemeinschaft, aus der sie doch trieb und einzig leben kann. Sie erkennt sich nämlich vorzugsweise in ihrer Distanz von den Formen der Gesellschaft und nicht nur von diesen, nein selbst von den Gruppen der Gemeinschaft. Und solche Persönlichkeit ist nun imstande, ihre Stellung zur Gemeinschaft auszuprägen im Ton oder Gedicht, im philosophischen System oder religiösen Hymnus. So jede Persönlichkeit auf ihre Weise innerhalb einer Zeit, und dadurch entstehen die immer neuen Melodien in jeder Epoche, und daß sich nie die Harmonie verliert, daß im Gegenteil sich eine stete Einstimmung der Geister zu jeder Zeit zeigt, das ist eben das Werk jener im Urgrund schaffenden Gemeinschaftskräfte, die selbst den einsamsten Forscher und Philosophen dennoch umfangen und die höchsten und reifsten Persönlichkeitsentfaltungen als ihre Selbstdarstellung bedingen.

Und doch gibt es Einsamkeit? Einsam wird jeder, vor dem die Gemeinschaft nicht nur steht als Licht und Trägerin, sondern gleichzeitig als Widerstand. So arbeitet er wie vor dem Angesichte Gottes selbst, und daher die Herbheit, der Radikalismus in Verneinung wie Bejahung, bis zum Hinwerfen des Selbst, nicht immer wie der Sieger im Garten Gethsemane. Verbitterung wurde oft die Frucht solchen einsamen Ringens als Frucht glühender Sehnsucht nach dem Führertum, und zu allen Zeiten war es das höchste Menschenglück, mit seinem Sehnen und seiner Schaffenslust und -kraft zusammenzuklingen mit dem der Massen und die geistigen Schauungen in ihnen zu verwirklichen.

Auf solche Weise wird diese Persönlichkeit im Hochsinne des Wortes zu einem „Kompendium der Menschheit" (Schleiermacher) [1]), und es gibt etwas wie die Abgeschlossenheit des Monadenzustandes, und eine Autarkie. Vor allen Dingen, weil ja jeder Mensch in sich eine Aufgabe eigener, nur von ihm zu vollendender Art fühlt und somit zu einer

---

[1]) a. a. O., Ausg. von R. Otto, S. 99.

Vollkommenheit angelegt ist. In jedem lodert ein Streben zur Ganzheit, mehr zu sein als Nenner im Bruch. Aber auch im Abgeschlossensten durchströmen die Fenster und Türen Luft und Wärme und Licht von der Gemeinschaft her. Jeder ist solch ein zugänglicher Bau inmitten einer eng zusammenwohnenden Gemeinde, deren Wohnungen allesamt ein gewaltiger Dom überwölbt, ein Dom, an den sie zum Teil sich anlehnen, nach dem hin sie sich zu anderen Teilen in harmonischen Verhältnissen gliedern und aufrecken. Er aber bleibt von allen unerreicht, dennoch ihrer aller gemeinsames Werk zum Zeugnis für die sie alle einende Idee.

§ 3. Natur und Kultur.

Natur ist eines der Wörter, die innerhalb der Erziehungswissenschaft besonders oft und gern angewandt werden: von der Natur des Kindes ausgehen! zurück zur Natur! sind solche Anwendungen des Begriffes, und ebenso steht es mit dem der Kultur. Die Kinder sind in die Kultur der Gegenwart einzuführen, sollen die Kultur der Vergangenheit verstehen lernen; alle Erziehung diene der Erhaltung und Fortpflanzung der Kultur, ihr Ziel sei der kultivierte Mensch, nein sagen andere, der natürliche Mensch. Erziehung suche die Kultur nachzuschaffen; eine Kulturstufentheorie erhebt die groteske Forderung, jedes Kind solle die kulturelle Entwicklung der Menschheit noch einmal durchleben, und gestützt auf seelische Aeußerungen, die in der seelischen Entwicklung des Kindes an die kulturelle Entwicklung der Menschheit überhaupt erinnern — so wie wir wähnen, daß sie sich vollzogen habe — trifft man in den Schulen Veranstaltungen zu einem schematischen Nachleben der Kulturentwicklung en miniature, die sicherlich reizend sind und von großer Phantasie der Erwachsenen zeugen. Dringlicher noch tritt die Notwendigkeit, den Begriff der Natur in einem unsere Wissenschaft klärenden Sinne abzugrenzen, bei der Frage nach den Einflüssen der Umwelt, d. h. wiederum nach den Einflüssen der Natur wie der Kultur, hervor.

1. Im Begriffe einer „Naturwissenschaft" geht Natur auf

die Naturerscheinungen unter absichtlich starker Verengung des „Natürlichen" vor allem dadurch, daß von den Sinnesqualitäten abgesehen wird. Die Naturwissenschaft wird in der Chlorophyllbildung die Erscheinung des Grünen feststellen, ebenso die Form der Kristalle beschreiben und ordnen — die Sinnesqualität des Grün, den Vorgang der Gestaltwahrnehmung aber gibt sie weiter an die Physiologie und vor allem an die Psychologie, wo denn nun die Erklärung erwartet wird, wiewohl die Psychologie ebenso wenig etwas mit der Qualität der Empfindung anzufangen weiß. Reden wir von der „‚Natur des Menschen", so können wir dabei wiederum an die Naturerscheinungen an seinem Körper und in seinem seelischen Leben denken und würden Wissenschaften der Anatomie, der Physiologie, Biologie und Psychologie in Bewegung setzen je nach dem Ausschnitt, den wir aus den Naturerscheinungen des Menschen zu machen belieben. Es läßt sich auch von der „Natur des Menschen" reden im Sinne der Gesamtgattung Mensch, und ich suche dann nach ihren wesentlichen Merkmalen in der Anthropologie. Natur des Menschen heißt aber ebensooft: das Wesen des Menschen, seine Anlage, im Sinne einer relativ konstanten, unveränderlichen, starren Eigentümlichkeit. „Niemand kann wider seine Natur", „das ist nun einmal so seine Natur"; und wir denken an das Eingeprägte, Charakteristische am Menschen. Sprechen wir vom Naturkind und von Naturvölkern, so schreiten wir von der Anthropologie vor zu Betrachtungen völkerpsychologischer und soziologischer Art und bewegen uns in der Vorhalle der Ethik. Und diese kennt ebenfalls den Begriff Natur im Sinne eines besonderen ethischen Wertes, etwa: Du sollst natürlich sein! Naturgemäß leben! Du sollst deiner Natur getreu handeln! Sehe ich möglichst ab von den einzelnen Naturerscheinungen und dringe auf das Sein der Natur an sich, so beschreite ich Wege im Reiche der Metaphysik. Und bei alledem bleibt noch dem Menschen eine ganz andere Einstellung möglich. Er kann sich der Natur hingeben, sich in sie versenken, am Busen der Natur entschlummern, von den Brüsten der Natur trinken, und diese Bildersprache und der Trieb, die

Natur zu beseelen, künden uns die kontemplativ-ästhetische Einstellung an.

Schon diese Übersicht kann klarlegen, daß die Fülle und der Reichtum des Begriffes Natur erst da zur Geltung kommen, wo sich die Metaphysik und das kontemplative Verhalten seiner bedienen. Denn überall da, wo jene Einzelwissenschaften von der Physik an bis zur Psychologie, von der Anthropologie bis zur Ethik den Begriff aufnahmen, da geschah es in einer eigentümlichen Einengung. Erst in metaphysischer Betrachtung und ästhetischer Anschauung erscheint der Begriff in seiner ganzen Lebendigkeit, die aller begrifflichen Erfassung durch die Einzelwissenschaften letzten Endes spottet und allem Bemühen der Einzelwissenschaften Trotz bietet. Beide aber, Metaphysik und Ästhetik, gelangen aus dem gleichen Triebe, dem Einheitsbedürfnis der Vernunft, zu ihrer Stellung der Natur gegenüber, die erstere auf wissenschaftstheoretischem die andere auf kontemplativem Wege, und die letztere ist immer auch ein aktives Verhalten, und zwar ein in diesem Falle nach außen, wie man sagen möchte, gewandtes Schauen und ein das Geschaute verarbeitendes Erleben.

Bei ihrer Zusammenschau aller Wissenschaften der Natur und des Geistes stellt sich der Metaphysik bereits die idealistische Erkenntnistheorie wegweisend zur Seite. Seitdem Kant den Verstand als den Gesetzgeber der Natur bezeichnet hat, klingt seine Lehre in unzähligen Abwandlungen wieder. Die Erscheinungen existieren ja nach Kant nicht an sich, sondern nur in Beziehung auf das Subjekt, sofern es Sinne hat, und daher die Gesetze der Erscheinungen nicht in diesen selbst, sondern nur in Beziehung auf das Subjekt, sofern es Verstand hat. Hier nun liegt die Brücke zu einer metaphysischen Betrachtung des Wesens der Natur. Ist diese Natur ein anderes, uns gegenüber, so besteht zunächst nur die Möglichkeit, dieses, das wir x nennen können, nach der Analogie des Ich zu bestimmen. Wir müssen es nach unserm Bilde schaffen, ihm von unserm Wesen und Bewußtsein geben, es nach Art unserer Vorstellungen und unserer Willenstätigkeit auffassen. Wie könnte ich Wesen deuten anders als nach dem einzigen Wesen, das mir bekannt ist und jemals bekannt werden kann, als nach dem Ich? Die Erforschung des Wesens der äußeren Natur ist demnach begrenzt durch die Ergebnisse der Erlebnisse des Ich und ihrer Beschreibung und Erforschung. Und somit kehrt diese Betrachtung auf einer höheren Stufe der Reflexion zurück zur mythologischen, auf der die ganze Natur personifiziert wird, zu jener Stufe, die wir alle als Kinder durchmachten und die als Liebende recht viele wiederholten. Unter dem Einfluß der idealistischen Philosophie ist auch erkenntnistheoretisch der Gegensatz von außen und innen gefallen. Wir können freilich von äußeren Objekten reden und von inneren Vorgängen und besondere Wissenschaften für jede Gruppe ausbilden, allein wir vergessen dabei nun nicht mehr, daß es sich nur um verschiedene Gesichtspunkte unserer Betrachtung handelt. Der Gegensatz von Natur und Geist wird ein rein begrifflicher. Mag der Gegensatz wissenschaftstheoretisch auseinandertreten, etwa in einer Logik der Naturwissenschaft bzw. der Geisteswissenschaften, schon in der Philosophie der Natur geht er wieder zusammen. Wohl setzt sich eine Naturphilosophie zur Aufgabe, die „äußere" Erfahrung zu untersuchen und dabei gewollt von allen geistigen Erzeugnissen und Begebenheiten und Bedingungen abzusehen. Aber innerhalb der Naturphilosophie macht bereits die Kosmologie diese Scheidung unmöglich. Denn die Lehre von der Welt bringt notwendig die Idee der Entwicklung auf, welche der gesamte Verlauf des kosmischen Geschehens hervorruft, und damit fordert sie den Zweckbegriff zu Hilfe. Und wie zur Idee der Entwicklung führt sie mit gleicher Notwendigkeit zu derjenigen der Einheit. Auf keine andere Weise führt die Betrachtung der Lebensformen in ihrem gesamten Umfange zur Nötigung, zugleich Wirkungen geistiger Kräfte im Natürlichen anzunehmen. An keiner Stelle des Natürlichen ist es möglich, das Hervorbrechen des geistigen Lebens festzustellen, ebensowenig wie es gelingen kann, die reinliche Scheidung beider Gebiete durchzuführen. Wir landen bei der einzig möglichen Deutung, daß die Natur „Vorstufe des Geistes" ist, „also in ihrem eigenen Sein Selbstentwicklung des Geistes". Der Geist entwickelt sich in der Natur, als die höchste Form und der vorauszusetzende Zweck des organischen Lebens. Das soll von der Wissenschaft der Natur aus gesehen heißen: der Geist darf nicht materialisiert werden, die Natur nicht beseelt, und ebenso besteht kein unüberbrückbarer Gegensatz zwischen beiden Reichen, sondern dies ist gemeint: es gibt nur eine einheitliche, überall ineinander greifende Entwicklung; alles ist Tätigkeit, alles dem geistigen Leben dienende Aktualität (W. Wundt).

Nicht einmal der Solipsismus, die Lehre, daß, vielleicht, nur ich allein in der Welt bin, wird das volle und gültige Erlebnis vom andern, demnach auch von einer Natur als einem andern leugnen. Denn auch er kennt wenigstens den Begriff eines „fremden Ich" als Aufgabe seiner logischen Untersuchungen. Aber er anerkennt nicht die Gleichheit des Wesens jenes andern als eines auch realen, die es möglich macht, daß mir der oder das andere zum Erlebnis wird in ihrem Anderssein. Darum ist sein stärkster Gegenspieler der Künstler. Er lebt in dem andern, so auch in der Natur, redet und singt mit Blume und Bach, Luft und Wolken, Pflanze und Tier. Hierin dem Kinde gleich, dem Menschen einfacheren Naturzustandes, einem jeden von uns, der nicht das von Goethe einmal ersehnte Glück eines „gefühllosen Herzens" besitzt. Man sage nicht abweisend, das seien eben nur dichterische Phantasien und Analogien; was wir suchen, ist ja der Lebenszusammenhang des Menschen mit der Natur, so wie wir früher von dem Lebenszusammenhang des Menschen mit dem Menschen sprachen; denn besteht solcher Zusammenhang nicht, wie könnte dann Natur uns beeinflussen, uns gar erziehen oder etwas derlei? Wir möchten eben sehen, ob hier ein anderes Verhältnis besteht oder ein ähnliches oder ein gleiches. Das ist es.

Das Verhältnis des Menschen zum Menschen war das eines inneren Wechselverhältnisses. Die Vorstellungen und Gefühle, das Wollen des andern erweckte Widerhall in mir, löste meine Kräfte, und am andern erst lebte ich auf und wurde zu einem Selbst und beschritt die Brücke zur Vollendung in einem persönlichen Leben. Dies aber konnte nur dadurch geschehen, daß des andern seelische Tätigkeiten in mich übergehen konnten, daß ich zu gleichen oder ähnlichen Tätigkeiten angelegt war, oder daß wir beide verwandten Wesens waren, einer Gemeinschaft entstammten. Wir brauchten den andern, wir lebten erst an ihm auf. Steht es nun anders mit der Natur? Ist sie für uns reines Material, mit dem wir schalten und walten können, ein formloser, unserm Handeln und unserer Phantasie ausgelieferter Teig, den wir willkürlich kneten und formen? Sind wir ihre allmächtigen Beherrscher, weil unser Verstand etwa ihr Gesetze vorschreibt, sodaß sie unserm Verstande nun auch gehorcht? Ist sie unser Knecht, dem wir befehlen, und er fügt sich drein? Und wenn wir auch zugeben, daß sie auf uns Einfluß ausübe, so hätten wir dennoch die Macht, sie abzulehnen oder anzunehmen, wie bei den Zumutungen eines Dieners?

Wer diese Fragen überdenkt, der muß zu dem Schlusse kommen, daß wir in keinem anderen Verhältnisse zur Natur leben als wie zu anderen Menschen. Und unsere philosophische Betrachtung sollte nur zeigen, daß die zur Einheit drängende Metaphysik in ihrem wissenschaftlichen Fortgang zu den letzten Fragen zum gleichen Ergebnis kommt wie die ästhetische Anschauung, und, können wir hinzufügen, das religiöse Gemüt. Und alle bestätigen nur, was die schlichte Analyse unseres tatsächlichen Lebens in und mit der Natur lehrt: daß eine Gemeinschaft besteht zwischen Mensch und Natur wie die zwischen dem Menschen und seinem Mitmenschen und von keiner anderen Art im Wesensgrunde als diese menschliche Gemeinschaft. Es ist also geistige Gemeinschaft zwischen mir und der Natur, und die Wirkung der Natur auf den Menschen ist schöpferisch, ist weckend und geistig befruchtend. Der Mensch erwacht mit durch sie zum Menschen, sein Menschentum wird mehr als nur bereichert im Verkehr mit ihr, es wird erst so vollendet, und Neues entsteht aus der Gemeinschaft mit ihr. Die Mächte der Natur treten als Willensmächte — denn auch hier sind die letzten Einheiten Tateinheiten — dem Willen des Menschen entgegen, und es geht oftmals hart auf hart. Die Süße und Schönheit der Natur wühlen sein Gefühlsleben auf, und sein Verstand ringt unablässig mit den Rätseln, die ihm die Natur aufgibt. Wie oft stimmte die Formel, die der Mensch, als „Gesetzgeber", errechnete, um Naturvorgänge zu erzwingen, und trotz der Formel sprengte die Natur höhnend das Werk des Menschenwitzes.

Die Natur ist auch nicht stumm, sondern hat durchaus eigene Sprache für Tausende und aber Tausende heute und zu allen Zeiten, freilich nicht für jeden, denn auch unter Menschen zieht manch einer hindurch wie ein Fisch durch eine Fischherde. Sicherlich ist ferner das Äußere der Natur, wie des andern überhaupt, für uns Hindeutung auf ein anderes Inneres, dem wir, wie die Menschheit seit all den Tagen, die sie auf Erden lebt, unaufhörlich auf den Grund zu kommen streben, in der Form wissenschaftlicher wie intuitiver Betätigung. Und es wächst für die Menschheit wie für den Einzelnen im Einzelleben von Tag zu Tag das Verständnis für die Natur. Es ist auch die große Frage, ob nicht mancher von uns inniger mit der Natur lebt und aus ihr schafft als aus dem Verkehr mit Menschen, ob nicht mancher den äußeren Verkehr mit Menschen, vor allem einen innigeren, vertrauteren, auf ein Minimum beschränken kann, ohne je geistig zu verarmen, weil er mit der Natur auf Gemeinschaft steht und aus ihr reicheres Erleben, stärkere Antriebe zum Neuschaffen erhält, als er sie unter Menschen finden kann. Es ist auch manch einer in die Einsamkeit gegangen und hat einsiedlerisch die Menschen gemieden und dabei niemals über Einsamkeit geklagt. Aus der neueren Zeit ist ein solcher Künder des Naturlebens der Amerikaner Thoreau in seinem Buche „Walden" und die Seiten dieses Werkes sprechen laut von der geistigen Gemeinschaft, in welcher Mensch und Natur stehen, und lehren zugleich, daß von einer Persönlichkeit, die nun einmal stärker auf das Leben in und mit der Natur angelegt ist, dieselbe Stufe der beglückenden und geistig bereichernden Zurückgezogenheit erklommen werden kann, wie von denen, die unter den Menschen lebend sich in sich selbst zurückflüchten, um ihrer Aufgabe getreu zu bleiben. Alsdann kann für solche Menschen die Natur als jenes „außer uns" verschwinden. Das Ich erscheint ausgelöscht, wie auch in der Leidenschaft des Ergriffen- und Gepacktwerdens, beim Staunen vor der Schönheit im Kleinen wie im Großen, im dichterischen oder künstlerischen Schaffen, in prophetischer Schau und religiöser Ekstase, — da ist des Menschen Seele derart überfüllt mit den Bildern dieses, das wir außer uns nennen, daß sein Ich überdeckt ist und schweigt oder redet wie ein Instrument, das stille halten muß, solange das Schlagholz die Saiten schlägt, oder gar nur zu lallen und zu stammeln vermag, so daß des Sehers Laute Deutung heischen.

2. Keine Übereinstimmung herrscht darüber, welchen Begriff man im rechten Gegensatz zu dem der Natur verwenden soll. Natur-Geist. Diesem Gegensatz liegt ein metaphysischer Dualismus zugrunde: die Anschauung, daß Natur das Leblose, Starre, rein Materielle, das Unbeseelte sei, und Geist das Lebendige, Schaffende nach Substanz und Akzidentien der Gegensatz zu allem, was Natur ist. In diesem Sinne gestattet auch eine Logik der Wissenschaften die Einteilung nach Natur- und Geisteswissenschaften und weist alsdann den Naturwissenschaften die Aufgabe zu, das „bloß Materielle" zu erforschen, und nimmt dies bloß Materielle als ein von allen bewußten Vorgängen Unterschiedenes an. Aber was die logische Unterscheidung so zu trennen unternimmt, das erweist die idealistische Erkenntnistheorie als nur zwei verschiedene Ansichten einer und derselben Sache, und so liegt hier der Grund, über den Gegensatz Natur-Geist nach einem andern zu suchen.

Es ist die südwestdeutsche Schule, in der, angeregt durch Windelbands bekannte Rektoratsrede, Rickert zur Unterscheidung der Natur- und Kulturwissenschaften überging. Nach Windelband sollten die Naturwissenschaften das zum Gegenstande haben, was immer ist, und darum Gesetzeswissenschaften sein, die übrigen, was einmal war, und er gab diesen den Namen Ereigniswissenschaften. Tiefer suchte Rickert zu dringen. Formal definierte er Natur als das Dasein der Dinge, sofern es nach allgemeinen Gesetzen bestimmt ist, und gab ihr zum Gegensatz die Geschichte. Nach dem materialen Gegensatz ihrer Objekte aber stellte er die Kultur der Natur gegenüber. Die Natur ist der Inbegriff des von selbst Entstandenen, Geborenen und seinem eigenen Wachstum Überlassenen, Kultur das von einem nach Zwecken handelnden Menschen entweder direkt Hervorgebrachte oder wenn es schon vorhanden ist, so doch wenigstens absichtlich Gepflegte. In allen Kulturvorgängen ist irgend ein vom Menschen anerkannter Wert verkörpert. Daher läßt sich nach Rickert Kultur bestimmen als die „Gesamtheit der allgemein gewerteten Objekte". Um nun in der Feststellung dieser „allgemein gewerteten Objekte" über die Subjektivität hinauszukommen, forderte Rickert, man müsse ein „allgemein anerkanntes Kulturwertsystem" aufstellen.

Nun ist es kennzeichnend für die Schwierigkeiten, welche sich schon der Logik bei Behandlung dieser Fragen ergeben, daß diese Versuche, Natur und Geschichte oder Natur und Kultur gegeneinander abzugrenzen, nicht zu wirklicher Trennung der Wissenschaftsgebiete führen. Geschichte als das, was im Flusse der Entwicklung von Einmaligem zu Einmaligem gehen soll, ist ebensogut die Voraussetzung für Pflanze und Tier, für Erde und Sonne wie für die Menschheit, als Gegensatz zu Natur darum zu weit. Das Einmalige ist keineswegs auf die Ereigniswissenschaften beschränkt, sondern unter den Naturwissenschaften besteht fast die ganze Geologie aus einmaligen Tatsachen: wie Eiszeit, Trias, Carbon usw., und daß nur die Naturwissenschaften das Gesetzmäßige suchen, ist seit Polybius' Tagen dadurch widerlegt, daß die Historiker bis zu uns herauf unablässig nach Gesetzen suchen und solche allgemeinsten Charakters auch aufgestellt haben. Andererseits werden für den, auf die verengte Auffassung des Begriffs nicht Vorbereiteten und dann dieser Vergewaltigung Zustimmenden zu „Kulturwissenschaften" auch die landwirtschaftliche Betriebslehre und die Fabrikkunde zählen, welche etwa die Maschinen und chemischen Hilfsmittel der Technik und Industrie beschreiben, und diese werden doch sicherlich Naturwissenschaften genannt werden müssen. Ähnlich steht es mit der Beschränkung auf das, was einen Kulturwert haben soll. Alles was die geschichtliche Entwicklung hervorbringt, hat keineswegs einen Kulturwert, und es ist auch irrtümlich oder willkürlich, zu meinen, die Wissenschaft der Historie habe sich nur um diese Werte zu kümmern, hat sie doch vielmehr zu allererst die Tatsachen zu erhellen, ihre Zusammenhänge auszubreiten und erst am Schluß dieser Arbeit eine Beurteilung des allgemeinen Wertes zu versuchen[1]).

Besser schon fahren wir, wenn wir zum Ethiker gehen und hier den schärfsten der Neuesten, Kant, befragen. Kant teilt die Wissenschaften ein nach dem für ihn größten Gegensatz von Natur und Sitten: stellt der Metaphysik der Natur diejenige der Sitten gegenüber. Denn Natur und Geist gehorchen nach Kant gleichen Gesetzen, Natur und Sitte dagegen sind die größte Heterogeneität, nach der sich die gesamte Wirklichkeit überhaupt einteilen läßt: es ist der Gegensatz der Wirklichkeit, welche vom Kausalgesetz beherrscht wird, zu derjenigen, in welcher die Freiheit lebt. Diese Freiheit aber geht auf Zwecke, durch deren Vorstellung die Freiheit zu einer Handlung bestimmt wird, den Gegenstand hervorzubringen, auf den der Zweck gerichtet ist. Der Mensch kann sich nur selbst etwas zum Zweck machen, niemals von einem andern gezwungen werden, einen Zweck zu haben, wenn auch andere mich wohl zwingen können, Handlungen auszuführen, die als Mittel auf einen Zweck gehen. In dieser Freiheit, sich selbst einen Zweck zu setzen und diesen nun zu einer Pflicht zu erheben, besteht des Menschen Überlegenheit dem Tiere gegenüber, die Möglichkeit, seine „Tierheit", wie Kant sagt, zu überwinden. Der Mensch hat die Pflicht, „sich aus der Rohigkeit seiner Natur, aus der Tierheit, immer mehr zur Menschheit, durch die er allein fähig ist, sich Zwecke zu setzen, emporzuarbeiten; seine Unwissenheit durch Belehrung zu ergänzen und seine Irrtümer zu verbessern"; er hat die

[1]) Vgl. Windelband, Geschichte und Naturwissenschaften, 1897; H. Rickert, Kulturwissenschaft und Naturwissenschaft, 1899 (seitdem bedeutsam erweitert); Wilh. Wundt, Einl. in die Philosophie, § 6.

Pflicht einer „Kultur des Willens bis zur reinsten Tugendgesinnung, wo das Gesetz zugleich die Triebfeder seiner pflichtmäßigen Handlung wird“[1]). Und, so lesen wir weiter: „Der Anbau (cultura) seiner Naturkräfte (Geistes-, Seelen- und Leibeskräfte) als Mittel zu allerlei möglichen Zwecken ist Pflicht des Menschen gegen sich selbst“, ohne Rücksicht auf den eigenen Vorteil, sondern als „Gebot der moralisch-praktischen Vernunft und Pflicht des Menschen gegen sich selbst, seine Vermögen anzubauen und in pragmatischer Rücksicht ein dem Zweck seines Daseins angemessener Mensch zu sein“. Und so definiert Kant schließlich Kultur als „die Hervorbringung der Tauglichkeit eines vernünftigen Wesens zu beliebigen Zwecken überhaupt (folglich in seiner Freiheit)“. Also kann nur die Kultur der letzte Zweck sein, den man der Natur in Ansehung der Menschengattung beizulegen Ursache hat, nicht seine eigene Glückseligkeit auf Erden oder wohl gar bloß das vornehmste Werkzeug zu sein, Ordnung und Einhelligkeit in der vernunftlosen Natur außer ihm zu stiften. Also Natur: das Vernunftlose außer dem Menschen beherrscht von der Kausalität, Kultur das Vernunftbeherrschte, vom freien Menschen an sich selbst aus Pflicht gegen sich selbst Hervorgebrachte.

Es ist dies die besonders ethisch gestimmte Fassung des Kulturbegriffs, wie ihn das Zeitalter Kants in Goethe und vor allem in Herder und in den Dichtern und Philosophen der Epoche prägte: Kultur als Vorgang ein freies Schaffen und Bilden des Menschen von innen heraus aus der Gesamtheit seiner Anlagen, und zugleich Kultur als Ziel des Vorgangs des Sich-Bildens: der Kulturmensch im Kulturstaat. Der Mensch selbst, in seiner Gesamtheit erhöht und vertieft, im Besitz der wahren „Humanität“, der „Menschheit“, erfaßt unter seinen Zwecken auch den Staat und verleiht ihm einen geistigen Inhalt gleichen Wertes.

Aber zwischen Kultur im Sinne einer Tätigkeit und eines höchsten Zieles liegt noch ein dritter Begriff von Kultur:

---

[1]) Kant, Metaphysik der Sitten, 2. Teil, Einl. V. und § 19.

Kultur in einem gleichsam statischen Sinne als die Gesamtheit der Objekte, welche jene bildende Tätigkeit auch geschaffen hat. Wir reden von Kultur im Sinne objektiver Gebilde, die den einzelnen Menschen scharf gegenübertreten und den Charakter der Selbständigkeit besitzen. In Wirtschaft und Technik, Sprache und Sitte, Wissenschaft und Kunst haben wir ein festes System von Kräften, Formen, Funktionen und Prozessen, das jedem Gliede der betreffenden „Kulturwelt" zwingend gegenübertritt und jeden einzelnen für seine Zwecke erzieht.

Kultur in diesem statischen Sinne nötigt uns, jene Verengung des Begriffs auf die Gebiete der Gesinnung und selbst auf die allgemeineren Gebiete des geistigen Lebens aufzugeben, und Kultur demnach aus der ethisch-philosophischen Fassung auch noch in die soziologische hinein zu verfolgen. Für den Soziologen erscheint der Gegensatz Natur-Kultur einfacher zu sein, wie es schon der Satz zeigt, es läßt sich die Natur ohne Kultur denken, aber nicht die Kultur ohne die Natur. Natur ist demnach das der Kultur voraufgehende Substrat. Und der Soziologe, ebenso wie der Völkerpsychologe, wird nun untersuchen, einmal wie sich entwicklungsgeschichtlich seelisch das Kulturwerk des Menschen aus der Natur heraus gestaltete und über sie hinauswuchs zu einem selbständigen Reiche, und sodann wie in der heutigen Form des gesellschaftlichen Lebens der Völker die Objekte der Natur und Kultur zueinander stehen, um die große Fülle der Wechselwirkungen und Beziehungen aufzudecken. Entwicklungsgeschichtlich ist das die Darstellung jenes Vorganges und seiner Entfaltung, durch den der Mensch die Herrschaft über die Natur errang; und so steht an der Spitze aller Kultur die Bestellung des Ackers, und in der Frühzeit menschlicher Ackerkultur stehen nebeneinander und durcheinander geflochten als Lebens- und Gedankenwerk des Ackerbauers die Pflege des Ackers und die Verehrung des Ackers. Das Geheimnis der Fruchtbarkeit des Bodens, dazu seine Eigenwilligkeit und seine Abhängigkeit von Sonne und Wetter: dies alles läßt den Boden göttlich erscheinen und vollendet das Gefühl der Gebundenheit, der Abhängigkeit des Menschen von der Natur in der Beschaffung seiner unentbehrlichsten irdischen Güter, und darum begleitet auch der Bauer der Vorzeit wohl die einzelnen Stadien der Ackerbestellung mit kultischen Festen, um sich die geheimnisvolle göttliche Macht in jedem Stadium des Wachstums der Saaten günstig zu stimmen. Dadurch entsteht jene Doppelstellung des Menschen, die noch heute im Charakter des Landmannes, der selbst den Acker bebaut und mit seinem Schweiße netzt, erkennbar ist: „Den Kult beherrscht der Wille der Gottheit, die Kultur der Wille des Menschen. Darum erscheint vom Standpunkt des religiösen Kultus aus die Natur als ein Werk der Götter, der Lauf der Naturerscheinungen als ihr Wollen und Handeln; vom Standpunkte der Kultur aus erscheint die Natur als Material, dessen Umwandlung zu den eigenen menschlichen Zwecken die Kultur ist. . . Im Kult fühlt sich der Mensch dem Gegenstand untertänig, auf den sich die kultische Handlung bezieht; in der Kultur fühlt er sich dem Gegenstande übergeordnet, den er durch seine Arbeit in ein Mittel zur Erfüllung seiner Bedürfnisse umwandelt“ [1]). Unbedingte Abhängigkeit und Herrschergefühl stehen so eigenartig nebeneinander. Der Fortschritt der Kultur aber liegt in dem Erstarken und der wachsenden Vielseitigkeit der Interessen, Aufgaben, Wege und Ziele jenes Herrschaftsgefühles im Menschen, und je mehr er dem Druck jener Abhängigkeit zu entrinnen meint oder gar ihm entronnen zu sein glaubt, desto stolzer und kühner erhebt er sich zum Herrscher über die Natur, gestaltet sie und erschafft sich somit eine zweite Welt, die Welt der menschlichen Kultur.

Wie erfolgt nun dieses Erschaffen der Kulturwelt, besonders in ihren Anfängen? Die Vorherrschaft intellektualistischer Systeme ist auch in der Völkerkunde zu verspüren und an der Fragestellung zu erkennen. Sie lautet, wie Vierkandt aufzeigt, dann wohl: wie ist der Mensch auf den Gedanken gekommen, dies und das zu tun; oder: es bedurfte nur einer geringen Überlegung des Naturmenschen, um dies oder das

---

[1]) Wilh. Wundt, Völkerpsychologie, X. S. 6, vgl. auch zum Voraufgehenden.

zu erfinden, oder: man kann sich leicht vorstellen, daß . . usw. Damit setzt man eine viel zu entwickelte Intelligenz voraus, und alles stimmt zudem schwerlich zum wirklichen Vorgange. Heute wird deswegen z. B. für den Ursprung der Viehzucht, der Feuerbenutzung eher nach Willensleistungen gefragt. Kurz und treffend sagt Karl Bücher in seiner „Entstehung der Volkswirtschaft“: „Der primitive Mensch denkt überhaupt nicht in unserem Sinne, er will nur, und zwar will er sein Dasein erhalten“. Willensakte charakterisieren nicht nur das erste seelische Leben eines Menschen, sondern auch das primitive Zusammenleben von Menschen. Und wer die Geschichte fortschreitender Kulturperioden untersucht, der hätte demnach in erster Linie die jedesmal erfolgende Differenzierung der Willensmotive und Willenshandlungen aufzusuchen. Und die Wandlung und Entwicklung des Willens wird jedesmal dem neuen Zeitalter das Typische und Unterscheidende den voraufgehenden gegenüber geben. Nicht die reinen Formen dürfen ihn so sehr interessieren als die Formen schaffenden Kräfte. Und so tritt überall der Wille als die befruchtende Kraft dem mehr weiblichen Prinzip, dem Intellekte, gegenüber [1]).

Allein auch im Denken darf nicht das Moment der Aktivität vergessen werden. Schon im Akte der Wahrnehmung verhält sich der Mensch keineswegs nur oder zumeist passiv. Die Wahrnehmung ist im weiteren Sinne eine Handlung, und wenn echt kantisch Natorp die wurzelhafte Einheit von theoretischem und praktischem Verhalten betont, dann ist es folgerichtig, wenn er bis zu den einfachsten seelischen Gebilden herabsteigt und überall diese Einheit annimt. Demnach würden wir auch die Einseitigkeit der intellektualitischen wie der voluntaristischen Deutung vermeiden müssen und höchstens von einem Übergewicht der einen dort, der andern Richtung der menschlichen Geisteskräfte hier, sprechen dürfen. Auf die Kulturschöpfungen angewandt, nehmen wir darum von vornherein ein in diesem Sinne aktives Verhalten an, das die ersten Schöp-

---

[1]) s. m. Schrift: Der Entwicklungsgedanke usw., 1908, S. 125.

fungen, in den Anfängen gewiß überwiegend impulsiv, fast als reine Reflexbewegung, zuwege bringt.

Die Natur steht, wie wir gesehen haben, dem Menschen nicht anders gegenüber als der andere Mensch. Wie der andere Mensch mir zum Anreger und Erwecker meiner Kräfte wird von Ursprung her, so steht der Mensch von Ursprung her auf Gemeinschaft mit der Natur. Und wie der andere Mensch, so regt die Natur an und weckt des Menschen Kräfte in Muskel und Gehirn. Und auch hier sicherlich anfangs ein indifferenter Zustand, wo der Mensch sich nicht oder kaum bewußt wird, was an einem Werk sein eigen ist, wo er sein Werk hinnimmt, wie er die Naturerzeugnisse hinnimmt: es ist da. Erst von dem Augenblicke an, wo der Mensch dies sein Werk als sein erkennt und sich selber gegenüberstellt und außerdem dem Werk der Natur, da kommt dieses Mittlere zwischen Natur und Mensch zustande, das wir „Kultur" nennen im objektiven Sinne, das als solches aufgehoben, überliefert, nun aber auch verbessert, entwickelt werden kann: sei es Axt oder Säge, Hütte oder Boot, Wort oder Schriftzeichen, Kunstwerk oder Gedicht. Dieses System von Formen und Kräften, von Funktionen und Vorgängen, das nun immer verwickelter wird, je weiter sich die Menschheit von dem sog. primitiven Kulturzustande entfernt. Dieses System aber kommt dadurch zustande, daß die Ergebnisse des produktiven Verhaltens des Menschen die Tendenz besitzen, zu erstarren und somit in den statischen Zustand überzugehen. Dadurch bildet sich jene kulturelle Objektwelt als eine statische Sphäre, deren Inhalte zeitlosen Charakter annehmen, wiewohl sie sämtlich Produkte einer Zeit sind und von dieser Zeit ihrer Entstehung Zeugnis ablegen. So ruhen diese Kulturobjektivationen in Museen und Bibliotheken, aber auch in Feld und Flur, freilich allerorten ständig in Gefahr zu verschwinden oder sich bis zur Unkenntlichkeit zu verwandeln und nun Gegenstand mühevoller wissenschaftlicher Interpretation zu werden; und die offene Natur arbeitet hier noch stärker als die Luft in Bibliotheksräumen oder an Gips- und Bronzeabgüssen dem Menschen entgegen. Nicht anders steht es mit den Objektivationen in Sprache und Sitte, Mythus und Religion; auch hier arbeitet die Natur, die den Menschen durchströmende Naturmacht, die unablässig umwandelnd wirkt, genau wie dort, wo die Natur ihr freies Reich hat und nicht die Gegenkraft des menschlichen Geistes eingreift, um die zerstörenden Einflüsse möglichst auszugleichen.

Damit gelangen wir zu einer eigentümlichen Ansicht vom Verhältnis des Menschen zur Kultur im Sinne der Kulturobjekte: seine volle Freiheit und Selbständigkeit erscheint in Frage gestellt; das Werk, das er frei, willkürlich zu schaffen scheint, erhebt sich gegen ihn als Teil eines zwingenden Systems, wird zu einer Gegenmacht; das Werk, das er sich selbst und der Natur gegenüberstellt, wird ihm von der Natur um ihn und in ihm strittig gemacht. Und so entsteht ein seltsames Schauspiel: das Kulturwerk, das der Mensch als Beherrscher der Natur, eben der Natur als seinem Material, abringt, stellt sich auf die Seite dieser Natur dem Menschen gegenüber, und zwar entgegen im fördernden wie im feindlichen Sinne.

Ein Kulturobjekt kann genau so gut vergehen und in ewige Vergessenheit versinken wie dieses oder jenes Naturobjekt: eine Tier- oder Pflanzenart, eine Menschenart, ein Gestein so gut wie ein Pflug oder ein Schiff, ein wissenschaftliches Werk oder ein Gedicht. Alle Objekte, der Natur wie der Kultur, fördern nun den menschlichen Geist in irgendeiner Weise nur dann, wenn von ihnen Antriebe, starke Reize zu Leistungen ausgehen. Wir sehen die Kunst primitiver Völker geringe Fortschritte machen, bei manchen überhaupt keine, eher zurückschreiten. Das hängt u. a. damit zusammen, daß die wertvollsten und kunstvollsten Sachen dem Toten mit ins Grab gegeben oder auf dem Scheiterhaufen mitverbrannt werden, und so kann das Kunstwerk nicht zur Nachahmung und zu weiterer Vervollkommnung anregen. Erst dort wo der Wille zum Nachschaffen und zum Bessermachen, mindestens aber immer zum Erwerben dessen, was andere vor ihm schufen, im Menschen erstarkt, beginnt eine aufsteigende Kulturentwicklung, d. h. immer eine reichere Entfaltung der verborgenen Kraftanlagen. Das betreffende Kulturgut enthält gleichsam aufgespeicherte geistige Energie, die wieder in lebendige Kraft umgesetzt, immer von neuem in Kraft verwandelt werden muß, sonst entsinkt dieses Gut den Menschen und gleitet zurück in die „bloße Natur". Es ist ja auch nichts anderes als ein Stück geistbeseelter Natur, und kann als solches nicht anders zum Menschen sprechen als irgendein Objekt der Natur, in der wir die Vorstufe des Geistes sehen. Aber in seiner Eigenschaft als eines Mittleren zwischen Mensch und Natur kann es nur Eigengestalt und damit Kraftwirkung behaupten, wenn es von werbenden lebendigen Kräften umspielt ist; hört die Werbung der menschlichen Kraft auf, so verfällt es derjenigen der Natur, aus der es vom Menschen einmal herausgebildet wurde.

Wo bleibt da aber, so fragen wir erneut, das „Reich des Geistigen", die hohe „Kulturwelt", die der Stolz vieler Tausende von Menschen ist? Und wie steht es mit jener Selbständigkeit dieses geistigen Reiches, die niemand heißer zu erweisen sich unter uns bemüht hat als Rudolf Eucken? Seine Schriften predigen von der „großen Wirklichkeit", einer „aller Gegenwart überlegenen bei sich befindlichen Geisteswelt", in dem sich die selbständige Art des Menschen, auch der Kultur gegenüber, offenbart. Dadurch wird die Kultur mehr als ein menschlicher Zusatz zur Natur; sie führt neben der gegebenen Welt eine neue Welt ein und erlangt selbst erst ihren tieferen Grund in diesem selbständigen Geistesleben. Hiermit will Eucken im Geiste Fichtes einem Kulturpessimismus gegenüber das Recht des Optimismus erhärten und seine Zeitgenossen zur Selbstbesinnung auf ihre höchsten geistigen Werte aufrufen . . . ein Prediger in der Wüste seiner Jahrzehnte!

Mit diesen Gedanken entgleiten wir wieder der mehr soziologischen Betrachtung und kehren zurück zur ethischen, zur wertenden, fragen aber nicht nach dem Kulturwert, sondern nach dem Wert der Kultur. Und wir denken an den genialsten Vagabunden, den die europäische Welt kennt, an Rousseau, der seit seiner Lösung der Preisaufgabe der Akademie von Dijon 1750 der schärfste Kritiker und Ankläger aller „Kultur" gewesen ist. Die Erneuerung der Wissenschaften und Kunst habe mit nichten die Sitten gereinigt und verbessert, vielmehr unsere Seelen allmählich verdorben. Das Leben ist nur verwickelter, gekünstelter, schlechter, mit einem Wort, es ist „unnatürlich" geworden. Darum: zurück zur Natur! d. h. zurück zu Zuständen der schlichten Güte, der Einfachheit und Unmittelbarkeit. Fort aus der Unruhe und Veräußerlichung des Lebens zum unreflektierten, innerlichen, unwillkürlichen Dasein des „natürlichen Menschen". Die Kultur hat dem Menschen die natürliche Grundlage für ein wahrhaftes und in sich geschlossenes Leben entzogen, er steht außer seinem Selbst: verzerrt und gekünstelt ist sein Leben, sein Charakter, seine Sitte. Er ist ein Diener der Lüge und des Scheins, voll Gier und Raffinement. So erhebt sich vor Rousseaus innerem Auge das Ideal des homerischen Zeitalters; für ein Leben in ihm und zugleich zu einem seiner ersten Bürger erzieht er Emil.

Diesen bekannten Klagen gegenüber, die auch heute noch gern erhoben und nachgesprochen, oft auch nur nachempfunden werden, besinnen wir uns auf die Feststellung dessen, was unter Kultur zu verstehen sei: das Kulturobjekt als solches kann gewiß nicht Anlaß zu solcher Anklage werden; es ist vom Wertstandpunkt aus indifferent, und erst durch die nachschaffende Kraft, die es weckt, kann es zu einem Wert werden (z. B. Ilias, mittelalterliche Madonnastatue), der aber nun nicht dem Gegenstand als solchem, sondern immer dem geistigen Akt zukommt, den er auslöst. Es wäre lächerlich zu sagen, der Kunstwert eines Rembrandtschen Gemäldes bestehe in der Leinwand und den Farben, die der Meister gebraucht hat. Kann denn nun Kultur in dem Sinne des schöpferischen Prozesses, des „Anbauens" seiner seelischen Fähigkeiten unter der Sonne des Sittengesetzes oder Kultur im Sinne eines letzten Zieles des Menschen und der Menschheit zu jener Kritik berechtigen? Ohne Zweifel ist Kultur doch alsdann in einem anderen Sinne genommen, den wir noch nicht aufgefunden haben.

Das Kulturgut steht in seiner Objektivität über jener vernichtenden Kritik; es hat nie den Anspruch erhoben, an sich ein Wert zu sein, und wird ihn nie erheben. Kultur als Ziel in unserm Sinne genommen wird gleichfalls nie den Vorwurf herausfordern, daß sie den Menschen erniedrige, ihn herabziehe, seiner Natürlichkeit im Sinne der Schlichtheit entkleide und unwahrhaftig werden lasse. Somit bleibt nur übrig, daß die Berechtigung zu jenem Vorwurfe einer Entwertung von Kultur durch den Kulturprozeß selbst erfolgt, also durch jenen Vorgang, der Kulturgut erzeugt oder nachschafft. Wie ist das möglich? Irgendein Kulturgut wird dadurch zu einem Werte, daß ich es mir erwerbe und in diesem Akt des Nachschaffens selber wachse und somit Neues schaffe. Wie ich am andern Menschen auflebe, der mit mir lebt und in seiner Lebendigkeit auf mich wirkt, so entfalte ich mich auch an der im Kulturgut aufgespeicherten geistigen Kraft. Das Neue aber und damit das Fortbildende, das, was die in Tätigkeit umgesetzte geistige Energie ändert oder mehrt, kommt hinzu aus meiner Eigenart, es ist das im Widerhall antwortende eigentümliche Wesen meines Selbst, das während des nachschaffenden Vorganges neue Seiten des Kulturguts aufdeckt oder ihm neue hinzufügt. Vollzöge sich nun jeder Akt der Aneignung von Kulturgütern in dieser idealen Weise, so wäre es undenkbar, daß je eine Anklage gegen die Kultur erhoben werden könnte. Ein jeder fände sich im unerschöpflichen Spiel aller seiner Kräfte tätig und damit glücklich, glücklich, wie eben ein gesundes Wachstum es von selbst bewirkt. Allein, wie wir sagten, das Erzeugnis des Kulturschaffens habe die Neigung statisch zu werden, so nicht minder jeder seelisch-geistige Akt des Schaffens selbst. Auch hier, wie überall im Bereiche des Willens ist das Gesetz aller Übung und Wiederholung in Kraft und verleitet zur Bequemlichkeit, dieselben Bahnen wieder zu befahren. Der Prozeß, der nur dadurch lebendig bleibt und schöpferische Möglichkeiten offen hält, daß er sich unaufhörlich neu in jedem Menschen wiederholt, eigenartig von einem jeden neu wiederholt und dadurch eben auch fortentwickelt wird, durchläuft und muß durchlaufen eine Reihe von Bahnen, die jedes Glied der betreffenden Kulturgemeinschaft überschreiten muß, und so entwickelt sich in jeder in sich fortschreitenden, sich differenzierenden Kulturwelt ein gewisser Mechanismus und Formalismus. Der lebendige Akt ist erstarrt und wird zur Hülse, wird zur überlieferbaren, lehrbaren, an andere überreichbaren Form. Dabei aber droht die Gefahr, daß die Mitarbeit des Innern im Menschen fast aufhört, jedenfalls auf das Geringste zurückgeführt wird. Das Überlieferbare packt nicht und erfordert auch nicht den ganzen Menschen, sondern bietet sich ihm dar wie ein Kleid oder eine Rüstung, oder läßt sich wie ein Spielzeug oder ein Stück, das Sammelwert besitzt, in einen künstlerisch gearbeiteten Schrank hängen, und das eigentümliche Menschenwesen birgt sich dahinter und begnügt sich mit dem Aufputz seiner Oberfläche. Oberflächenkultur! Hier ist das Geistleben verzerrt und verfälscht, hier verkehrt sich nun Sittlichkeit in Unsittlichkeit, Wahrheit in Unwahrhaftigkeit. Mehr und mehr hört jedes Sichbilden von innen her, jedes eigentümliche freie Gestalten auf; der Mensch leistet Verzicht auf sein natürliches geistiges Wachstum und lebt auf Borg bis an sein Ende, ohne je sich selbst gelebt zu haben. Wo diese Mechanismen herrschen, da ist kaum noch Raum für markige Individualitäten, geschweige denn für Persönlichkeiten. Die starken und schroffen Gegensätze menschlicher Naturen liebt man gedämpft und gemildert; man hält auf Ordnung im Sinne von: „alles muß seine Ordnung haben", d. h. um des Himmels willen nur nichts Besonderes! Nur nichts, das aus dem Rahmen einer sog. guten braven Ordnung herausfällt in Wort und Schrift, in Kleidung und Gebärde. Ein Reich, in dem jedes als Exzentrizität verschrien ist, das doch nur Bekundung eines eigenen Lebens ist und sich über die gebräuchlichen Formen hinweg seine eigenen geschaffen hat. Unter der Decke jener Ordnung aber spielen sich die tierischen Exzentrizitäten solcher Gesellschaftsklasse oder Einzelmenschen um so schneller ab, wenn nicht totenähnliche Starre ihre Geistigkeit kennzeichnet.

Wir bewegen uns im Reiche einer Spielart der Kultur, in dem der Zivilisation, wie schon der Name ankündigt, vom Lateinischen civis, der Bürger, in der „bürgerlichen Gesellschaft", die für uns an keine Epoche oder Gesellschaftsklasse gebunden und von uns hier nicht politisch genommen ist. Tatsächlich hat allerdings bei der Begriffsbildung im mittelalterlichen Latein der romanischen Länder civilisatio diejenigen Merkmale umschlossen, welche den bürgerlichen Stand von den bevorrechteten des Adels und des Klerus schieden[1]. Und als in den romanischen Ländern und in England dieses Bürgertum auch die politische Macht an sich nahm, da übertrug es seine Wertung des Mechanischen und Formalen auch auf seinen Staat und seine politische Bildung. Und weil nur der Besitz echter Kultur bescheiden macht, so hat sich mit dem Afterbild der Kultur, der Zivilisation, verbunden Unbescheidenheit, Dünkel und Einbildung und Ehrfurchtslosigkeit von Menschen, die sich nach ihrer Ansicht im Besitz der vorzüglichsten Bildung wähnen, der höchsten und unübertrefflichsten, und es ist einem solchen Menschen selbstverständlich, daß er sie jedermann anbieten und mit seiner Zivilisation die gesamte Welt beglücken, allüberall „zivilisieren" muß. Denn dieser Mensch weiß nichts mehr davon, daß es ein Höheres gibt, nämlich Kultur, und daß Kultur sich nur individual und volklich gestalten läßt, in jedem Menschen besonders und in jedem Volke besonders. Der zivilisierte Mensch ist Weltmann und international, er strebt nach Verbreitung seiner Kulturgüter über andere Nationen, der kultivierte Mensch ist zuerst national und darüber hinaus, und zwar stets human. Die Zivilisation klappert mit den äußeren Formen der Kultur und ist außerstande, ihnen persönlichen Wert zu verleihen, besitzt aber dafür um so mehr Selbstgefühl und Selbstgefälligkeit. Kultur will Entfaltung des Innen-Geistigen in seiner vollen und schroffen Eigentümlichkeit und besitzt dabei Bescheidenheit und aufgeschlossenen Sinn für alles Menschliche ringsum in der Welt. Der zivilisierte Mensch ist in seinem Wachstum unterbrochen oder geil und frühreif geworden, der Mensch der Kultur reift natürlich und bringt seine Früchte zu seiner Zeit.

---

[1]) Wilh. Wundt, Völkerpsychologie, X. S. 16.

Somit steht die Kultur in einem zwiefachen Sinne auf wider den Menschen, der sie schafft: einmal droht sie, ihm ständig immer wieder zu entschwinden, wofern er nicht unermüdlich die Güter der Kultur erneut, nachschafft und entfaltet, sodann aber bedroht sie den Menschen mit einem erstarrten System, in dessen Dienst sie den zwingt, der wähnt, ihr Meister und Herr zu sein: in der Form der Zivilisation erhebt sich das Außenwerk der Kultur über den Menschen, und der Diener wird zum Herrn. Wir sagten, der wesentliche Unterschied zwischen Kultur und Zivilisation sei der, daß die Kultur auf den ganzen Menschen gehe, womit begnügt sich denn die Zivilisation? Sie wendet sich vornehmlich an den Verstand des Menschen und weiß ihn von der Richtigkeit, ja wohl gar von der Einzigartigkeit ihrer Einrichtungen zu überzeugen. Ihr Ziel ist die Klarheit, nämlich vor dem Verstande, sie hat einen Schauder vor allem Metaphysischen, weil sie vor jeder Tiefe erschrickt und nur auf der Oberfläche sich wohl und sicher fühlt. „Es ist doch klar, daß es so sein muß", sagt einer mit Bestimmtheit, der andere nickt zustimmend, aber glaubt es im Grunde nicht. Somit ist Zivilisation ein Vorwegnehmen und ein Zudecken der letzten Begründungen, eine Abkürzung aller Gedanken und aller Willensarbeit: nirgends bis ans Ende denken, nirgends sich bis zur letzten Anstrengung ausgeben. Den vollen Menschen braucht man nirgends. Breitet sich dieses System der Zivilisation über ein Volk aus oder über Völker und zerbricht es auch die führenden veranwortungsvollen Geister, dann reden wir von einem Rückgang oder Stillstand der Kultur.

Wie furchtbar, wenn eine Schule, als Schule des Zwanges für alle Kinder eines Volkes, ein Dienst der Formen, des Mechanischen und Traditionellen wird und sich allzu ausschließlich an den Verstand der Kinder wendet, und wenn nun hinzukommt, daß diesen Kindern außerhalb der Schule wenig oder gar nichts zur Entfaltung eines persönlich-kulturellen Lebens geboten ist, wie in der Großstadt im Gegensatz zu den Kulturbindungen manch kleinerer Dorf- und Stadtgemeinschaften! Dann schreitet die Erstarrung rascher fort denn je und verkettet sich alles derart ineinander, daß sich das Neue, d. h. daß sich das unzerstörbare, nur vorübergehend zu verdeckende Geistleben mit vulkanischer Kraft die Freiheit, sich zu bekunden und sich darzustellen, verschaffen muß. Dann kann die Prüfung der Wurzelbeschaffenheit aller Dinge nötig werden und eine Epoche des Radikalismus setzt ein. In jedem einzelnen Menschen und Werk möchte sich der geistige Gehalt neuen kernharten Ausdruck erringen. Das geht dann nicht hin ohne rauhes Anfassen alter Einrichtungen, nicht ohne Zerbrechen alter Ideale und Götzenbilder. Es heißt sich alsdann neu einstellen gegenüber dem alten Staate und seiner Gesellschaft, der bisherigen Auffassung von seiner Politik und Geschichte; die überkommenen Wertungen sind allesamt neu zu überprüfen, die alten Ziele und Mittel zu überdenken, und das bis in die Tiefen des Wurzelbereiches. Denn: die Wurzel prüfen und von der Wurzel an aufbauen, das heißt, radikal sein. Sich nicht damit begnügen, durch das Laubwerk eines im Kerne und in der Wurzel angefressenen Baumes kräftig hindurchzublasen und sich zu freuen, wenn ein paar verdorrte Äste knicken, ein paar verfaulte Blätter davonstieben. Derselbe Weg ist auch der einzige für jeden Menschen, der auf die Bahn des persönlichen Lebens hinausschreitet. Jeder wird an den Scheideweg geführt, von dem aus ein Weg auf breiter Straße in die Reiche der Zivilisation führt, des Mitlebens und Gelebtwerdens durch Anpassung und Anbequemung an das System der Formen und Einrichtungen, die eine Zeit fertig stellte und die noch als Gitter und Gatter und fertige Wege zu benutzen sind. Der andere aber führt in die Tiefen des eigenen Menschenwesens, in dem Augenblicke, wo es sich erkennt als aus der Gemeinschaft und für die Gemeinschaft bestimmt, wo es gilt, sich selbst zu verleugnen und im Untergang des Selbst das Leben zu gewinnen. Ohne solche Einkehr bei sich selbst und ohne nachfolgende Umkehr (μετανοια) oder Bekehrung, religiös gesagt, Wandlung, Selbstbesinnung gibt es keinen Weg zu einer Kultur für den einzelnen so wenig wie für eine Gemeinschaft als Ganzes. Das ist das geschichtliche Erlebnis der Völker wie der Individuen. Radikalismus ist aller Schöpfung Beginn. Und das Radikale wirkt stets scheidend, zersetzend, es will ja klären, das Trübe vom Durchsichtigen sondern. Darum ist sein erster Zustand wilde Gärung, anscheinend Ziellosigkeit, weil mit einem Male fast alle Ziele gesteckt, alle Pläne hervorgekehrt werden, während im eigentlichen Schaffen, das der Selbstbesinnung nachfolgt, Zeit und überlegen erwägender Geist erforderlich werden. So fehlt wohl in noch gärender Jugend, in den Schrecken der Geburt des eigenen Lebens, die Klarheit und Sicherheit. Allein, unterschieden nach der Wucht und der Entschlossenheit, die hinter ihm steht oder richtiger in ihm steckt, wird das persönliche Leben über kurz oder lang siegen. —

Zusammenfassung: Jm Begriffe der Kultur haben wir demnach folgendes auseinanderzuhalten: Kultur als die Gesamtheit der von Menschen geschaffenen Kulturgüter, von den Menschen erzeugt, die durch die Natur- und Menschengemeinschaft dazu angeregt worden sind; Kultur als der Prozeß, in welchem diese Güter erzeugt oder nachschaffend wieder erworben werden, und Kultur im Sinne eines höchsten Zweckes, im Sinne der das geistig-sittliche Leben des Menschen beherrschenden Idee, die ihm gebietet, die Gesamtheit seiner Kräfte anzubauen und sich zu einem aus Freiheit handelnden vernünftigen Wesen auszubilden. Daneben steht zur Kennzeichnung der Herrschaft der äußeren Formen der Kultur der Begriff der Zivilisation.

Gleichzeitig gewahren wir nun hier einen bedeutsamen Gegensatz im Verhalten des Menschen zur Natur und umgekehrt und im Verhalten des Menschen zur Kultur und umgekehrt. Der Mensch ist von Ursprung her angelegt auf Gemeinschaft mit dem andern und nicht minder angelegt auf Gemeinschaft mit der Natur. Keineswegs aber auf Gemeinschaft mit den Gütern der Kultur. Während er darum jene Gemeinschaft als natürliche von selber sucht, und wenn auch im verschiedensten Maße, extensiv genommen, frei von sich aus aufsucht, weil sie ihm zum Leben so notwendig geworden ist wie Essen und Trinken und Atmen, so bedarf es einer Nötigung, ja eines Zwanges, um den Menschen zur Aufnahme der Kulturgüter zu befähigen, ihn in diese Kulturwelt einzuführen, ihn überhaupt zum kulturellen Schaffen anzuleiten und ihm die Beharrlichkeit im Schaffen, die Zielfestigkeit zu geben und seine Geisteskultur ihm zum Ideal eines menschenwürdigen Daseins zu machen. Darum erhebt sich im Kampf um die Kultur erst die wahre Tragödie des Menschengeschlechts, und hier ist das Schlachtfeld, auf dem „Opfer fallen unerhört". An anderer Stelle werden wir zu untersuchen haben, was es denn ist, das diesen Zwang ausübt und wie dieser Zwang ertragen werden, ja wie er anerkannt und in die eigene Brust als Gesetz und Gebot aufgenommen werden kann.

§ 4. Entwicklung und Fortschritt.

Da wir auch diese Begriffe in ihrem lebensvollen Gehalte nur verstehen können, wenn wir sie an uns erlebt haben, so ist der sicherste Ausgangspunkt derjenige von der seelischen Entwicklung des menschlichen Individuums. Freilich ist die eigentümliche Beschaffenheit dieses bekannten und gern und leicht festgestellten Vorganges keineswegs so einfach wie mancher denkt, auch nicht für den modernen Psychologen. Entwicklung heißt zunächst nichts weiter als Entfaltung, Auseinanderbreiten, hier, möchte man sagen, breite sich die Seele auseinander im Ablauf des individuellen Lebens hin zu dieser bestimmten Erscheinungsform. Liegt es auch gerade unserer Zeit sehr nahe, Entwicklung gleich im Sinne von „Höherbildung" zu nehmen und dabei mit ethischen Begriffen wie Vervollkommnung und Veredlung bei der Hand zu sein, so wird die Psychologie diesen Übergriff der Ethik abwehren. Die seelische Entwicklung ist die Entfaltung des Bewußtseins, und die Psychologie hat uns zu sagen, wie diese Entfaltung sich vollzieht, unter welchen Bedingungen und was sich als ihr Endergebnis darstellt. Aber über die treibende Ursache und die Möglichkeit der Einwirkung der Bedingungen zur Entfaltung herrscht annoch der Streit der Nativisten und Empiristen; jene behaupten, die Anlage, der innere Faktor, sei das Entscheidende, und diese, die Anpassung, die äußeren Faktoren, das Milieu. Nach unsern bisherigen Darlegungen besteht kein Zweifel mehr, daß für uns die Anlage, der innere Faktor, das Bestimmende im Entwicklungsvorgang ist, eben die Kraftmasse, die der Einzelne als sein Eigentum aus der Gemeinschaft zur Verwaltung und zur Entfaltung in der Welt seines Lebens und durch die Tat seines Lebens empfangen hat. Im Wechselspiel mit der Natur und den anderen Menschen setzt die Entfaltung der Anlage ein, dabei stärker die Umwelt nach sich modelnd als sich nach ihr. Entscheidend aber wird es für den Einzelnen, welche Einwirkungen ihm möglich sind, wie reich das Wechselspiel und das Zusammenspiel seines Lebens wird.

Im großen und ganzen ist der Verlauf der seelischen Entwicklung in der Art und dem Rhythmus wenig verschieden von der biologischen, den man als einen Vorgang der Reifung bezeichnen kann. Ein Samenkorn ist zur Reife gelangt, wenn sich die in der Keimanlage vorhandenen Wachstumsbedingungen, gefördert oder gehemmt durch das bei der Geburt miterhaltene Nährgewebe einerseits und auf der anderen Seite durch die am Wachstumsorte, während der Reifung, gegebenen Verhältnisse erschöpft haben derart, daß jetzt das gereifte Korn wieder zur Erde hinstrebt, um von neuem Auferstehung zu feiern. Ich bin davon überzeugt, daß es erlaubt ist, in ähnlichem Sinne vom Menschenkinde zu reden, daß es auch erst in dem Alter ausgereift ist, wo sich seine Neigungen und Stimmungen mit dem Grabe vertrauter machen. Es war aber sicherlich ein künstlich herangeholter Grund, um die Fortdauer der neunjährigen höheren Schule bei einer vierjährigen Grundschule zu rechtfertigen, wenn Sickinger auf der Reichsschulkonferenz meinte, wir sollten dem Jugendlichen die Gelegenheit geben, auf der Schule „auszureifen". (Welchen Sinn das haben kann, darüber gleich Näheres.) Die Schule, auch die höhere, möge sich ganz und gar mit der Vorstellung vertraut machen, daß sie niemals reife, sondern immer nur reifende Menschen fassen wird. Und „die Jahre bis zur Universität sind noch eine aetas ambigua; erst die nächsten drei bis vier Jahre entscheiden", vermerkte schon Fr. Aug. Wolf[1]). Alles Prüfen auf Schulen und in jenem Alter ist daher ein Einschnitt in reifendes Leben, Zeichen ähnlich vermerkt auf fließendem Wasser. Alle Schulen aber haben die große und verantwortungsreiche Aufgabe, den Prozeß der Reifung junger Menschen, im Sinne der höchsten menschlichen Werte, nach Kräften zu beeinflussen. Darum brauchen wir die beste Kenntnis dessen, was sich während des Reifevorganges abspielt und woran man, ähnlich wie der Landmann am Saatkorn, den Fortgang der Reifung feststellen kann.

Die seelische Reifung ist ein psychophysiologischer Vorgang. Als geschlechtliche Reifung beginnt sie um das 13. und 14. Lebensjahr und endet beim Mädchen mit 19 oder 20 Jahren, beim jungen Manne durchschnittlich erst mit dem 23. Lebensjahre mit der sog. Geschlechtsreife. Auf keinen Fall ist die geistige Reife früher beendet als die Geschlechtsreife. Nach zuverlässigen Schätzungen für das weibliche Geschlecht frühestens um 25 und für das männliche um 30, und dann auch nur in bedingtem Sinne. Was nun allgemein den Reifenden von einem Gereiften unterscheidet, das ist: jener ist ein nicht ausbalanziertes Wesen. Ebenso wie sein Körper, anfangs der Kopf im Verhältnis zum übrigen Körper, dann seine Extremitäten usw., noch nicht ausgeglichen ist, so sind es auch nicht seine seelischen Kräfte. Wie wir nun den Fortschritt des körperlichen Wachstums an der Gewichtszunahme feststellen, so gibt es auch einen allgemeinen Maßstab für den Fortschritt des seelischen Wachstums: nämlich die immer vollkommenere innere Organisation in allen den verschiedenen seelischen Fähigkeiten und die Zunahme geschlossener seelischer Kraft.

Was sich so im Menschenkinde auswirkt, das läßt sich darstellen unter dem Begriffe des „Fortschritts", und niemand hat in jüngster Zeit eingehender und vom Standpunkte der Neuen Erziehung aus verständnisinniger sein Gesetz aufzu-

---

[1]) Über Erziehung, Schule, Universität, zusammengestellt von Wilh. Körte, 1835, S. 179. Vgl. den ganzen Abschnitt S. 172—251.

zeigen verstanden als Adolphe Ferrière[1]). Für ihn sind Biologie und Psychologie die wichtigsten Hilfswissenschaften der Pädagogik, und das Ziel der Erziehung ist für ihn, den im Menschen der Anlage nach enthaltenen Élan vital zu erhalten und zu mehren. „Elan vital spirituel de l'enfant, activité spontanée de l'enfant, voilà la base. Accroissement indéfini de cette énergie spirituelle, accroissement en quantité, certes, mais plus encore en qualité par l'union de plus en plus étroite avec les valeurs universelles et permanentes de la vie de l'esprit, voilà le but. Entre ces deux extrêmes, c'est l'éducation." Und nun nennt er Fortschritt „la marche de l'esprit vers l'accroissement de sa puissance". Welches ist nun das Gesetz, das diesen Gang beherrscht? Die Erfahrung, dieser Kontakt zwischen dem Individuum und der Außenwelt, vollzieht eine Auswahl unter den Reaktionen, und dadurch wird die im Anfang sehr unvollkommene, gleichsam tastende, Reaktion zu einer angepaßten (réaction appropiée), d. h. sie ist geeignet, das Individuum seiner Umwelt anzupassen. Diese angepaßte Reaktion festigt sich, mechanisiert sich, gräbt sich in das Bewußtsein ein, alles, um die Lebenskraft für neue Anpassungen freizumachen. Die Lebenskraft trifft eine immer bessere Auswahl und behält für sich die Konstanz zurück, welche sich unter der in die Augen fallenden Menge der Erscheinungen verbirgt. „Sich dieser Erfahrungserkenntnis hingeben, sie sich aneignen, sich dadurch mehr und mehr bereichern, sich Möglichkeiten schaffen, wirksam zu handeln, sich zunehmend besser gegen die zerstörenden Elemente schützen", das nennt er nun das Gesetz des Fortschritts. Es besteht aus zwei sich ergänzenden Stücken: der Arbeitsteilung, die sich unter den Fähigkeiten ausbreitet (den Fähigkeiten der Apperzeption, der Unterscheidung, des Handelns) und der wachsenden Vereinheitlichung, welche die Kräfte des Organismus wieder zusammenfaßt, die ohne dies auseinanderlaufen

[1]) Adolphe Ferrière, La Loi du Progrès, 1915, S. 326; in „The creative Self-Expression of the Child", London 1921, publ. by the New Education Fellowship, S. 98f.; L'École Active, 1922, S. 226 bis 230, 260.

würden. Die Differenzierung oder die Arbeitsteilung geht vom Mittelpunkt zum Umkreis, die Konzentration oder die Vereinheitlichung vom Umkreis zum Mittelpunkt. So baut sich langsam und fortschreitend die geistige Pyramide auf, die unsern Geist bildet: die Hierarchie der Funktionen im Dienst des Geistes, die Pyramide der Hierarchie der Werte im Schoße des Geistes. So ist jede Entwicklung, welche wir eine Bereicherung nennen, ein Vorgang mehr oder weniger differenzierter Anpassung und diese stets begleitet von einer Konzentration der seelischen Energien, einer Vereinheitlichung der Kräfte dieses Wesens; die Kräfte werden bei einem jeden Schritt der Entfaltung zugleich zusammengerafft, gespannt.

Und alle seelische Entwicklung ist eine rhythmische, mannigfach bedingt in ihrem Rhythmus, doch immer bleibt uns in dieser rhythmischen Bewegung vor allem diejenige Kraft verhüllt, welche aus der Keimanlage wirkt und in deren Gezeiten Männer wie Wilhelm Fließ und Fritz Klatt mit wissenschaftlichem Rüstzeug und starker Intuition hineinzuschauen versucht haben. Maria Montessori und Paul Natorp betonen die Wichtigkeit einer Periodisierung und vor allem auch die schöpferische Bedeutung der Ruhepausen in der Entwicklung.

Wohin strebt alle seelische Entwicklung und wann erreichen ihre rhythmischen Schwingungen diejenige Periode, in der zum mindesten annähernd eine Gleichmäßigkeit der Schwingungen, d. h. der geistigen Reaktionen nach Dauer und Stärke besteht, in der dann auch jene Konzentration der Kräfte einen solchen Grad erreicht, daß wir von einem Charakter, einem Dauer verheißenden ersten Gepräge reden dürfen? Gibt es heute noch eine bessere Zielbestimmung als die, welche Hegel zu Beginn seiner Ausführungen über den subjektiven Geist in der Enzyklopädie gegeben hat, „sich zu dem zu machen und für sich zu werden das, was der Geist an sich ist"? Das ist jener Zeitpunkt, in dem das Selbst dieses Menschen derart in sich selber geordnet und erkraftet ist, daß es sich mit den Geschehnissen seiner Umwelt auseinanderzusetzen und sich darin zu behaupten, sein Selbst als Persönlichkeit zu erhalten vermag. Und wenn wir der Jugenderziehung die Aufgabe geben zu befreien, so ist diese in dem Augenblick vollendet, wo eben das Selbst, als eine geprägte Form, sich darstellt in eigenen Handlungen und Ideen, den eigenen Willen und eine eigentümliche geistige Welt bekundet. Die endgültige Reife darf dann vertrauensvoll dem weiteren Leben überlassen bleiben. Bei einem Abiturienten wird sie niemand mehr suchen, und es wird daher auch hinfort nie mehr von einer Reifeprüfung geredet werden dürfen[1]). Welche Bedeutung hat dennoch diese Einsicht für die Jugenderziehung? Vermögen wir den Punkt der Entwicklung zu erkennen, an dem der Jugendliche mit seinen Anlagen und Fähigkeiten wieder zu einer ersten vorläufigen Harmonie gelangt? Das Kindheitsstadium besaß eine Harmonie, die mir um das zehnte und elfte Lebensjahr zu kulminieren scheint. Mit dem Eintritt in die sog. „Reifezeit" und der anhebenden Auseinandersetzung mit der Umwelt und ihrer, besonders in den Städten, verwirrenden Zivilisation, tritt der Jugendliche in eine Zeit der Krisen ein und findet sich selbst unfähig, dem Ansturm der Eindrücke und Erlebnisse anders standzuhalten als durch eine schroffe Entgegensetzung seines Ich. Wir kennen diese Erscheinungen eines stürmenden Intellektualismus und Individualismus, der Sturm- und Drang-Zeit zur Genüge etwa an unsern Sekundanern, sie währen bis in die Prima hinein. Dann aber sehen wir auch ein Zweites, und das ist eine Art Zusammenschluß im Geistesleben des Jugendlichen, ein Zusammenraffen, ein Sichselberfinden. Es wird ruhiger in ihm, und wir finden dasselbe Bild größerer Ruhe auch äußerlich, in der Kleidung, im Ablegen manchen unmännlichen Schmuckstücks. Diesen Zustand möchte ich die erste Kulmination während des Reifevorganges nennen, und sie wird stark mitbedingt sein durch die Umwelt, ob Großstadt oder Kleinstadt. Dieser Augenblick ist von der größten Bedeutung; denn erst dann, wenn die innere Harmonie der Seelenkräfte vor-

[1]) S. m. Beitrag „Eine erziehungswissenschaftliche Betrachtung der Reifeprüfung" in der von Adolf Grimme herausgegebenen Schrift: Vom Sinn und Widersinn der Reifeprüfung, 1923, S. 51—68.

herrscht, wird der junge Mensch imstande sein, auch seine Richtung ins Leben, seinen Beruf klarer zu erkennen. Und für jeden, der innerlich bis zu dieser Harmonie gewachsen, gereift ist, und der nun seinen Beruf gewählt hat, sind auch die dann noch erforderlichen Ergänzungen seiner Vorbildung für dieses oder jenes Studium Kleinkram. Niemand, der eine Oberrealschule verließ und Theologe werden wollte, ist an den Sprachen gescheitert, keiner, der Jurist werden wollte, am Lateinkurs. Für die Oberstufe aller höheren Schulen und für das gesamte Berufsschulwesen besteht nun die gleiche Aufgabe: sie sollen im Reifevorgang dem Teil des ganzen Prozesses der Reifung zum Abschluß verhelfen, der die erste, und für jeden Menschen entscheidende erste Kulmination im Ganzen der Reifung bedeutet, das Sich-selbst-finden des Jugendlichen unterstützen. Pädagogisch wird dafür erforderlich eine ruhig abwartende und still und sicher nur fördernde Haltung von seiten des Lehrers, eine feste, folgerechte Führung Mensch zu Mensch. Denn es kann direkt eingreifend wenig dazu getan werden. Es gilt das Erwachen der allgemeinen geistigen Fähigkeiten abzuwarten, und soweit es Erziehern möglich ist, diesen natürlichen Wachstumsvorgang als behutsame Diener der Natur pflegsam zu unterstützen. Deswegen handelt es sich in allen Schulen für Jugendliche fast ausschließlich darum, eine geistige Atmosphäre für die Jugendlichen zu schaffen, in der sie sich aufschließen und geistig wie sittlich wachsen, gedeihen können. —

Seelisch und geistig gesehen ist so das Ergebnis jener Entfaltung schlummernder, in der Anlage verborgener Kräfte: das in allen seinen Teilen erwachte und tätige Bewußtsein, sowie der voll entwickelte Körper derjenige ist, dessen Organe samt und sonders in rechte Wirksamkeit gebracht sind. Und wie es das Kennzeichen für den gesund reifenden und gereiften Körper ist, daß er zum freien Gebrauch der Glieder gekommen ist, so auch im gesunden Seelenleben die freie Wirksamkeit der Kräfte. Und nicht anders steht es um die soziale oder, umfassender gesprochen, die kulturelle Entwicklung. Auch hier im Beginn ein wenig differenzierter Zustand und im Verlauf die Zunahme der Mannigfaltigkeit des Handelns und Erkennens, immer stärkere Differenzierung und Arbeitsteilung neben gleichzeitiger Konzentration, Reifungsstufen und freieres Spiel verschiedenster Kräfte. Der Historiker findet am uns zugänglichen Beginne der geschichtlichen Entwicklung der Völker soziale Gruppen, die als Gesamtheit einen besonderen Typus darstellen, eine Art Gruppenindividuum bilden, von dem der Einzelne, der ihm angehört, umfangen wird, durch das er gebunden ist. Und am Ende zeigt sich nicht nur innerhalb dieser sozialen Gruppe, sondern ebenfalls in jedem Einzelwesen, das ihr zugehört, die stärkste Differenzierung, ein Reichtum der sozialen und geistigen Faktoren, und demnach auch der seelischen Prozesse.

Und wie kommt hier der Vorgang der Entwicklung zustande? Auf keine andere Weise als im Individuum. Anlage und Umwelt, innere und äußere Faktoren arbeiten innigst zusammen, und jene Mannigfaltigkeit der Formen, an der wir erst die Entwicklung erkennen, bildet sich aus wegen des schöpferischen Charakters aller seelischen Vorgänge. Das Prinzip der schöpferischen Synthese gilt für das Einzel- wie das Gesamtleben in gleicher Weise. Und dies ist nun das erste Merkmal für Veränderungen, die mehr sind als bloße Umwandlungen, die wir demnach als „Entwicklung" ansprechen[1]: sie müssen gedacht werden als eingeschlossen „in ein relativ eingeschlossenes Ganze qualitativ verschiedener, wechselwirkender Teile", und bei allen Wandlungen muß sich dieses dynamische Ganze doch als dieses Ganze zu behaupten wissen, sei es der Organismus der Seele oder des Körpers eines Einzelnen oder eine soziale Form oder eine menschliche Gemeinschaftsgruppe, das Volk oder eine Volkskultur. Als Ganzes ist dies aber mehr als die Summe seiner Teile, ist es ein lebendiges synthetisches Gebilde. Seine Deutung erfordert demnach nicht nur die Kenntnis des jeweiligen Zustandes, sondern ist unvollkommen ohne seine Geschichte, d. h. ohne

---

[1]) Vgl. Felix Krueger, Über Entwicklungspsychologie, 1915, S. 167f.

seine Vergangenheit. Und das zweite Merkmal ist eine einheitlich nicht bestimmbare Richtung, in welcher sich ein Ganzes verändert; diese kann in ihrer Gesetzlichkeit begrifflich erfaßt werden. Durch diese erkennbare Richtung wird erst die Stetigkeit der Veränderung erzielt, und durch diese Stetigkeit die Veränderung als „Entwicklung" überhaupt erst erkennbar.

Was bringt nun innerhalb dieses Ganzen eine Bewegung in einer bestimmten Richtung zustande, was prägt den Veränderungen diese stetige Leitlinie? Dafür ist die unerläßliche Voraussetzung, daß die Veränderungen im Leben und in der Seele zu einer gewissen Reife gekommen sind, wiederum im Völkerleben so gut wie im Einzelleben, wo wir die Richtungskonstante erst nach den ersten Kulminationen im Reifevorgang des Individuums erkennnen können. Darum ist auch Jugend noch nicht im eigentlichen Sinne des Wortes schöpferisch, sie ist unendlich aufnahmefähig, und wo sie nicht um ihr Eigenleben gebracht, in ihrem Ausreifen gehemmt oder während des Reifens in unnatürliche Bahnen gedrängt wird (etwa durch falsche Schulsysteme, durch eine ausbeuterische zu frühe Lehrzeit), da ist sie von ursprünglicher Lebendigkeit und Frische, voll Schwung oftmals in Wort und Handeln und liebt die große Geste und das Pathos: alles Anzeichen einer sich öffnenden Blüte. In diesem Zustande des Gährens und Sehnens stauen sich schließlich die mannigfaltigsten Motive und einige von ihnen erkraften und aus ihnen erwächst das starke Verlangen nach der Ausführung, nach der Tat, und erst mit dieser ersten Tat, die eine Tat des Wesens sein muß, gewinnt das Gesamtleben, etwa um die Mitte des dritten Lebensjahrzehnts, wohl gelegentlich auch früher oder später, seine Richtung und wird eigenschöpferisch. Dasselbe Bild stellen der Völkerpsychologe, der Ethnologe und Kulturhistoriker fest, wenn sie untersuchen, wann und wodurch das Ganze einer Kultur sich in Richtung setzt, sich wandelt und erkennbar fortentwickelt. Die erste Voraussetzung auch hier eine gewisse Reife. Ein Kulturgebiet, etwa die Viehzucht oder eine Volkssitte, eine Sprachform oder staatliche Form, muß erst zu einer gewissen Höhe der Entwicklung gekommen sein, bevor die Wandlung einsetzt; denn erst in diesem Stadium der Reife entsteht das Bedürfnis nach einer Änderung, und diese Änderung erfolgt dann schließlich innerhalb sozialer Formen und Gemeinschaftsgruppen entweder durch eine einzelne schöpferische Persönlichkeit, welche die Initiative ergreift, oder durch Gruppen oder schließlich einfach durch Übernahme, durch Entlehnung aus einem anderen Kulturkreise: eine Übernahme, die am leichtesten zu verfolgen ist bei der Mode, an Kunststilen u. dgl. Aus dieser Betrachtung geht bereits hervor, daß sich keineswegs alles in einem ewigen Strom der Entwicklung befindet, ungeahnten Ufern zu, gar den Meeren der höchsten Vollkommenheit. Vielmehr gibt es jederzeit auch beharrende Zustände neben in Wandlung befindlichen. Wo nämlich jenes forttreibende Bedürfnis nicht entsteht, da wird sich ein Kulturgut nicht wandeln, ein und derselbe Prozeß seiner Aneignung und Erzeugung genügt Jahrtausenden. So nimmt der Ägyptologe an, daß das ägyptische Bauernhaus der Urzeit nicht viel anders ausgesehen hat als eine Anzahl von Häusern in Nubien heute noch in der Nähe des Kataraktes von Assuan. Die heutigen Fellachen unterscheiden sich nur wenig von denen der ältesten Zeit am Nilufer. Selbst bei einem besseren Hause ist der ältere Typus erhalten, sogar mit gleichen architektonischen Formen. Und warum? Es sind die Herstellungsbedingungen, das Material, und der Zweck des Hauses unter gleich gebliebener Sonne über gleich gebliebenem Boden dieselben geblieben. Und auch das primitive Kunstbedürfnis blieb gebunden an dasselbe Material und fand dieselben Vorlagen: Palme und Lotus und Fisch. Bekanntlich haben ferner die verkirchlichten Religionen in allen Kulturkreisen die stärkste beharrende Macht; sobald sie ihre Reife erlangt haben (als kirchliches System, denn die Religion ist ewig unveränderliche Kraft), lebt sie nach kurzer Manneszeit ein langes Greisenalter, zahnlos und keifend, selbst boshaft, gegen alles, was Veränderung und neuem religiösem Leben in ihr Gestalt geben möchte.

2. Man hüte sich demnach davor Entwicklung alsbald mit

Fortschritt zusammenzuwerfen und dabei Fortschritt im ethischen Sinne zu fassen. Diese Auffassung von einem sittlichen Fortschritt der Menschheit ins Unendliche hat ihren Höhepunkt bei Leibniz gefunden, der lehrte: „Der Kreaturen und also auch unsere Vollkommenheit besteht in einem ungehinderten starken Forttrieb zu neuen und neuen Vollkommenheiten“, und sie ist von Kant und den Kantianern ganz besonders weiter gepflegt worden. Im zweiten Abschnitte des „Streites der Fakultäten“ über den Streit der philosophischen Fakultät mit der juristischen postuliert Kant den sittlichen Fortschritt gegenüber dem Streben nach bloßer Glückseligkeit. Und dieser strenge Ethiker, der die Neigung verbannt und den Affekt im Ethischen verwirft, glaubt doch an der französischen Revolution feststellen zu können, daß „wahrer Enthusiasmus nur immer aufs Idealische, und zwar rein Moralische geht, dergleichen der Rechtsbegriff ist, und nicht auf den eigenen Nutzen gepfropft werden kann“. Daraus, daß der größere Eifer, die Seelengröße, die höhere Begeisterung auf seiten der Revolutionäre war und ihre Gegner diese Begeisterung, Eifer und Seelengröße nicht aufbringen konnten, schließt Kant, daß die Teilnahme für diese Revolution nur eine moralische Anlage im Menschengeschlecht zur Ursache haben kann, und zwar ist es die sittliche Idee des Rechts, die zur Teilnahme auffordert. An dieser Erfahrung stützt Kant den Postulat vom Fortschritt des Menschengeschlechts zum Besseren, und der Ertrag dieses Fortschritts wäre „nicht ein immer wachsendes Quantum der Moralität in der Gesinnung, sondern Vermehrung der Produkte ihrer Legalität in pflichtmäßigen Handlungen . . das ist in den guten Taten der Menschen, die immer zahlreicher und besser ausfallen, also in den Phänomenen der sittlichen Beschaffenheit des Menschengeschlechts wird der Ertrag der Bearbeitung desselben zum Besseren allein gesetzt werden können“. Dieser Glaube an den sittlichen Fortschritt vererbt sich auf einen Fichte und Schelling, auf Hegel, er wird von Fr. Albert Lange in seiner Geschichte des Materialismus gegen Buckle verteidigt, der in seiner Geschichte der Zivilisation den Fortschritt der Kultur wesentlich in der intellektuellen Entwicklung sieht. Nach Lange gewinnt „die Harmonie unseres Weltbildes allmählich über die wilden Störungen der Triebe und der heftigeren Empfindungen von Lust und Schmerz das Übergewicht" und ebenso schreiten auch die sittlichen Ideale fort, nach welchen der Mensch sich seine Welt gestaltet. Ähnlich meint der ebenfalls von der kantischen Sittenlehre stark beeinflußte Paul Barth, es sei ein Beweis für den sittlichen Fortschritt der Menschheit, daß im europäischen Kulturkreise seit den Zeiten Homers bis zur Gegenwart der gereifte Mensch an Rechtsgütern, die er besitzt, und an äußerer wie innerer Selbständigkeit beständig gewachsen sei. Aber sind nicht die Rechtsgüter lediglich darum zahlreicher geworden, weil die Rechtsverhältnisse verwickelter geworden sind? Ist darum das Quantum ein Beweis für sittlichen Fortschritt? Und ist das Haingericht der Germanen und ihr Gewohnheitsrecht verglichen mit unserm Gerichtswesen und dem Bürgerlichen Gesetzbuch irgendein haltbarer Beweis dafür, daß, auf das Ganze der jeweiligen Kulturlage gesehen, unser Zustand der sittlichere ist? Ich fürchte der alte Chinese möchte Recht haben, der sagte: wenn Reiche zugrunde gehen sollen, so haben sie viele Gesetze.

Allein es ist ein wunderbar starker Glaube an den Menschen und seine Kulturwelt, der sich in jener Auffassung spiegelt und ein Vertrauen auf die menschlichen Kräfte ohne Maßen, der eben ein individualistisches Zeitalter kennzeichnet. Zum mindesten sollte es aber den Begeisterten bedenklich stimmen, wenn andere Denker nicht unbedingt für den moralischen Fortschritt eintreten, so Fr. Paulsen in seiner Ethik; ebenfalls äußert Wilh. Wundt in Logik und philosophischem System sehr vorsichtig gesetzte Gedanken über den Fortschritt der menschlichen Entwicklung. Erst recht aber Wundt als Völkerpsychologe und dabei im Verein mit vielen Volkswirtschaftlern und Ethnologen. Der katholische Nationalökonom Ratzinger bezeichnet es als eine sich dem Forscher unwiderstehlich aufdrängende Tatsache, „daß die Gesellschaft, Individuen und Völker die Neigung und Tendenz besitzen, die höheren Güter, wie Religion und Sittlichkeit, die Voraussetzungen von Liebe und Freiheit, einzubüßen“, Henri George kommt in seinem weltberühmten Hauptwerke „Fortschritt und Armut“ bei seiner Prüfung des menschlichen Fortschritts zur Annahme, daß die Güter der Kultur die Tendenz haben zu fallen, zur Verschlechterung, zum Sinken und zur Verkommenheit.

Nun liegt im Worte Fortschritt zunächst nichts weiter als die Bedeutung: Fortschreiten durch Zeit und Raum und nicht stehen bleiben. Sehen wir ab von einem subjektiven flackernden sittlichen Enthusiasmus und von dem was er in seinem Schwunge fast dichterisch in das Wort hineinlegt, so kann den Fortschritt im gehobenen Sinne vortäuschen die Tatsache der zunehmenden Differenzierung innerhalb eines Kulturganzen und sodann das Nachleben des Vergangenen im Gegenwärtigen, die unaufhebbare Tatsache der Kontinuität alles Geschehens[1]). Daß in meinem Bewußtsein vergangene Zustände fortdauern, das allein erhebt ja mich über die Stufe eines momentanen Daseins; ich lebte sonst Minute an Minute, aber niemals eine Stunde, nie den Tag und das Jahr. Ebenso würde ohne diese immanente Kontinuität alles kulturelle Leben momentanen Charakter tragen; es wäre immer, aber es wäre nie geworden und kännte keinen Zweck, kein Ziel, keine Richtung irgendwie. Vom Grundsatz der Kontinuität aus gesehen erscheint alle kulturelle Entwicklung in dem steten und geruhsamen Fortschritt ihrer Differenzierung nur gehemmt durch Willkürlichkeiten oder durch Explosionen, als was wir die Revolutionen im Wirtschafts- und Staatsleben, in der Kunst oder der Literatur ansehen müssen. Sie sind wie Detonationen in einem Strombett, die für eine Weile die Wesser des Stromes in Wirbel versetzen, sie mächtiger gegen die Ufer schäumen, diese wohl gar überfluten machen. Nach und nach aber gleiten die Wasser wieder dahin und nur an den Uferrändern erkennt man die Nachwirkung, wenn nicht gar

[1]) Ich habe ein besonders starkes Gefühl für dieses Prinzip der Kontinuität bei den französischen Historikern gefunden, so bei Michelet, Thierry, Guizot, Fustel de Coulanges; ob sich von hier aus eine Linie finden läßt zur durée réelle Bergsons?

ein neues Strombett die Wasser aufnimmt, aber — es sind auch dann dieselben Wasser und in ihnen wohnt dieselbe Kraft von den Höhen her wie zuvor. Darum ist nur das entwicklungsfähig, was im ruhigen Rhythmus der Zeiten ansteigt. Der Versuch etwa des „Jugendstiles" nach 1871 etwas ganz Neues aus sich heraus zu schaffen ohne Anschluß an die vorhergehende Entwicklung der Kunst mußte Episode bleiben, versickern und verflackern in sich hinein wie jeder andere Versuch, frei aus sich selbst im Überspringen der Zeiten zu schaffen. Warum konnten wir nicht bauen in den Jahrzehnten vor und noch nach 1900? Die großen Architekten der Gegenwart können es uns lehren. Überall da, wo sie sich nicht vor neuen Aufgaben sehen, die ihre Lösung finden müssen ohne die Vorbilder der Vergangenheit (moderne Fabrikbauten, Trajekte, Stauwerke, Betonbauten usw.), da suchten sie im emsigen Studium rückwärts die Verbindungen aufzufinden mit dem Stil, der vor hundert Jahren organisch erwuchs und darnach im letzten Viertel des 19. Jahrhunderts willkürlich verworfen wurde. Sicherlich muß auch gerade in dem „großen Manne", der nachhaltig seine Zeit beeinflußt und beherrscht, ein feines Gefühl für diese Macht der Kontinuität vorhanden sein, und es ist richtig, wenn Ranke von Luther sagt: „Der große Reformator war zugleich einer der größten Konservativen, welche je gelebt haben".

Was wir demnach ablehnen müssen, das ist dies: Die Entwicklung, die in dem dargelegten Sinne eine Tatsache des individuellen wie des Völkerlebens ist, darf nicht ethisiert werden und als ihr Ziel eine sittliche Vervollkommnung der Menschheit postuliert werden oder religiös gesprochen: der endliche S i e g des Guten als Ziel der Menschheitsentwicklung. Die Menschen werden nicht besser aber auch nicht schlechter. Die Menschheit als solche aber ist von Anbeginn gut, und dieses Gute ist weder gemindert worden noch könnte es je gesteigert werden (beides erscheint apriori als unwahrscheinlich). Das Böse aber ist nichts anderes als das verdeckte oder in seiner Erscheinung gehemmte Gute, und zwar stets deswegen verdeckt oder gehemmt, weil es seine Darstellung in einem Körper mit tierischen Bedürfnissen finden muß: er muß essen und trinken und sich fortpflanzen. Und alles was wir böse nennen, ist nichts anderes als Wucherungen dieser tierischen Triebe, Übersteigerungen der Lüste und Gelüste, die im Lebenskampfe geweckt werden, den die Lebensnot zu führen zwingt. Die Frage, ob das Böse oder das Gute überwiege, ist darum überflüssig, sie ist falsch gestellt. Es mag so scheinen, als ob gut und böse je eine Wagschale füllten und nun fülle sich bisweilen die Schale der Bosheit derart, daß die Menschheit oder einer ihrer Teile dem Orkus näher wohne, aber auch dann weiß schon das schlichte fromme Gemüt, stets wieder wird sich die Schale der Güte herabsenken in die haltenden Hände der Gottheit, der sie nur für eine Weile entschwunden schien.

Ich habe nirgends bessere und klarere Gedanken über den Fortschritt im geschichtlichen Leben der Völker gefunden, als sie Ranke vor dem Könige Max von Bayern ausführte. Ranke sieht in der Menschheit ungezählte Tendenzen angelegt, die nacheinander zur Darstellung kommen. Und die fortdauernde Bewegung der Menschheit besteht darin, „daß die großen geistigen Tendenzen, welche die Menschheit beherrschen, sich bald aufeinander erheben bald aneinander reihen". „In jeder Epoche der Menschheit äußert sich eine bestimmte große Tendenz, und der Fortschritt beruht darauf, daß eine gewisse Bewegung des menschlichen Geistes sich in jeder Epoche darstellt, . . in derselben sich manifestiert". Nur darf dabei nicht angenommen werden, daß die letzte Epoche die bevorzugte sei, eine jede etwa die Stufe der nachfolgenden Generation, die demnach „höher" hinaufkäme. Das nennt Ranke „eine Ungerechtigkeit gegen die Gottheit" und fährt fort: „Eine jede Epoche ist unmittelbar zu Gott, und ihr Wert beruht gar nicht auf dem, was aus ihr hervorgeht, sondern in ihrer Existenz selbst, in ihrem eigenen Selbst". Auch eine feste Richtung in der gesamten Menschheitsentwicklung erblickt der geniale Historiker nicht, nur so einen „gewissen Fortschritt", aber nicht in gerader Linie, sondern mehr „wie ein Strom, der sich auf seine eigene Weise den Weg bahnt". Eine entschiedene

Steigerung läßt sich immerhin im Bereiche der materiellen Interessen annehmen; Ranke denkt hier an das, was wir als die fortschreitende Differenzierung der Bedürfnisse und der Mittel zu ihrer Befriedigung charakterisiert haben, „in moralischer Hinsicht aber läßt sich der Fortschritt nicht verfolgen. Die moralischen Ideen können freilich extensiv vorschreiten", etwa in Kunst und Literatur, aber in ihrem Gehalte nicht gewinnen. Wenn wir daher das Wort von der Idee als „unendlicher Aufgabe" aufnehmen wollten, so könnte es nur in dem Sinne sein, daß das Ziel der Menschheitsentwicklung erst erreicht wäre, wenn die Fülle der in ihr angelegten Tendenzen oder Ideen im Sinne Rankes nacheinander allesamt zur Darstellung im geschichtlichen Leben gekommen wären. Da wir uns aber bei der Betrachtung der Aufgaben der Menschheit aus dem Anschauungsbereiche der Zeit in das der Ewigkeit versetzen müßten, so verliert für alle praktischen Aufgaben in der Zeit solche philosophische Betrachtung jeglichen Wert für uns. Wie jeder Mensch seine Aufgabe hat, die ihm eigentümliche und von ihm allein so und nicht anders auszuführende, und das zugleich mit der Bestimmung sie auszuführen und von Ursprung her auch mit der Kraft, sie zu vollführen, so auch jede Epoche, jede Generation, und es ist auch hier genug, wenn eine jede ihrer Zeit dient und in ihr ihrer Bestimmung treu bleibt.

Wir reden demnach von Entwicklung im Sinne der biologischen oder der Bewußtseinsentwicklung als einer Entfaltung von Anlagen unter der steten Einwirkung von Reizen bis zur Reife und bis zur Frucht, charakterisiert durch die Stetigkeit der Richtung der Veränderung innerhalb eines dynamischen Ganzen, und von Fortschritt entweder im gleichen Sinne wie von Entwicklung als jenem Fortschreiten in Zeit und Raum oder im Sinne eines Wertbegriffs, um bei vergleichender Betrachtung einzelner Stufen oder Elemente der Entwicklung dies oder jenes als relativ zweckmäßiger und in diesem Sinne dann als „besser" zu kennzeichnen.

§ 5. Erziehung und Bildung.

1. In den pädagogischen Systemen erscheint mit Vorliebe der Begriff der Bildung als Mittelbegriff, und die Lösung des Bildungsproblems als die eigentümliche Aufgabe der Pädagogik. Es handelt sich dabei um einen in seiner heutigen Bedeutung verhältnismäßig jungen Begriff. Denn erst in der zweiten Hälfte des 18. Jahrhunderts ist er vom Außeren der Erscheinungsform auf ihr Inneres, vom rein Körperlichen auch auf das Seelische übertragen worden. Im Munde und in den Schriften der Romantiker, bei einem Schleiermacher und Fichte, erlangte er sodann seinen Vollsinn, und die „Gebildeten", an die z. B. Schleiermacher seine „Reden über die Religion" richtete, wird zu einem Lieblingsausdruck. Dabei schon hier nach seinen beiden Seiten hin verwendet, die viele von Tätigkeitswörtern abgeleitete Gegenstandswörter auf -ung enthalten: sowohl als Tätigkeit wie als Ergebnis der Tätigkeit. Bildung der Vorgang des Bildens und das Ergebnis dieses Vorgangs.

Das Sich-Bilden ist ein natürlicher Lebensvorgang; es ist auf der geistigen Seite ebenso natürlich, wie auf der physiologischen Ernährung und Pflege des Körpers Lebensbedingungen und -notwendigkeiten sind. Sich bilden ist eine besondere Seite in der Entwicklung des Körpers wie des Bewußtseins, und zwar die im besonderen Maße geistige, auch in Ansehung der körperlichen Entwicklung. Denn das, worauf alles Bilden abzweckt, ist F o r m. Jenes Geheimnis der Verbindung von Stoff und Form, das schon die Alten beschäftigte und das uns heute noch ein Grundproblem der Metaphysik ist, erfassen wir im Vorgange des Bildens im Zustande des Werdens, — womit keineswegs das Rätsel des Vorgangs uns im letzten Zusammenhange klarer wird; denn wir verlegen, metaphysisch geurteilt, nur die Probleme in den nicht minder dunklen Fragezusammenhang, was denn Werden sei. Überall wo Stoff sich formt oder wo Stoff geformt wird, da vollzieht sich eine Bildung, eine Geistwirkung. Und so sehen wir dieses Bilden als natürlichen Lebensvorgang im Kristall, der nach seinem Gesetz zusammenschießt, wie im Baum, der in Stamm, Blatt und Krone seine Wesensform herausbildet, wie in Tier und Mensch. Und wo der Mensch ein Organ seines Körpers ausbildet, da ist auch sein Ziel kein anderes als eben diesem Organ für einen bestimmten Zweck die zweckmäßigste Form zu geben. So zielt alle Bildung ab auf Form mit Naturnotwendigkeit wie nach den Verstandes- und Vernunftgesetzen.

Alles Bilden ist aber an den Einzelnen gebunden, es knüpft, wie sich Pestalozzi ausdrückt, an die „Individuallage" des Menschen an. Das Gesetz der Bildung wirkt sich im Individuellen aus für die Zwecke, auf die dieses Individuum angelegt ist. Die Naturkraft der Bildung dient der Richtung, verleiht ihr die Intensität, in der sich dieser Einzelne entwickeln muß. Deswegen ist alles Bilden immer auf ein Ich bezogen: Wie fördere ich meine Kraft, wie bilde ich mich aus, wie erhöhe ich meinen Wert. Denn auf Lebens-„erhöhung" zielt alle Bildung ab, insofern wir den ausgewachsenen Baum höher bewerten als den jungen oder, auf den Menschen gesehen, insofern wir einmal das entwickeltere Organ, das entwickeltere Bewußtsein höher einschätzen als das unentwickelte, als die für den Lebenskampf zweckmäßigere Form; absolut genommen ist keine Stufe wertvoller als die andere, hat jede ihren Eigenwert, Kind wie Mann, Jungfrau und Matrone. Das Bilden will darum den Vorgang der Entfaltung überall da veredeln, wo es das Geistleben über das bloße Körperleben erhebt.

Als Ergebnis des Bildens gefaßt, und wiederum auf den Menschen bezogen, ist Bildung die Gesamtheit der von einem Menschen in Dienst gesetzten körperlichen und seelischen Funktionen samt den im Bildungsvorgange erworbenen geistigen Gütern. In diesem Sinne ist Bildung ein Besitz, und zwar ein mobiler, freilich auch als Besitz eigentümlich an den Besitzer gebunden, aber doch nicht so, daß er nicht davon abgeben, ihn übertragen und sogar vererben könnte. Wo wir einem Ganzen Individualcharakter beilegen, etwa einer sozialen Gruppe oder einem Volke, da wäre ebenso unter seiner Bildung die Gesamtheit der in ihm vorhandenen, von dieser

Gruppe oder diesem Volke entwickelten Funktionen und der erzeugten geistigen Güter zu verstehen.

Wie verhalten sich da nun Bildungsgut und Kulturgut? Die Begriffe werden sich auf großen Flächen ihres Umfangs decken, aber Bildungsgut ist der engere Begriff. Die Bildungsgüter sind ein aus den Kulturgütern herausgehobener Teil, und zwar durch eine besondere Bewertung, also die innerhalb des Schatzes an Kulturwerten jeweils wertbetonten. Daraus erklärt sich ihre starke Relativität. Bald kann dieses bald jenes Kulturgut zum Bildungsgut erhoben werden. Ebenso ist der Kulturprozeß der umfassendere Vorgang, und Bildung verschafft noch nicht dem Menschen Kultur. Jene Relativität beruht auf der individuellen Gebundenheit des Bildungsvorgangs, auf der starken Subjektbezogenheit. Denn sobald der Vorgang des Bildens in das volle Licht des Bewußtseins rückt und das seiner Selbst bewußte Ich mehr und mehr diesen Vorgang zu beeinflussen strebt, da entströmen die Motive mit Kraft dem Zentrum des Ich, nehmen auf und wehren ab, was ihm genehm ist. Das Ich sucht nach Möglichkeit hier wie überall nach seiner höchsten Befriedigung, nach höchster Lust. Das Ich geht bei der Aneignung der Bildungsgüter nicht in der Sache auf, sondern will dabei zu einem lustvollen Erlebnis der eigenen Persönlichkeit kommen, ein „Selbstgenuß" der Persönlichkeit gehört zum Ziel aller Bildung [1]).

Wo aber nun ein Tun und ein Werk derart mit der Lustlage des Individuums verbunden sind, da ist es ihm nicht zu entreißen. Bildungsgüter, die sich die Liebe und Verehrung von Menschen und Menschengruppen erworben haben, haften wie unausrottbar in ihnen. Und trotz des unschwer feststellbaren und geschichtlich reich zu belegenden Auswahlcharakters aller Bildungsgüter und ihrer Relativität in bezug auf das System der Werte, gibt dennoch keine Generation ihre Bildungsgüter leichthin preis. Weil eben ihr Ich daran hängt: Das Ich eines Einzelnen, einer Gruppe, eines Standes.

---

[1]) Ed. Spranger, Gedanken über Lehrerbildung, 1920, S. 5.

Ich meine es wörtlich: sie würden sich ihres Ichs entkleidet wähnen müssen; denn dieses Ich ist in seinem geistigen Mittelpunkte gewachsen an diesen bestimmten Gütern, hat gerade diese mit Lust ergriffen und festgehalten und gepflegt, und fallen sie, so fällt auch hier allzuoft mit dem Mantel der Herzog nach. Wenn Latein nichts mehr gilt, ja, was bleibt dann von manchem Altphilologen nach? Wie hebt es dagegen im Schulleben manche Menschen, wenn plötzlich ihr Bildungsgut, (das hier so recht anschaulich auch „Fach" genannt wird, um die häufig hölzerne Verkapselung und Einfassung des Bildungsgutes auszudrücken), wenn schließlich ihr Fach auf den höheren Schulen statt zwei Stunden drei erhält, oder wenn ihr Fach überhaupt gewürdigt wird, mit unter den Hauptfächern der Schule zu rangieren als Nummer 8 oder 9! Wenn Turnen auf einmal soviel gilt wie Geschichte, hebt das nicht einen ganzen Stand? Und ist es nicht von großen Lehrergruppen für des Schweißes wert gehalten worden, zäh solche Kämpfe zu führen, um damit auch sich zur Geltung zu bringen?

Werden bislang geltende und bevorzugte Bildungsgüter aus ihrer Stellung verdrängt oder gänzlich abgelehnt, so ist das demnach stets bedingt durch neue Erlebnisse. Gewisse Menschen oder ganze Menschengruppen beginnen an den bisherigen Bildungsgütern nichts von Belang für sich zu erleben, sich anderen Kulturgütern zuzuwenden und nun für ihre Erlebnisse an diesen zu werben. Auf diese Weise beginnt ein Kampf der Gebildeten gegeneinander, in dem die ältere Generation anfangs alle Vorteile der Masse besitzt, vor allem mit der wirksam unterhaltenen Massenpsychose scheinbar im Vorteil ist, scheinbar aber deswegen, weil sie nicht mehr mit Hilfe realer Massen, sondern sich auflösender streitet.

Wer begreift, was Bildung ist, und wer nun weiß, daß man hundert Jahre lang die Menschen gelehrt hat, Bildung sei der Mittelbegriff der Pädagogik, der begreift auch den Fachstandpunkt und den Vorrang des Stoffprinzips, und er versteht es, daß dieser Fachstandpunkt nie und nimmer von der Bildungspädagogik überwunden werden kann. Der Fachmann ist an seinem Fach gewachsen, gebildet, hat dessen Wert erlebt, und ist dadurch beglückt, ja hat dadurch seine Form, manchmal auch seine Persönlichkeit gewonnen, und eben dadurch erklärt sich die Verengung seines Standpunktes. Er kann ja nun als „Gebildeter" gar nicht anders, als für das ihn bildende Fach eintreten. Und sind es denn nicht auch in der Regel die besten, die wertvollsten Fachvertreter, die mit der größten Leidenschaftlichkeit, vor allem mit den feinsten Gründen kämpfen? In dem Augenblicke, wo deren Zahl sich mindert und mit den Gründen der alten Kämpfer nur noch geklappert wird, da ist der Widerstand innerlich gebrochen; aus dem Streite der Geister ist Gezänk von Agitatoren geworden. Wo nun Bildung zum Ausgangspunkt für Schulsysteme genommen wird, da herrscht der Individualismus in seinen krassen und milderen Formen, das System der Wissensfächer, der Ziehharmonikalehrplan usw. So gehört die Bildungspädagogik hinein in das Zeitalter des Individualismus, aus dem wir herausschreiten.

2. Nun sahen wir bereits, daß der Individualismus in seiner Einseitigkeit graue Theorie ist, die von jeder Lebenswirklichkeit widerlegt wird, ebenso wie sein Gegenteil der Universalismus, der den Einzelnen leugnen möchte. Es gibt nicht den Einzelnen, sondern immer nur den Einzelnen in Gemeinschaft mit andern. Somit müssen wir in dieser Theorie nur eine ungerechtfertigte Tonverschiebung im Verhältnis des Einzelnen zur Gemeinschaft erblicken, und solche Betonung gibt dann freilich das, was Ranke die Tendenz einer Epoche nennt. Bei der unaufhebbaren Verbindung aller Einzelnen aber mit den andern muß auch jeder individuelle Bildungsvorgang und müssen alle Bildungsgüter eine überindividuelle Beziehung haben. Und so wird sich dieser Naturvorgang des Sich-Bildens immer und überall auch soziologisch auswirken. Und zwar nach zwei Seiten: Bildung erzeugt einmal Freiheit. Bilden ist ja innerhalb der Entfaltung des Einzelnen die vornehmlich geistige Seite der Entwicklung, und wie wir sahen, offenbart sich die seelische Entwicklung darin, daß sich der Mensch aus dem Zustand des reflexartigen und triebhaften Lebens und

des impulsiven Handelns in den des klar erwägenden und frei wählenden und sich frei entscheidenden Handelns erhebt. Somit geht alle seelische Entwicklung auf Freiheit, und die Bildung ist es nun, welche die sogenannte innere Freiheit des Menschen erzeugt. Diese innere Freiheit wird sich aber nie darauf beschränken, von sich selbst zu wissen und in ihrem Sein beglückt auszuruhen, sondern wird sich immer in der äußeren Freiheit auszuwirken suchen. Dadurch wird der Bildungsvorgang von Natur aus der Antrieb zu allen Klassenkämpfen. Und es steht in einem inneren Zusammenhang demnach, wenn wir mit zunehmender Bildung gleichzeitig eine reichere gesellschaftliche Gliederung und den gesellschaftlichen Aufstieg bis dahin unten gehaltener Klassen wahrnehmen.

Bildung erzeugt nicht nur Freiheit, sondern auch Kapital, geistiges Kapital, oder utilitaristisch gesprochen mit bekanntem Wort: Bildung ist Macht. Mit wachsender Bildung mehrt sich auch das reale Vermögen eines Volkes im weitesten Sinne. Und dieser enge Zusammenhang der Bildungsgüter und der Bildungseinrichtungen eines Volkes mit seiner Wirtschaft und darum auch mit der politischen Machtstellung eines Staates ist heute mehr denn je allen geläufig. Es kann sich also kein seelischer Akt aus dem Gemeinschaftsleben entwirren, er ist und bleibt daran gebunden, und so muß irgendwie seine Wirkung im Ganzen verspürt werden.

Daß aber das Zeitalter des Individualismus den Bildungsvorgang derart betonte, das ist uns weiter ein Anzeichen für den Zustand seiner Kultur. Es ist das Merkmal für eine sich auflösende Kulturgesellschaft, für eine Kultur, die sich nicht als Ganzes geben und ausgeben und auswirken kann, sondern nur ihre Teile in der Hand hat, einer Kultur, der demnach das haltende geistige Band fehlt, um die Mannigfaltigkeit ihrer Schätze zusammenzufassen. So ist der Einzelne in ihr mehr denn sonst auf sich angewiesen, für sich zu erraffen von den Kulturgütern, was ihm möglich ist, und vor allem was ihm für sein Fortkommen physisch und seelisch innerhalb dieser Kultur am dienlichsten ist, d. h. besonders von den geeichten Kulturgütern, den Bildungsgütern im traditionellen Sinne, seinen reichlichen oder doch genügenden Anteil zu erlangen. Solche Epoche, die sozusagen nicht selbst, durch sich selber erziehen kann, schickt daher besonders angestellte und abgerichtete Menschen aus, welche die besten Fangmöglichkeiten und Aneignungsmethoden, z. B. Unterrichtsmethoden, kennen und ihre Technik und Taktik dazu ausnutzen müssen, um dem heranwachsenden Geschlecht diejenige Bildungsmasse zu übermitteln, welche das ältere Geschlecht für am zweckmäßigsten hält. Es ist recht bezeichnend, daß in dieser Epoche allen Ernstes (von W. Münch) der Vorschlag gemacht worden ist, die Lehrer „Kulturbeamte" zu nennen. Denn als Beamte wissen sie auch, wieviel dem Menschen nützlich ist, und überhaupt alles; sie meinen sogar, feststellen zu können, wann eine Bildung abgeschlossen ist. Sie kennen das Quantum an Bildung, das einer braucht oder mindestens braucht; denn auch hier gibt es Minima und Maxima [1]). Der Mensch ist ihnen mehr und mehr gegenständlich geworden, einer Uhr gleich, die man so oder so aufziehen und behandeln muß, oder einem Apparat, den man so oder so füllen muß, dann tun sie ihre Dienste am besten. Und wenn sich junge Menschen dagegen auflehnen, daß sie solch ein Gegenstand sein sollen, und ihr warmes Menschenblut aufweisen, dann schreit man Rebellion.

Der Fehler ist, daß ein Zeitalter aufgelöster Kultur sich nicht als Ganzes weiß und auffassen und sich selber als Ganzes ein Ideal setzen kann. Darum weiß es nichts Besseres zu tun, als den Einzelnen auf sich selber zu stellen: „Erwirb dir, so viel du brauchst und so viel du erraffen kannst! Wissen, Bildung, ist Macht, oder doch mindestens in unseren Tagen

---

[1]) „Die behandelten Gegenstände werden aus Material zum gemeinsamen Leben von Lehrer und Schüler zu den Stufen einer Treppe, welche tatsächlich gar nirgend andershin münden kann, als in die ekelhafte Plutokratie unserer Tage. Latein, Griechisch, Englisch, Französisch, Mathematik, Geschichte haben von nun an in Preußen Geldwert, ein Rechner mag austifteln, wieviel es der Familie bringt, wenn der Sohn nur ein Jahr zu dienen braucht: haben aber Latein, Griechisch usw. Geldwert, so haben sie für den Geist gar keinen Wert: denn der Geist trägt kein Portemonnaie." (Paul de Lagarde, Auswahl, Jena 1914, S. 185.)

bringt es dir Macht; ich aber kann dir nur sagen: so und so viel mußt du mindestens haben." Immer bleibt das Ergebnis, den Einzelnen auf sich selber stellen, und dann sehe er zu, wo er bleibe. Und so rennt alles in solcher Kultur gegeneinander, einer lebt vom andern ohne Gemeinschaftsempfinden, stößt sich am andern, wundert sich darüber, lernt aber aus keinem Zusammenstoß anderes, als daß er es das nächste Mal schlauer anfangen müsse, sich durchzusetzen und nicht wieder anzustoßen.

Gegen unsere Ausführungen möchte der Kenner und Verehrer klassischer Bildung in uns auftreten und uns diese Charakteristik verweisen. „Ein Gebildeter ist ein sich Bildender", und Bildung ist nie abgeschlossen, Bildung ist Form, die lebend sich entwickelt, ein werbendes und wachsendes Kapital. So auch Spranger, getränkt mit der Weisheit und den Idealen unserer klassischen Epoche, in der unter dem Einfluß der Romantiker und des Neuhumanismus Bildung in der Tat einen volleren Klang hatte. Und der Neuhumanismus besaß ohne Zweifel auch sich selbst als ein Ganzes und hatte als Kulturganzes auch ein Ideal, war demnach gewiß keine aufgelöste Kultur, sondern eine geschlossene. Und es ist richtig, daß jenes schmerzende, aber durchaus lebenswahre Bild die Verzerrung jenes Ideals ist. Prüfen wir nun jenes Ideal der Bildung des Neuhumanismus, so wundert es uns nicht, daß es so bald zerfiel und zu solch einem jämmerlichen Ende nunmehr gelangt ist: denn es war eine Rezeption, es war übernommen aus einem in der Idee ergriffenen Hellas und Rom, von ihm lebte nur im Blute der Gebildeten jener Epoche, sofern sie auch Gelehrte waren. Es war nicht Blut und Fleisch von Blut und Fleisch des deutschen Volkes, sondern in Jahrzehnten, in denen dieses Volk auf geistigem Gebiete sich selbst kein Hochziel stecken konnte, weil es sich noch gar nicht als Volk fühlte und in seiner Volk-Einheit ergriffen hatte, da wurde es zu einer dankbar hingenommenen Hilfe und Stütze auf dem Wege zu seiner Selbständigkeit. Und das Verdienst des Neuhumanismus liegt ja, volklich gesehen, darin, daß er die deutsche Kultur vom Übergewicht der französischen befreite und ihr damit die Wege frei machte, über Hellas und Rom bei sich selber Einkehr zu halten — welches nunmehr die große Aufgabe des 20. Jahrhunderts ist; und es ist unsere heiligste und unaufschiebbare Verpflichtung uns selbst gegenüber, unserm Volke und der Menschheit, unverzüglich Hand ans Werk zu legen. Diesen seinen Weg aber finden wir dem Deutschen nur wieder, so meine ich, in einer Besinnung auf die natürlichen erzieherischen Mächte, um dabei die in unserem Volke zum Volk und zum Volksbürger bildenden Kräfte zu erkennen. Studieren wir die Politik und die Diplomatie dieser Mächte, um neu daraus zu lernen, auch die Erziehung in Schulen danach zu gestalten.

3. Der Mensch ist von Ursprung her auf Gemeinschaft angelegt und von Gemeinschaft umfangen als den Mutterarmen, die ihn durchs Leben tragen und ihn ins Grab legen. Und von ihr gehen erzieherische Mächte aus im ganzen Leben in seinen hundert und tausend Gestaltungen und üben unvermerkt, aber stärker die heilsameren Wirkungen aus als alle Bildner und Kulturbeamte. Denn diese Mächte sind es, die ihn wahrhaft erziehen, in ihrer Gesamtheit ihn umfassen und d. h. eben ihn erziehen. In den Werken der überlieferten Pädagogik aber finden wir fast allerorten einen verengten Begriff von Erziehung. Etwa: „die fürsorgende, führende und bildsame Einwirkung gereifter Menschen auf die Entwicklung werdender, um diesen an den die Lebensgemeinschaft begründenden Gütern Anteil zu geben" (Willmann). Demnach jene von uns verworfene Zäsur, wodurch Erziehung in einem gewissen Lebensalter aufzuhören scheint. Selbstverständlich weiß jeder Pädagoge darum, daß auch den Schulentlassenen erziehende Mächte umgeben, aber keine Pädagogik geht davon aus, diese erst einmal festzustellen und in ihrem Wesen und ihrer Arbeit zu belauschen und dann bescheidentlich nachher zu fragen, was denn nun Schulerziehung zu tun habe.

Erziehung ist ein allgemeiner Vorgang der Anpassung, des Hineinlebens, richtiger fast des Hineingelebtwerdens in die Gemeinschaft, ein organisches Werden durch soziale Assimilation, ein Hineinleben nicht nur in die Güter und Formen der Kulturwelt, sondern auch in ihre Werte. In diesem vollen Umfange wächst der Mensch in die Gemeinschaft hinein, und in diesem Sinne ist Erziehung ein Vorgang natürlichen Wachstums am und im Ganzen unter natürlicher Einwirkung der mannigfachsten Art. Und „das ganze Leben des Menschen und der Menschheit ist Ein Leben der Erziehung" (Fr. Fröbel) [1]).

Bei seiner Bildungsarbeit bedarf der Mensch des Zwanges solange, bis er diese Arbeit aus erkannter Lebensnotwendigkeit oder mit Lust betreibt; es fehlt auch in der Gemeinschaft keineswegs dieser Zwang, es ist dies ein die Gemeinschaft durchwaltender Zwang, die Lebensnot als solche, dieses, daß der Mensch leben muß, und wir werden den Menschen in den Reichen der Lebensnot und unter den hier waltenden erzieherischen Einflüssen alsbald aufsuchen. Darum nur noch einiges zur Abgrenzung der Begriffe Bildung und Erziehung gegeneinander nach dem Sinne, den wir ihnen geben mußten. Alle Bildung hat die Neigung, zur Zivilisation zu erstarren, zu verflachen, am Außenwerk der Kultur hängen zu bleiben; Erziehung geht immer auf das Ganze einer Kultur. Bildung führt zur Höflichkeit, Erziehung zum Takt: Wer in einer Gemeinschaft und von einer Gemeinschaft erzogen wurde, der besitzt wie angeboren diese Gabe des Feingefühls für den Umgang mit Menschen. Wie taktlos benehmen sich tausende Gebildete, wo der von seiner Dorfgemeinschaft und in ihren festen Sitten und Anschauungen gehaltene Bauer, wo eine schlichte Bäuerin taktvoll sind von Natur und von Wesen. Wie oft erlebte man den Takt eines Handwerkers, eines Ar-

[1]) Kindergartenwesen, Pädag. Klassiker XII, S. 2. — Die großen Weisheitslehrer des Altertums, ein Plato und Aristoteles waren darin der Natur näher als wir. Schon daß sie für Erziehung zwei Worte setzten: τροφη und αγωγη: Pflege und Führung, ist bezeichnend und ebenso daß Aristoteles in der Politik VII, 13 Natur, Gewöhnung und Einsicht (φυσις, ηθος, λογος) als die drei Mittel der Erziehung aufzählt, zeigt an, daß sie tiefer in das Wesen der Erziehung hineingeschaut hatten als die traditionelle Pädagogik des 19. Jahrhunderts.

beiters, die darin manchen Gebildeten weit überlegen waren, aber immer nur dann, wenn diese in ihrem Kreise unter dem nicht ableitbaren Einflusse eines Gemeinschaftsgeistes standen. Nicht Bildung verleiht Takt, sondern das Ruhen in, die Herkunft aus einer den Menschen umfangenden und haltenden Gemeinschaft. Der intellektuell oder ästhetisch gebildete, aber aus seiner Gemeinschaft gerissene und entwurzelte Mensch ist in den Fragen des Taktes ein Rüpel gegenüber jedem Aristokraten nicht nur, sondern gegenüber jedem, der nicht entwurzelt ist. Denn das Wesen der Gemeinschaft ist es ja, daß sie Wurzelgrund für den Menschen ist, und zwar der einzige, den es für ihn gibt[1]).

Ziel der Bildung ist die voll entfaltete Individualität, die innere Freiheit des Einzelnen, Ziel der Erziehung ist und bleibt stets die Gemeinschaft und der Einzelne nur als für die Gemeinschaft, d. h. als Persönlichkeit, und zwar ein Ziel, ohne daß man darüber nachzudenken und es rational zu ergründen und lehren brauchte; sie wirkt sich selbst ohne alle wissenschaftliche Pädagogik aus in einer kraftvollen Jugenderziehung, deren Einfluß und deren Ergebnis nur durch Zersetzung oder gar Zerstörung dieses erziehenden Kreises oder durch seine stete Auflockerung in Frage gezogen oder vernichtet werden kann. Für die Ausbildung zur Persönlichkeit aber ist sie unerläßlich; erst der bis zur Reife der Persönlichkeit natürlich Gewachsene ist der wahrhaft Gebildete, der Mensch der rechten Form, der recht und zu Ende gewachsene Mensch. Darum sagten wir: Dort wo sich die Individualität mit den Zwecken der Gemeinschaft erfüllt und sich mit allen ihren Kräften Leibes und der Seele in den Dienst dieser

---

[1]) S. Kraepelin, Über Entwurzelung, Zeitschr. f. d. ges. Neurol. u. Psychiatrie, 63. — Der Dünkel vieler Angehöriger der Beamtenkaste hängt ohne Zweifel auch zusammen mit ihrer Entwurzelung, und zwar einer planmäßigen, um sie dem Staate „gefügiger" zu machen. Was hier der Staat an Zerstörung von Persönlichkeiten geleistet hat, gehört mit zu seinen schädlichsten Taten und hat sich u. a. in seiner Politik gegenüber fremden Volksteilen innerhalb seiner Grenzen allerorten in Europa mit grauenhafter Deutlichkeit gezeigt.

Zwecke stellt, da entwickelt sie sich zur Persönlichkeit. Und das liefert uns auch den Schlüssel aus für den Zugang zur Frage nach dem Verhältnis von Bildung und Erziehung innerhalb des Schulwesens. Bislang waren die Schulen Bildungsanstalten; wir werden dem nicht entgegensetzen: die Schule muß hinfort eine Erziehungsgemeinschaft sein, das wäre billig und zudem halbwahr. Sondern wir werden zur Synthese fortschreiten müssen; denn Bilden und Erziehen, beide sind ja natürliche, von keiner Entwicklung in Natur und Menschheit abzulösende Urakte im Werden. Es wird also unsere Frage so lauten müssen: Wie muß diejenige Erziehungsgemeinschaft gestaltet werden, in welcher sich ein Menschenkind die für es beste Bildung erwerben kann, eine Bildung, die seinem, in ihm angelegten und treibenden Bildungsdrange angemessen ist und die ihm innerhalb dieser Gemeinschaft vermittelt wird und ihn reicher, wertvoller zur größeren Gemeinschaft zurückführt, ihn als tätiges Glied ihr wiederum übergibt. Oder kürzer: Wie soll die Erziehungsgemeinschaft beschaffen sein, in der und durch die ein Mensch seine Individualität zur Persönlichkeit vollenden kann? Und wer soll sie innerlich beherrschen, d. h. wessen Ethos oder welches Ethos soll sie erfüllen oder doch entscheidend bestimmen? Das ist die ernste Frage, deren Beantwortung alles Folgende dienen soll.

II. Die Reiche der Lebensnot.

„Der Mensch als Geschlecht, als Volk, unterwirft sich dem Staat gar nicht als ein sittliches Wesen; er tritt nichts weniger als deswegen in die bürgerliche Gesellschaft, damit er Gott dienen und seinen Nächsten lieben könne. Er tritt in die bürgerliche Gesellschaft, seines Lebens froh zu werden und alles das zu genießen, was er als ein sinnliches thierisches Wesen unumgänglich genießen muß, um seine Tage froh und befriedigt auf dieser Erde zu durchleben. Das gesellschaftliche Recht ist daher jung und gar kein sittliches Recht, sondern eine bloße Modifikation des thierischen." (Pestalozzi.)

§ 6. Wirtschaft.

A. Das wirtschaftliche Handeln. — 1. Alle Wirtschaft ist ein Handeln, und zwar ein Zweckhandeln, das zwischen den psychologischen Kategorien des Bedürfnisses und der Befriedigung mitten inne liegt. Rein psychologisch genommen wäre unter Wirtschaft demnach zu verstehen die Summe aller körperlichen und geistigen Anstrengungen, die aufgeboten werden, um das vorhandene Bedürfnis zu befriedigen. Rein wirtschaftlich gesprochen ist es dasjenige Handeln, welches ein gesetztes Ziel am zweckmäßigsten zu erreichen strebt. Das, worauf es demnach ankommt, ist psychologisch die Befriedigung, wirtschaftlich das Ziel, und das Handeln selbst ist lediglich Mittel, trägt wie alles Handeln dienenden Charakter. Deswegen ist dem zuzustimmen, daß Wirtschaft nicht Selbstzweck ist, sondern ein System von Diensten (O. Spann) [1].

Wem dient dies System von Diensten? In erster Linie der Befriedigung aller derjenigen Bedürfnisse, welche der Ablauf der organischen Lebensvorgänge im Menschen verursacht:

[1]) Vgl. zu § 6 O. Spann, a. a. O. S. 105ff.

Hunger, Durst, Kälte, Hitze, Wohlbefinden. Das ist die Lebenswirtschaft oder Lebensfürsorge. Sodann der Erfüllung aller Bedürfnisse, welche das System der Kulturobjektivationen weckt: in Sprache und Moral, Kunst, Religion und Wissenschaft, aber auch in Familie und Geselligkeit, die Kulturwirtschaft oder Kulturfürsorge. Außerdem läßt sich eine dritte Gruppe von Zielen für das wirtschaftliche Handeln herausheben, aber eine Gruppe von Hilfszielen, weil durch diese erst das wirkliche Ziel erreicht, dessen Erreichung erleichtert oder überhaupt erst ermöglicht werden soll. Hier hinein gehört alles, was wir mit dem Worte „Gesellschaft" bezeichnet haben, jenes Gefüge organisierter Gruppen, deren Organisation ja zu dem Zwecke erfolgte, um ein dieser Gruppe gemeinsames Ziel zu erreichen, und wir sagten, wenn dieses Ziel erreicht wäre und sich womöglich überlebe, dann lösten sich die Gruppen wieder auf und fielen in die Gemeinschaft zurück. Schon daraus ist der Hilfscharakter der Gesellschaftsformen ohne weiteres klar. Reden wir demnach von Gesellschaftswirtschaft oder Gesellschaftsfürsorge, so umschließt dieses System alle diejenigen Ziele, die erforderlich sind, um solches Hilfshandeln auszuführen, oder auch nur dazu dienen, solches Hilfshandeln überhaupt erst zu bilden, und wenn gebildet, sicherzustellen. Also Vereine, Genossenschaften, Zünfte und Innungen sind solche Hilfsziele, durch die erst Mittel beschafft werden sollen, um bestimmten Bedürfnissen Befriedigung zu verschaffen. Befriedigung des Bedürfnisses, den Fuß gegen Kälte und gegen Schmutz zu schützen, ist der Besitz des Stiefels. Der Stiefel ist demnach das Ziel, dem hier alles dient, und unter den einzelnen Stadien dieses Handelns gibt es immer zwei Gruppen, eine erste, welche direkt Mittel beschaffendes Handeln ist: Enthäuten, gerben, zu Leder verarbeiten, Stiefel anfertigen, und nebenher eine zweite Gruppe: das Verkehrswesen in seinen verschiedenen Formen, die Unternehmung, d. h. die Vereinigung von Handel und Produktion, dazu die verschiedensten Verbände: der Transportarbeiter, der Lederindustriellen, der Schuhmacher usw. Die letztere Gruppe bildet ein Glied im System der Gesellschaftswirtschaft, das heute geradezu beängstigend die Systeme der Lebens- und der Kulturwirtschaft überlagert und beherrscht.

Die geschichtliche Betrachtung pflegt wohl mit Karl Bücher[1]) vier Stufen der Wirtschaft und eine Vorstufe zu unterscheiden. Die vorwirtschaftliche Stufe ist dann die der „individuellen Nahrungssuche". Das Ziel dieses im engeren Sinne nicht wirtschaftlichen Handelns ist auch die Befriedigung von Bedürfnissen, die der Mensch stets gehabt hat, besonders seiner Lebensbedürfnisse. Allein der Mensch lebt sorglos, kennt keine Sorge für die Zukunft, keine Verwendung der Zeit. „Das Handeln des Naturmenschen ist ein rein impulsives, sozusagen bloße Reflexbewegung". Die Arbeit auf dieser Stufe ist nach Form und Inhalt ein Spiel. Der Mensch hat insonderheit einen starken Nachahmungs- und Experimentiertrieb; so werden vor allem Tierlaute und Tierbewegungen nachgeahmt, in der Töpferei, Holzschnitzerei, Flechtkunst, Malerei und Skulptur werden Tierformen nachgebildet. Und alle diese Tätigkeiten werden, in ihren gleichmäßigen Abschnitten, rhythmisch ausgestaltet: die Arbeit vermählt sich mit Musik und Gesang zu einem untrennbaren Ganzen. Arbeit und Rhythmus! „Das Spiel ist älter als die Arbeit, die Kunst älter als die Nutzproduktion".

In der Veränderung des Verhältnisses, in welchem die Produktion der Güter zur Konsumtion derselben steht, oder in der Veränderung der Weglänge, welche die Güter vom Produzenten bis zum Konsumenten zurücklegen, liegt nun das Charakteristische der Wirtschaftsstufen: die geschlossene Hauswirtschaft (reine Eigenproduktion, tauschlose Wirtschaft), auf welcher die Güter in der Wirtschaft verbraucht werden, in der sie entstanden sind; die Stufe der Stadtwirtschaft, (Kundenproduktion oder Stufe des direkten Austausches), in welcher die Güter aus der produzierenden Wirtschaft unmittelbar in die konsumierende übergehen, und die Stufe der Volkswirtschaft (Warenproduktion, Stufe des Güterumlaufs), auf welcher die Güter in der Regel eine Reihe von Wirtschaften passieren

[1]) Die Entstehung der Volkswirtschaft, 6. A. 1908.

müssen, ehe sie zum Verbrauch kommen. Und diese „Volkswirtschaft" ist das Ergebnis einer jahrtausende langen historischen Entwicklung, und nicht älter als der moderne Staat. Die Ausbreitung der Volkswirtschaft „ist im wesentlichen eine Sucht der politischen Zentralisation, welche an der Wende des Mittelalters mit der Entstehung territorialer Staatsgebilde beginnt und in der Gegenwart mit der Schöpfung des nationalen Staates ihren Abschluß fand". Heute ist diese dritte Stufe bereits jedem offensichtlich erweitert zur vierten der Weltwirtschaft, deren Ausbreitung durch den Weltkrieg und vor allem durch die Folgen der Versailler Friedensbestimmungen ungeheuer beschleunigt werden wird. Der hervorstechendste Zug, den diese entwicklungsgeschichtliche Betrachtung des Wirtschaftslebens hervortreten läßt, ist nach Bücher dies, „daß im Laufe der Geschichte die Menschheit sich immer höhere wirtschaftliche Ziele steckt und die Mittel dazu in einer fortschreitend weitergreifenden Verteilung der Arbeitslasten findet, die schließlich das ganze Volk ergreift und ein Eintreten aller für alle hervorruft", — und nunmehr die Völkerwelt umspannt und die Solidarität aller Nationen zum Ziele hat, fügen wir hinzu.

Das Prinzip nun, der erste Grundsatz, nach dem alles Handeln, bewußt wie unbewußt, abläuft, das wir als wirtschaftliches ansprechen, ist der Grundsatz des kleinsten Mittels, das ökonomische Prinzip. Um ein Ziel durch wirtschaftliches Handeln zu erreichen, sucht der Mensch die geringste Mühe und Anstrengung aufzuwenden und dabei die höchste Befriedigung, den größten Nutzen und die größte Annehmlichkeit zu erreichen. Also: höchstmögliche Befriedigung mit dem geringstmöglichen Opfer, oder: Minimum der Opfer, Maximum des Erfolges, und zwar des Erfolges an Nutzen und Lust. Nach diesem Prinzip der Wirtschaftlichkeit handelt keineswegs etwa nur der bewußt planende und berechnende Mensch, der mit dem Aufgebot einer gewaltigen rechnerischen Technik die denkbar günstigste Geschäftsbilanz herauszukalkulieren sucht, sondern, und das ist uns das Wichtigere, verläuft alles wirtschaftliche Handeln an sich. Dieser Grundsatz ist ein allem Wirtschaften einwohnender (immanenter) Grundsatz. Und der Volkswirtschaftler redet darum auch erst da von Wirtschaft, wo er ein Zweckhandeln nach diesem Grundsatz erkennen kann, und deswegen scheidet er jene Vorstufe der individuellen Nahrungssuche aus, weil auf ihr noch nicht im Sinne dieses Prinzips der Wirtschaftlichkeit gehandelt wird. Daraus entnehmen wir für eine Erziehungswissenschaft, daß die wirtschaftliche Natur dem Menschen nicht von Natur eignet, nicht zu seinem Wesen gehört. Daß demnach kein Mensch als Mensch von selber etwa ohne Anleitung, ja ohne Zwang, dahin kommen kann, sich im System des wirtschaftlichen Handelns seiner Zeit auch nur zurechtzufinden, geschweige denn zweckentsprechend seine Stellung darin zu finden und zu behaupten. In allen Großstädten finden sich zahlreich jene Scharen Jugendlicher, und nicht nur mehr Jugendlicher, die auf jener vorwirtschaftlichen Stufe verharren und zu keiner Arbeit zu gebrauchen sind, sich ihr planmäßig entziehen, vor allem auch nicht mehr für wirtschaftliches Handeln zu gewinnen sind, man spricht von ihnen wohl als von dem versinkenden Volkstum. Das gilt aber nur in einem Sinne von Volkstum, der in der Volkswirtschaft das Wesentliche des Volkstums erblickt. Im Sinne des Menschentums sind sie keine versinkenden Gruppen, freilich läßt sie die Gesellschaft versinken, weil sie nur mit dem wirtschaftlichen Menschen rechnet und sich um das Menschenwesen als solches nicht zu kümmern für berufen hält, nun, auch nie fähig gewesen ist, Menschentum zu pflegen, ja nicht einmal zu erhalten[1])!

2. Die Arbeit. Aus den einzelnen Elementen des „wirt-

[1]) Albert Schweitzer, Zwischen Wasser und Urwald, 1923, S. 98ff., schildert den Kampf des „wirtschaftlichen" Europäers mit dem „unwirtschaftlichen" Neger und seine Problematik gesehen vom kolonialen Geschäftsvertreter aus. Der einzig richtige Schluß aber dürfte danach nur der sein, daß es ein Verbrechen ist und bleibt, in der „wirtschaftlichen" Durchdringung von Land und Menschen die wichtigste Aufgabe der Kolonisation zu sehen; sie sollte die letzte sein und ihr vorauf eine geistig-kulturelle gehen, wie sie ein so edles Menschenpaar wie das Ehepaar Schweitzer begonnen und vorgelebt hat.

schaftlichen Handelns" heben wir eines heraus: die Arbeit, nicht im Sinne von „Werk" gleich vollendeter Arbeit, sondern wirtschaftlich gesprochen das Mittelstück zwischen Zielsetzung und Zielerreichung, psychologisch das Mittelstück zwischen Bedürfnis und Befriedigung. Die Volkswirtschaftler pflegen (seit Adam Smith) diese Arbeit lediglich in wirtschaftlicher Einstellung zu betrachten, so der noch heute maßgebende Methodologe der Volkswirtschaftslehre Menger, dem auch O. Spann folgt. Diesen gegenüber hat Karl Lamprecht in seiner Geschichte der jüngsten deutschen Vergangenheit neben der entwicklungsgeschichtlichen eine sozialpsychologische Behandlung des Wirtschaftslebens und eine sozialpsychologische Deutung des Wirtschaftsprozesses versucht. Die starke Bindung des ganzen Menschen an das wirtschaftliche Zweckhandeln ist ersichtlich so stark, daß sich eine erziehungswissenschaftliche Betrachtung der Arbeit genötigt findet, jede einengende Betrachtung des wirtschaftlichen Handelns zu meiden, wie sie dem Theoretiker der Volkswirtschaftslehre zugestanden werden kann. Erziehungswissenschaft geht stets auf den Menschen in seiner Fülle und seiner Ganzheit, und wollen wir den wirtschaftlichen Menschen kennen lernen, so sehen wir auch ihn von vornherein umspielt von allen seelischen Kräften, und wichtiger als die zugespitzte scharfe Definition eines in Wirklichkeit begrifflichen Wesens, was solch ein „wirtschaftlicher Mensch" wäre, ist uns, die Domäne des wirtschaftlichen Denkens und Handelns in ihrer Eigenart und gleichzeitig in ihrer Umrahmung durch die übrigen Domänen der Seele zu umschreiben, wenigstens ständig zu mahnen, diese unaufhebbare Umrahmung nicht zu vergessen, wenn einmal die Untersuchung längere Zeit hindurch einseitiger verlaufen muß.

Von den seelischen Kräften des Menschen beansprucht alles wirtschaftliche Handeln von Anbeginn stark die intellektuellen, eben darum, weil es der Intellekt ist, der die Zwecke auffaßt, erarbeitet und klärt. Deshalb kann es den Anschein gewinnen, als ob alle wirtschaftliche Entwicklung nur Erscheinung „eines einzigen großen seelischen Entwicklungsmotivs ist, das der Hauptsache nach als das des fortschreitenden Intellekts bezeichnet werden kann“ [1]). Eine kurze Überlegung macht es aber schon begreiflich, daß alle Zwecksetzung und alle intellektuelle Klärung der Zwecke nichts weiter ist als die Vorbereitung zum wirtschaftlichen Zweckhandeln, daß erst der Wille zum Schaffen für den Zweck erwachen und erstarken muß, und daß dieser Wille nunmehr ständig im Bunde mit dem Intellekt sich die Organe zur Ausführung des Zwecks und zur Erreichung des Zieles schafft: die Hand und den Arm etwa geschickt machen muß. Trotzdem ist es kein Zufall, daß der Anteil des Intellekts so gern hervorgehoben wird; denn die moderne Wirtschaft hat ihn ohne Zweifel bedeutend vermehrt, besonders in der Epoche, in der man von der „Blüte der Technik“ spricht. Am kürzesten und allgemeinsten können wir Technik so bestimmen: sie ist die bewußte Verstandestätigkeit nach dem Grundsatz der Wirtschaftlichkeit; denn das gilt für alle Technik, die des Ingenieurs wie des Pädagogen: sie gibt an, auf welchem kürzesten, gewollt bewußt zu berechnenden, Wege das Ziel erreicht und dabei der größte Nutzen und die höchste Annehmlichkeit erzielt werden können. Damit ist die enge Verbindung aller Technik mit der gleichzeitigen Wissenschaft ausgesprochen. Denn dieser bewußt zu berechnende Weg ist aufs innigste abhängig von dem Wissen, den vorhandenen Kenntnissen einer Zeit und eines Volkes. Aus dem jeweils erreichten Wissensstande lassen sich daher auch die Möglichkeiten wirtschaftlichen Handelns geradezu ableiten. Um den Dampf der Wirtschaft dienstbar zu machen oder die Elektrizität, dazu bedarf es der wissenschaftlichen Erforschung dieser physikalischen Vorgänge. An sich ist Technik ein Sonderfall der wirtschaftlichen Arbeit, wenn es auch heute den Anschein hat, als beherrsche sie das Wirtschaftsleben. Es ist, fast wider Erwarten, gerade Karl Lamprecht, der eingehend zeigte, wie nicht die Technik überwiegend die Wirtschaft, sondern um-

---

[1]) Karl Lamprecht, a. a. O. II. 1903. S. 112. Gegen solchen Intellektualismus W. Wundt, Völkerpsychologie X. S. 340.

gekehrt die Wirtschaft die Technik beeinflußt[1]). „Die Newcomsche einseitig wirkende Dampfmaschine wurde schon 1704 konstruiert. Aber erst das Bedürfnis der mechanischen Spindeln in der Hand des englischen Unternehmertums ließ die Wattsche Dampfmaschine der siebziger und achtziger Jahre entstehen. Das Dampfschiff Papins befuhr schon 1707 die Fulda. Doch die Verkehrsverhältnisse erst des beginnenden 19. Jahrhunderts haben seine Verbreitung herbeigeführt. Und Cugnots Dampfwagen stammte schon aus dem Jahre 1770. Aber erst um das Jahr 1825 sah man das, was wir Eisenbahn und Lokomotive nennen. Und durch das ganze 19. Jahrhundert sind diese Zusammenhänge dieselben geblieben. Sie kommen heute in dem allgemeinen Erfahrungssatze zum Ausdruck, daß in der Großindustrie, und das heißt in der Ausnutzung und Herbeiführung von Erfindungen, das Schwierigste nicht die Bewältigung der technischen Aufgabe, sondern die Finanzierung ist". Blicken wir aber auf die Innenseite des Problems Technik, so sehen wir einen Kampf der in der Technik wirksamen intellektuellen Kräfte im Verein mit metaphysischen Sehnsuchten des Menschen gegen die Fesseln, in denen das Naturgeschehen die, in ihrem geistigen Schaffen zur Persönlichkeit hinstrebenden, Menschen festhält, ein Kampf, in dem versucht wird, das geistige Leben von der Materie zu befreien.

Das nächstliegende Merkmal der modernen Technik bleibt aber die Anspannung des wissenschaftlich geschulten und arbeitenden Intellekts. Diese intellektuellen Kräfte sollen die Ergiebigkeit der Arbeit vermehren. Und obwohl wir bereits sagten, daß der Intellekt nur die Vorarbeit machen kann, daß er der Organe bedarf, um seine Gedanken auszuführen, Hand und Arm und Fuß, so hat sich doch hier in der Neuzeit ein eigentümlicher Wandel vollzogen. Bis in die Neuzeit hinein, und gültig für alle Kultur noch heute, welche die höheren Stufen der Wirtschaft nicht erreicht haben, ist es schwer zu entscheiden, ob nicht auf diesen Stufen die körperlichen Kräfte,

[1]) a. a. O. S. 111f.

wie sie sich äußern, z. B. in Faust und Finger, das Übergewicht haben. Dann aber ergreift die Arbeit stets den ganzen Menschen; Verstand und Geschicklichkeit sind in ihm eine Einheit. Ganz anders, als es nun gelang, die menschliche Kraft durch Naturkräfte zu ersetzen, vor allem durch die Kohle. Durch eine Eisenbahnwagenladung Steinkohlen, die in einem Dampfmotor verbraucht wird, kann dem mechanischen Quantum nach so viel Arbeit verrichtet werden, wie ein fleißiger Arbeiter während seines ganzen Lebens nicht zu leisten vermag[1]). Demnach bedeutete die um 1900 vorhandene Gesamterzeugung an Kohlen auf der Erde in Höhe von etwa 650 Millionen Tonnen, ein mechanisches Arbeitsquantum von mehr als 300 Millionen Menschen. Welche Entwertung der menschlichen Kräfte, in erster Linie der körperlichen! Gleichzeitig welche Erhöhung der Macht des mit wissenschaftlichen Methoden rechnenden Intellekts! Er kommandiert die Materie, erpreßt die in ihr schlummernden Kräfte in steigendem Grade, berechnet ihre Dienstleistungen, und der Mensch wird nur zum Angestellten bei diesem Vorgang, der sich darstellt als ein Ringkampf der Techniker mit der Materie. Wo bleiben da, so erscheint es auf den ersten Blick, die Gaben der Intuition, wie sie den Meister, den Gesellen in der Werkstatt bei ihrer beschaulichen Arbeit beglückten? Wohin ist Mensch und Menschenwert entwichen? Ist nicht die Mehrheit der Menschen, bis zu 50 %, Taglöhner und mehr und mehr der Seele entleerte Zuschauer? Denn die winzigen Bruchteile der Seele, welche diese Menschen noch nötig haben, um ihre sogenannte Arbeit zu verrichten, können nie und nimmer das Ganze einer Menschenseele in Umtrieb und Aufschwung bringen, und so muß des Menschen Seele verkümmern und „taglöhnern“, und der Mensch selber steht da in seiner „Duodezmenschlichkeit“ lahm an den nicht geübten Organen, nur so ein Bruchstück von Mensch[2]). Nur ein Arm, eine Hand, ein Fuß, wie Georg Kaiser in „Gas“ I. sagt.

---

[1]) Lamprecht, a. a. O. S. 105.

[2]) Pestalozzi, Nachforschungen, Ausg. Seyffarth, X. S. 99.

Weil aber der Mensch von Ursprung her auf ein Ganzes angelegt ist, so kann er sich nicht dabei begnügen, mit einem Teilchen seines Selbst irgendwo in einer Triebkette, einem Schwungrad, einem Lagerraum, einem Motor zu stecken. Er will sich selbst und sich ganz. Und ein Weiteres. Er will den vollen Ertrag seiner Arbeit. Hat die wirtschaftliche Entwicklung ihn zu einem zwar notwendigen, aber im großen Gang des Wirtschaftsprozesses nur nebenher beachteten, an zweiter und dritter Stelle und wohl noch tiefer geschätzten Glied gemacht, so hat sie gleichzeitig den Hauptertrag der Arbeit den Wenigen zugewandt, die Menschen- und Naturkraft in gleicher Weise kommandieren, die Mensch und Materie, Arbeiter und Kohle, Seele und Stahl in ihren Zeichnungen und Voranschlägen, in ihren Kontorbüchern gleicherweise mit Zahlen verrechnen. Dagegen wird und muß sich der Mensch nach und nach erheben, eben weil es ein Naturgesetz ist, daß er Anspruch erhebe und Anspruch hat auf den vollen Ertrag seiner Arbeit. Das ist das Recht der Arbeit. Und wo im heutigen Wirtschaftsleben, in Deutschland bereits durch Reichsverfassung, einem jeden das Recht auf Arbeit zugebilligt ist, neben der Pflicht zur Arbeit, da muß sich zuerst ein Arbeitsrecht entwickeln, in dem auch gesetzlich zum Ausdruck kommt: daß der Arbeiter seines Lohnes wert ist, das heißt des Vollertrages seiner Arbeit, daß demnach zwischen Lohn und Arbeit ein ideeller Zusammenhang besteht, der nur vorübergehend in einer Epoche stärkster wirtschaftlicher und sozialer Verschiebungen nicht allseitig voll anerkannt wurde und anerkannt werden konnte. Die gesetzliche Regelung eines solchen Verhältnisses aber bekundet uns, daß es sich dabei nicht mehr um etwas handelt, das zwischen einzelnen zu lösen ist, sondern um etwas, das die Gemeinschaft angeht. Mit anderen Worten: Die Gemeinschaft, in unserm Vollsinne des Wortes, erhebt sich wiederum über die Scharen organisierter Gruppen, die aus ihr emporgestiegen sind, und zwingt sie hinein unter die Gesetze ihrer geistig-ideellen Urzusammenhänge. Denn die Lösung des Kampfes um den vollen Ertrag wird aller Wahrscheinlichkeit nach so verlaufen, daß nicht der

Einzelne als Einzelner in seinen Besitz kommt, sondern, da die genossenschaftliche Arbeit heute die überwiegende und die bestimmende Form wirtschaftlichen Handelns darstellt, so wird er der Genossenschaft als solcher zukommen und damit wird sich gesellschaftlich gesehen das System des Solidarismus vollenden.

3. Auch im wirtschaftlichen Denken gibt es Güter. Gut im wirtschaftlichen Sinne ist ein Sachgut wie Haus, Axt, Maschine, oder ein Kulturgut, Kenntnisse, Rechte, oder schließlich ein Hilfsgut wie Verein, Zunft, Politik, Staat, Kirche, und als Hilfsgut dazu bestimmt, Sachgüter und Kulturgüter zu verwirklichen. Alle diese Güter haben das gemeinsame Merkmal, daß sie an sich tote Bestandteile sind, die immer erst durch das wirtschaftliche Handeln an und mit ihnen zu Wirkungen veranlaßt werden. Und ihre Bedeutung liegt darin, daß das wirtschaftliche Handeln ihrer bedarf, weil es erst an ihnen und durch sie seinen Zweck erreichen kann. So kehrt hier das an den Kulturgütern, als dem Inhalt einer „statischen Sphäre", aufgezeigte Merkmal wieder: sie sind als starre Bestandteile für einen seelischen Prozeß an sich wertlos und gleichgültig. Und damit hängen zwei weitere Kennzeichen zusammen: Gut im wirtschaftlichen Sinne wird gemessen nach dem Nutzen, den es jeweils hat. Es ist von Natur relativ, und sein Nutzen kann immer nur als der „Grenznutzen" bestimmt werden, d. h. „als der jeweils geringste Nutzen, den das Gut eines Vorrats bei verschiedenen Verwendungen (Funktionen) leistet"[1]. Es ist darum auch steten Schwankungen unterworfen. Das wirtschaftliche Gut hat seine Valuta, seinen immer schwankenden und nur periodisch stabilen Geltungswert. Dadurch unterscheidet sich der Begriff des Gutes am schärfsten von dem Gut der Ethik; denn ethische Güter sind gerade diejenigen, welche unwandelbaren Wert besitzen, sind diejenigen, welche keinen Schwankungen unterworfen sind, die absoluten Wert und unvergänglich normativen Charakter haben.

---

[1] O. Spann, a. a. O. S. 111.

Wirtschaftliches Handeln ist wegen seiner Gebundenheit an die passiven Elemente solcher Güter unaufhörlich gehemmt. Es ist ihm gleichsam zum ungehinderten Aufstieg die Bahn versperrt. Jenes passive Element bewirkt Ermüdungserscheinungen. Hat ein Handeln sich einmal bestimmte Bahnen verschafft, so beliebt es, darin auszuruhen. Es freut sich seiner Festigkeit und ist schwer zu ändern. Wie demnach allgemein im Kulturprozeß die Tendenz liegt, in gewissen Mechanismen zu erstarren und darin zu verenden, so nicht minder im wirtschaftlichen Leben. Darum sehen wir auch, daß sich in demjenigen wirtschaftlichen Handeln, das fast die geringste Variabilität besitzt, im landwirtschaftlichen, das Haften an feste Bahnen am stärksten zeigt. Aber nicht viel anders im Handwerk, vor allem wenn es dem Einfluß größerer Wirtschaftszentren entrückt ist. Allerorten sehnt sich die Welt nach ihrem Schlaf, und es ist überall gefährlich, an den „Schlaf der Welt" zu rühren. Die Gründe dafür liegen nah: ein gegebenes Handeln hat seine bestimmten Bahnen eingelaufen und eine Reihe von Mitteln zur Hand, die neues Handeln sich erst schaffen muß. Es ist begreiflich, wenn sich ein Landmann schwer dazu entschließt, zu neuen Formen der Ackerbestellung überzugehen: die Wirkung ist unsicher, noch allzu wenig erprobt, die Handhabung der Maschinen nicht jedermanns Sache, dazu kommen die Kosten der neuen Anschaffung, denn auch hier gilt, daß die Wirtschaft die Technik beherrscht und nicht umgekehrt. Dazu kann kein neues Handeln ebenso schnell zum Erfolg gelangen wie gegebenes: einerlei ob es sich um die Einführung einer Verbesserung an Maschinen handelt, um die Einführung neuer Steuern, neuer Rechtsmittel oder neuer Schreibfedern. Man muß erst die Menschen daran gewöhnen, nicht nur die Objekte der neuen Tätigkeit auch deren Subjekte. Und das große moderne Mittel, diesen Vorgang der Angewöhnung und Eingewöhnung zu beschleunigen, ist ja die Reklame, ohne die die moderne Wirtschaft in sich zusammenfiele, weil die Narren- und Gimpelnatur der Menschen, auf der sie sich zu mehr als 90 % ihres Treibens aufbaut, ohne diesen Stachel und Kitzel nicht so schnell sich auf jeden neuen Vertrieb einstellen könnte.

Unter die Güter, und zwar als Hilfsgüter, gehört alles das, was wir unter den Begriff der „Gesellschaft“ gefaßt haben: die Gesamtheit der organisierten Gruppen, die sich fester zusammenschließen, um ein bestimmtes Ziel zu erreichen, und nur um dieses gemeinsamen Zieles wegen halten sie zusammen und mit dem Fortfall des Zieles verfallen auch sie. So sind uns alle gesellschaftlichen Formen des Zusammenlebens, unter ihnen auch Staat und Kirche, zu bloßen Hilfsgütern geworden, und ihre Wertung gleicht derjenigen des wirtschaftlichen Gutes überhaupt und ist keine andere. Auch die Familie stellt sich, nach einer Seite, als ein Hilfsgut dar. Es beginnt ja mit Begründung der Familie überhaupt erst das wirtschaftliche Handeln; die Hauswirtschaft ist seine unterste Stufe. Wie nun aber unter den Reichen der Lebensnot das von einem „Volk“ umschlossene Reich in sich eine besondere eigentümliche Gesamtheit von Funktionen vereinigt, die ein Volk wesenhaft vom Staat unterscheidet, so eignen auch der Familie noch andere Funktionen als die der Wirtschaft.

Und fragen wir nun, was denn das Primäre sei, Wirtschaft oder Gesellschaft, so bietet sich uns eine ganz natürliche Lösung des Marxismus an, der den wirtschaftlichen Vorgängen überall den Vorrang gibt. Die Wirtschaft ist nicht das erste, denn ihr vorauf geht ein individuelles Suchen der Nahrung, Hunger und Durst zu stillen, nicht die Gesellschaft, denn ihr geht vorauf die Horde, das Rudel, die atomisierte Masse. Aber beiden geht vorauf die Masse in unserm Sinne der realen Masse, als jene Gemeinschaft, in welcher der eine am andern lebt und der Ursprung alles Geistigen ist, dieses Geistigen, das sich vom primitivsten Lallen erster Worte an bis zu den höchsten geistigen Schöpfungen der Gegenwart hin entwickelt hat. Die Sprache aber ist gerade das unwiderlegbare Zeugnis sowohl für die Ursprünglichkeit der Gemeinschaft wie für ihren geistigen Charakter.

4. Alle Wirtschaft ist daher von Ursprung her gesellschaftlich. Sie ist Zweckhandeln organisierter Gruppen und

darum gesellschaftlich, und es ist unmöglich zu sagen, die gesellschaftliche Form hänge von der wirtschaftlichen ab oder umgekehrt, weil die eine ohne die andere nicht denkbar ist, und sich stets beide miteinander wandeln. Auch hier wirkt sich jene „größte aller organischen Tatsachen" aus, daß der eine die Bedingung für die Entwicklung des andern ist. Und die Differenzierung allen Zweckhandelns ist damit ebenfalls von Natur und von Anbeginn gegeben. Denn dreierlei Unterschiede sind nie und nimmer aufzuheben, weil sie immer und überall bestehen: das sind die Unterschiede des Geschlechts, des Alters und, schon damit gegeben, der individuellen Kraft. Auf diesen Unterschieden begründet sich allerorten die Arbeitsteilung und nimmt erst von da aus immer neue und verwickeltere Formen an. Die älteste Arbeitsteilung, wie wir sie in der einfachsten geschlossenen Hauswirtschaft vorfinden, hat den Zweck, unter Ausnutzung der verschiedenen Kraftquellen, einer Familie etwa, Güter zu erzeugen, die allen dieser Familie angehörenden Mitgliedern gemeinsam zunutze kamen. Es war ein Bund nach Alter und Geschlecht verschiedener Menschen, um durch ihre Vereinigung die allen gemeinsamen Zwecke zu erreichen. Das Wirtschaften dieses Bundes ein gemeinsames Handeln, eine Solidarität. Diese Form ist im weiteren Ablauf der wirtschaftlichen Besonderung verändert worden und vor allem eine neue herausgetreten, die der Arbeitsteilung i. e. S., nunmehr ein Wirtschaften, in dem der Mensch nur einen Teil der ganzen Arbeit herstellt, ein Stück, das als Teil ohne Wert ist und erst an seiner Stelle im Ganzen seinen Wert erhält. Während in der geschlossenen Hauswirtschaft z. B. ein kundiges Mitglied den Schuster ersetzt und allen die Schuhe anfertigt, stellt in der modernen arbeitsteiligen Wirtschaft ein Arbeiter nur Sohlen her, ein anderer Kappen usf. und dabei wird in der Gegenwart dieser „Spezialist" besser entlohnt als der Schuhmacher, der wirklich noch seinem Namen Ehre und also seinen Kunden die Schuhe macht.

Das Kennzeichen aller arbeitsteiligen Wirtschaft ist dies, daß der Erzeuger, der Hersteller selber das Gut nicht nützt. Das war schon so in der geschlossenen Hauswirtschaft; auch hier arbeitete der eine für den andern. Allein der Verbraucher gehörte zum Bunde, zur Gemeinschaft des Hauses, und darum war in dieser Form der Arbeitsleistung doch jeder Arbeit im vollen Sinne ein erlebbares gemeinsames Ziel gesteckt. Die Gesamtheit, der man mit seiner Arbeit diente, war die, welche einen selber lebenswarm und nah umfing. Der modernen Arbeitsteilung fehlt diese wichtige Einstellung gänzlich, sie hat kein gemeinsames Ziel, das den einzelnen Arbeiter warm ans Herz greifen kann. Etwa für den Staat, für die Weltwirtschaft, für den ersten Platz unter der Sonne oder überhaupt für einen Platz unter der Sonne? — So ist das gemeinsame Ziel erkennbar höchstens für die ganz wenigen, welche in jedem besonderen Fache die volle Übersicht besitzen, welche intellektuell den Arbeitsvorgang in allen seinen Teilen beherrschen. Und darum tritt auch nun der Intellektualismus so mancher Sozialreformer deutlich darin zutage, daß sie meinen, dadurch Abhilfe zu schaffen, daß sie die Arbeiter über sämtliche Zusammenhänge ihrer alltäglichen einförmigen Arbeit aufklären, den Arbeitern Einsicht in möglichst alle Stadien des Prozesses gewähren wollen, welche eine Arbeit durchlaufen muß, um schließlich zu einem Ganzen zusammengefügt zu werden. So spricht auch Paul Natorp von einem „starken inneren Erfassen", das „jeden technisch Arbeitenden auch über das, was dem Körper sonst zur Qual wird, schon in gewissem Maße hinaushöbe"[1] und von „hoher Freude", die daraus zu schöpfen wäre. Es ist das eine viel zu hohe Auffassung, ja die höchste Einstellung zur Arbeit, die ein Mensch haben kann. Und es ist der Standpunkt des theoretischen Forschers, des geistigen Arbeiters, der allerdings in seiner Arbeit des Forschens den vollen Ertrag, den vollen ideellen Ertrag finden kann. Übertragen auf die Mehrheit, und es sind über 99 % aller Menschen, die diese Mehrheit umschließt, bleibt es eine romantische Auffassung von der Arbeit, die unfähig ist, Kraftquelle und Lustquelle zu werden, um die Tagesarbeit gern und freudig zu leisten. An die Stelle der romantischen Ansicht hat eine

[1]) Sozialidealismus, 1920, S. 96.

andere zu treten, eine harte, Arbeit als Lebensnotwendigkeit, als Lebenszwang, als Nötigung eherne, unerbittliche. Jeder, der eine andere lehrt, oder durch irgendwelche Mittel über ihren wahren Charakter hinwegtäuschen will, der verwischt unheilvoll eine der realsten und wirksamsten Erziehungsmittel, die uns umgeben, und betrügt den Menschen, der ihm glaubt, wofern es nicht gelingt, und es gelingt wohl hier und da im Einzelfalle wirklich, mit seiner Lehre eine günstige hypnotische Wirkung zu erreichen. Die Arbeit als Fluch ist eine richtige Empfindung, den Tatsachen nüchtern abgesehen. Und die Adelung der Arbeit durch das Christentum, d. h. schließlich die Umkehrung jenes Fluches in eine sittliche Aufgabe des Menschengeschlechts, das ist der Sieg des Menschen über einen Fluch. Allein jeder Mensch muß diesen Fluch bei sich selber und an sich selber einmal tragen und ihn auch austragen, bevor ihm — vielleicht — die Wendung zu einer sittlichen Erfassung seiner Arbeit gelingt. Also gilt es, keinem Aufwachsenden die Arbeit romantisch zu verfärben, sondern sie ihm hinzustellen, so wie sie ist, neben dem was er aus ihr machen kann und soll, und dies ist hinzuzufügen: daß ohne den Weg über die ernste, auch den Fluch und seinen Druck nicht ersparende, Arbeit kein Weg zu einer Persönlichkeit führt und daß allem persönlichen Leben nicht der geringste Gehalt, vor allem aber die Tiefe, mit aus dem quillt, was er in der Auseinandersetzung mit der Arbeit erlebte [1]).

---

[1]) In manchen Kreisen der Jugendbewegung wird mit einer wirklichkeitfremden Vorstellung von der Berufsarbeit Mißbrauch getrieben. Sehr fein wendet sich Ludwig Heitmann gegen eine solche echt freideutsche Wandervogel-Auffassung von Beruf, die er einem Büchlein „Beruf und Leben" (Verlag Ad. Saal-Hamburg) entnimmt und mit Recht eine „ergötzliche Beschreibung" nennt: „Als Schmied würde ich meine Seele nach wundervollen Formen befragen. Feine Türangeln, sogar einen feinen Schlüsselkopf für meinen Freund Hannes und einen noch feineren für den Michel. In meiner Schmiederei würde ich singen und beim Schlagen auf den Amboß immer an die weichen Feinde denken, die sich in das Blut einschleichen wollen, die Philister. Heidi, in meiner Funkenbude würde es lustig sein." Und ein anderer: „Als Kontorbursche kann ich sogar den

Jene intellektualistische Auffassung von der Arbeit hat nur einen Kern von Recht. Wer intellektuell den ganzen Ablauf des Handelns beherrscht, der kann sich damit auch einen größeren Genuß aus seiner Arbeit verschaffen. Aber wie wäre bei der Mehrheit der Menschen solche Höhe der Intellektualität vorhanden? oder wer glaubt an Mittel, sie zu erzeugen? Vor allem wer meint, daß mit starker Intelligenz irgendwelche größere Gewähr für Glück und innere Befriedigung gegeben sei[1])?

Neben der Arbeitsteilung i. e. S. steht nun heute eine neue Form jenes Bundes, der dazu geschaffen ist, alle diejenigen zusammenzuschließen, welche aus irgendwie gleichen wirtschaftlichen Vorgängen gemeinsamen Nutzen ziehen wollen, demnach Vereinigungen, die im Gegensatz zu den vereinzelt arbeitsteilig schaffenden Arbeitern die erzeugten Güter genießen, freilich darunter nicht wenige Verbände von Menschen, die zur Erzeugung der Güter nicht das Mindeste beigetragen haben. Und so sind die Mitglieder solcher Verbände die wahren Genossen, und ihre Bünde Genossenschaften; insofern sie im selben Saale dann und wann zusammensitzen, Gesellschaften; soweit sie für dasselbe einstehen, Stände, und da sie alle jeweils immer nur für einen Teil aus dem gesamten Wirtschaftsgebiet eintreten, Parteien oder Interessenver-

---

Herren durch mein Beispiel einen Weg zur Vernunft zeigen. Ich weiß aber bessere Wege und Möglichkeiten, so daß ich nicht Kontorbursche und Diener bei seelenlosen Geschöpfen sein werde, sondern ich werde als Bursche immer trachten, möglichst viel von den guten Werten in mir durch Einfluß auszustrahlen." Was für Narreteien! Und leider unterstützt von jener Gelehrtenzunft und Literatenzunft, die bereits in mehrfachem Gliede keine „Arbeit" mehr kennt, und in ihrer Großstadtbude verschwitzt (Ludwig Heitmann, Jugend und Beruf, 1922). Dasselbe findet sich in vielen Arbeiterkreisen und bei deren Führern, besonders in ihrer Einstellung dem Lande und der Landarbeit gegenüber. Der Grund zum Scheitern mancher „Siedlung" und manches Landheims liegt ebenfalls in einer unwahren, rosig verfärbten Ansicht von Arbeit.

[1]) Vgl. m. Kritik des „Aufstiegs der Begabten" und der „Begabungsschulen" in „Gemeinschaft und freies Menschentum, die Zielforderungen der neuen Schule", 1919, etwa S. 8—13.

tretungen, und sie bilden die sozialen Kreise und Schichtungen innerhalb der Gesellschaft. Die Bedeutung aller dieser Zusammenschlüsse liegt darin, daß in ihnen die Prinzipien der schöpferischen Synthese und der Heterogonie der Zwecke, die alles seelische Geschehen bzw. das geistige Schaffen beherrschen, zu vollerer Entfaltung gelangen können. Denn die in einer Genossenschaft vereinigten Menschen vermögen als Gesamtheit mehr als alle ihre Mitglieder vermöchten, wenn man die Kräfte aller Einzelnen lediglich addierte. Die Möglichkeit einer Entwicklung in unserem Sinne ist ja auch erst da möglich, wo sich solche Gesamtheit gebildet hat. Daher sehen wir überall im Wirtschaftsleben sich Menschen zusammenschließen, wenn es z. B. gilt, die Erfindung eines Einzelnen auszunutzen. Die Vereinigung erst gibt Macht.

Diese sozialpsychische Tatsache begründet alle entsetzlichen Folgen des laissez fere laissez aller-Standpunktes, des Manchesterliberalismus, trotz seiner Hymnen auf den uneingeschränkten freien Wettbewerb. Eine Form des Wirtschaftslebens, die wir in voller Reinheit nicht mehr kennen, aber gerade heute auf dem Gebiete des freibeuterischen Handels wenigstens den Tag und seine Schändlichkeiten bestimmen sehen. Seine geschichtlichen Anfänge um 1800 und in der ersten Hälfte des 19. Jahrhunderts schildern uns die Schriften von Lorenz von Stein, Marx, Engels, Adolf Held. Sie zeichnen das Furchtbare der Entfesselung aller Einzelnen widereinander. Und wer die Schriften der begeisterten Theoretiker dieses Liberalismus liest, vor allem die 2. und 3. Ranges, der erstaunt über ihren wirklichkeitsfremden Idealismus. Es erscheint uns heute kaum faßlich, wie ein Dunoyer lehren konnte, der freie Wettbewerb schaffe von selber die wahre soziale Harmonie, da jeder zugleich der Wächter des andern sei. Die freie Konkurrenz sei die nährende Mutter der guten Sitten und der schönen Künste, das Prinizip des Friedens [1]). Eine befremdende Unkenntnis der Verkettung von Wirtschaft und Gesellschaft, und des allem wirtschaftlichen Handeln einwohnenden

---

[1]) Ch. Dunoyer, De la Liberté de travail, I. 1845, S. 12.

Gesetzes, daß es zur Gruppenbildung, zur Organisation hindrängt und daß der Einzelne, der innerhalb eines Wirtschaftsprozesses isoliert steht, unterliegen muß. Die Forderung freier Konkurrenz gehört mit zu den Merkmalen des individualistischen Zeitalters, und die Theorie sucht nur die Tendenz einer aufgelösten Kultur philosophisch zu rechtfertigen, indem sie sie verherrlicht. Es ist die Theorie, welche jene Jahrzehnte ausfüllt, in denen die Reste der mittelalterlichen Bindungen im Wirtschaftsleben zerfielen, wo an die Stelle der unfähig gewordenen Zünfte die Gewerbefreiheit trat. Wettbewerb bestand ebenfalls in der alten Stadtwirtschaft, auch in der Hauswirtschaft. Aber hier war es stets der Wettbewerb von Genossenschaften, von Zünften oder Familien gewesen, und der Wettbewerb der Einzelnen untereinander diente einem erkennbaren gemeinsamen Ziele, der Hebung der Vereinigung, der er zugehörte, seines Standes, seiner Zunft. In der aufgelösten Kulturepoche kamen dagegen die Jahre, in denen die Einzelnen aus ihren alten Verbänden geschleudert, atomisiert waren, einzelne einzelnen feindlich gegenüberstanden und damit, im Kampfe Mann gegen Mann, der wirtschaftlich Stärkere, an Geld oder an Intelligenz Überlegenere, den Vorrang bekam. Die Mäßigung im Wirtschaftskampfe ist nur dadurch zu erzielen, daß das Wirtschaftsleben die Menschen zu Bünden und Genossenschaften zusammenschließt; denn das primitivste und kümmerlichste Recht, auf das jeder Mensch Anspruch hat, nämlich die Gerechtigkeit, wird dem Isolierten am ehesten verweigert. Im Kampfe einer gegen einen ist die Gerechtigkeit verschwunden, hier gibt es nur Macht, Herrschaft, Unterjochung, Ausbeutung. Erst die Vergenossenschaftung wirkt für Gerechtigkeit und wirkt durch sich selbst Gerechtigkeit, und auf dem Wege der Vergenossenschaftung des Wirtschaftslebens kann dieses selber fortgeführt werden zu einem System der Solidarität und dabei neben der Gerechtigkeit die Tugend des Wohlwollens sich entfalten. Und damit wäre zugleich eine soziale Form gefunden, die sich auch einem reicher entfalteten Gemeinschaftsleben öffnen und die Tugend der Liebe sich betätigen lassen kann.

Daß aber der einzelne Mensch im uneingeschränkten freien wirtschaftlichen Wettbewerb unterliegt, das hängt vor allem auch damit zusammen, daß das wirtschaftliche Handeln dem Menschen nicht von Natur liegt. Der Mensch muß sich immer von neuem diese Natur wieder erwerben, d. h. der Mensch ist nicht von Natur wirtschaftlich, keine Entschuldigung für den Erwachsenen unsrer Zone, wohl aber für das Kind. Wie wir aus der Wirtschaftsgeschichte gesehen haben, daß das Spiel älter ist als das wirtschaftliche Handeln, so entwickelt sich auch der Mensch zu einem wirtschaftlichen Individuum aus den Jahren des Spiels unter dem Einflusse seiner Umgebung, ein Einfluß, den die Lebensnot ausüben lehrt und dessen Formen diese bittere Lebensnot auszugestalten zwingt. Und so wird die Natur des Menschen unter der Einwirkung der wirtschaftlichen Betätigung eigenartig mitbestimmt, und dieser erzieherischen Einwirkung gilt es nunmehr nachzugehen.

B. Der wirtschaftliche Mensch. — 5. Die Wirtschaftswelt gehört zu den sogenannten Außenfaktoren der Erziehung, und so kann sie, mit allen ihren Stufen und sozialen Formen, als Gegensatz zu dem vorgestellt werden, was die Innenwelt des Menschen ausmacht, und diese Innenwelt umschlösse die Eigenart des Menschen, den Anlagekomplex in ihm, dasjenige, was in keiner Erziehung überschritten werden kann. Demnach würde unsere Frage so lauten: welche erzieherischen Einwirkungen auf diese Eigenart, auf den Anlagekomplex eines Menschen übt das wirtschaftliche Handeln und die wirtschaftliche Welt überhaupt aus, eines Menschen, der sein ganzes Leben hindurch von ihr umfangen ist und täglich sich mit ihr auseinandersetzen muß. Welche typischen Gestaltungen bewirkt das Wirtschaftsleben vor allem da, wo es als der stärkste Faktor der sozialen Assimilation auftritt?

Die Umwelt ist jene erziehende Macht, die nicht absichtsvoll vorgeht. Und es sind nun gerade diese nicht absichtsvoll erziehenden Kreise, welche zuerst in ihrer Taktik studiert werden müssen, bevor wir daran gehen dürfen, die absichtsvoll erziehenden theoretisch wie praktisch auszugestalten. Vor allem deswegen, weil auch eine planvolle Erziehung um so besser wirkt, je mehr sie den festen zielsicheren Plan sich unmerklich auswirken läßt, ja absichtslos erscheinen kann. Womit schon gesagt werden soll, daß die Einrichtungen einer Schulgemeinde besonders in den Anfängen ihres Aufbaues durch übermäßige Systematisierung und Rationalisierung von vornherein bedroht werden. Was kann nun die Schulerziehung für ihre bescheidene Zeitstrecke, während deren sie den jungen Menschen umfängt, freilich in entscheidenden Jugendjahren, vom Wirtschaftsleben lernen?

Jede Betätigung, die zu einer beruflichen wird, bewirkt schon ganz bestimmte Merkmale, an denen man aus dem Auftreten und der äußeren Erscheinung eines Menschen den Beruf erkennen kann. Das ist allbekannt, und ebenso, daß auch hier ein Schluß vom Außen auf das Innen selten fehl geht. Dies aber bedeutet, daß in der beruflichen Betätigung das Ideelle im Menschen mitgestaltet wird. Kein Wunder. Die geistigen Fähigkeiten des Menschen, jene Eigenart, jener Anlagenkomplex, sind der Kern, in dem er mit der Menschengemeinschaft vor ihm und zu seinen Zeiten zusammenhängt und dessen Entwicklung im Sinne stärkerer Entfaltung und Besonderung durch die Gemeinschaft und in ihr erfolgt. Es wird darum von den bedeutsamsten Folgen sein, welche Kräfte aus der Gemeinschaft auf diese Eigenart einwirken und in welcher Richtung sie die Differenzierung zu bewegen suchen und wie denn nun schließlich die individuelle Kraft ihre Umwelt durchbricht und überstrahlt, als Flackerlicht, das immer dem Erlöschen nahe ist, als verbrennende oder als wärmende und heilende Sonne u. dgl.

Schon der Arbeitsstoff, die Güter, mit denen der wirtschaftende Mensch zu tun hat, beeinflussen ihn: es ist ein Unterschied, ob es Bücher sind oder Schwefelgruben, Kohlen unter Tag oder Obst und Gemüse. Allein diese Einwirkungen, welche unmittelbar vom Stoff ausgehen, können zunächst nur auf den Körper gehen und die Gesundheit festigen oder untergraben, man denke an die Arbeit in Bleigruben und an den Fischfang auf hoher See. Und sicherlich wird dadurch das Körpergefühl des Menschen mitbedingt, und zwar oft in sehr hohem Maße, seine Stimmung, und von ihr aus seine Auffassung von Mensch und Welt, obwohl auch die Weltauffassung im stärksten Grade von dem gegebenen Anlagekomplex bestimmt scheint. An sich aber ist der Gegenstand der Arbeit wie ein toter Gegenstand, und es ist immer erst das Schaffen an ihm, aus dem die das Innere und Eigene eines Menschen entfaltenden Wirkungen stammen. So ist alles wirtschaftliche wie alles kulturelle Handeln ein Bilden von innen heraus in die Gegenstände hinein. Wird aber die Tätigkeit an dieselben oder gleiche Gegenstände gekettet, so vereinseitigt der Arbeitsgegenstand die Innenentfaltung. In dem Ringen mit ihm preßt sich gleichsam ein Mensch an ihm fest und ringt mit ihm bis zum Grabe. Darum die Erlösung durch die sogenannte „Erholung", in welcher man frei ist von diesem Gegenstand, und bekanntlich wirkt keine Erholung so wie die, in der es gelingt, sich von der täglichen Arbeit ganz zu lösen. So ist es nicht verwunderlich, daß die allerwenigsten Menschen die Zähigkeit besitzen, sich an einem Gegenstande zu erschöpfen, fassen wir selbst „einen" hier so weit, daß es auch für Wissenschaft oder Technik gilt. In fast allen — vielleicht in allen — Fällen hat der Mensch eine Reihe von Gegenständen, und zwar zumeist recht disparate, an denen er sich innerlich entwickelt, ich nenne nur die Nebenberufe als Gärtner, Sammler, Tischler, die eine große Zahl geistiger Arbeiter ausübt, so bescheiden auch die Erfolge sein müssen, dennoch lebt mancher erst in diesen Betätigungen auf, wie man sagt. Es dürfte kaum einen Menschen geben, der in solchem Maße Spezialist wird, daß sein Leben die Betätigung an einem einzigen Gegenstande erträgt. Und diese Tatsache wird sich steigend im gesamten sozialen Leben bemerkbar machen, je mehr die Arbeitsteilung fortschreitet, etwa in der Form des Taylorsystems. Schon heute ist es eine allbekannte Tatsache, daß niemand häufiger den Beruf wechselt als gerade die ungelernten oder angelernten Arbeiter. Je mehr deren Zahl in der zukünftigen Wirtschaft wachsen muß, desto stärker wird die Unzufriedenheit in der werktätigen Arbeiterschaft werden. Hier das Gegengewicht zu schaffen und auf Sicht zu arbeiten, ist eine der höchsten Verpflichtungen, die die neue Berufsschule hat. Wer diese Schule auf den Gegenwartsbedarf der Wirtschaft einstellt und wesentlich die jungen Menschen auf den gegenwärtigen Zustand der Wirtschaft abrichten hilft, der treibt Menschenausbeuterei in unverantwortlicher Weise. Die Ausbildung des Jugendlichen muß wesentlich auf das gerichtet sein, was ihn menschlich fördert und ihm hilft, aus seinem geistigen Schatze Gegenkräfte gegen die ermattende und abnutzende Tagesarbeit selbständig zu mobilisieren, was ihm hilft, im Abwehrkampfe gegen die Arbeit, die sein Menschentum sonst ersticken müßte[1]).

Den Einfluß der Arbeit auf den Arbeitenden hat bereits Pestalozzi fein beobachtet und in einem Aufsatze über die Bauern in seinem „Schweizerblatte" [2]) beschrieben: „Je mehr der Mensch dem Stand der Natur nahe ist, je mehr ist ihm Brot oder Nahrung und Kleider zu suchen, die Hauptsache, die seinen Kopf, seine Arme, seine Aufmerksamkeit, kurz seine ganze Tätigkeit und sein ganzes Dasein bestimmt, und je mehr er sich von dem Stand der Natur entfernt, desto größer wünscht er sich dieses Stück Brot, und desto mehr .steigen seine Bedürfnisse und Wünsche über das Maß, welchem er mit einfachem, ungekünsteltem Gebrauch seiner Kräfte genug tun könnte. Und dann je tiefer er in eine unnatürliche unverständige Dienstbarkeit hinabgeworfen wird, desto mehr wird er auch gehindert, seine Kräfte zur Befriedigung der Bedürfnisse seiner Natur anzuwenden und zu gebrauchen." Und nun schildert er, wie die Spannung zwischen den Naturbedürfnissen und der Möglichkeit ihrer Befriedigung den Bauern typisch beeinflusse und wie vor allen Dingen der Einfluß der neuen Industrie die Ungleichheit vermehre. „Handlung und Fabriken verändern den Zustand des Landmanns schnell und gewaltsam, und das auf sehr verschiedene Art. Unreinliche Fabrikarbeit macht z. B. einen ganz anderen Menschen aus dem Bauern als reinliche. Bloße Handgriffe bilden ihn anders

[1]) S. m. Sammelschrift: Die vier Hauptaufgaben der neuen Berufsschule und die Berufsschulgemeinde, 1924.

[2]) Ausgabe Seyffarth, VII. S. 47—58.

als wirklicher Kunstfleiß, und Handübung anders als Übung im Kaufen und Verkaufen. Wieder wird er anders, wo seine Handgriffe sehr einförmig, als wo sie verschieden, ungleich und abwechselnd sind.

Der Wollenkämbler und die Wollenspinnerin sind auch im Essen, Trinken und in der Kleidung unreinlich und ohne Achtung für sich selber, und fast immer entweder so geizig, daß sie ihr Geld in schmutzigen Lumpen und alten Strümpfen unter dem Kopfkissen vergraben, oder so verschwenderisch, daß sie nie etwas über Nacht behalten. Die Seidenweberin aber ist ganz das Gegenteil: Hoffahrt ist ihre Berufsinklination, sie hängt alles an Kleider und wird um ihrer Hoffahrtsneigung willen gar leicht zur ehrlosen Diebin. Der Baumwollenarbeiter ist in der Mitte zwischen diesen zweien. Der Staub seines Kartens und das gröbere seiner Arbeit macht ihn unreinlicher als den Seidenarbeiter: doch ist er hoffährtiger als der Wollenspinner, er gibt gemeiniglich in jeden Fehler dieser beiden Klassen, wird so verschwenderisch und versoffen, als der Wollenkämbler, der nur alle vierzehn Tage einmal nach Hause geht, und so diebisch wie eine abgefeimte schöne Seidenweberin, die junge Herren beinahe verhexen kann, daß sie Schmutz und Blei und Tuch und Abgang nicht finden. Der einförmige Druckerbursch, das Mädchen, das nur Blumen in der Musselin ausschneidet und der Spinner, der sonst nichts tut, kurz, alle Arbeiter, die Jahr aus Jahr ein sich mit einem einzigen einförmigen Handgriff beschäftigen, werden sehr natürlich flatterhafte, gedankenlose schwache Leute, item werden sie eben so natürlich hierdurch dem Essen, Trinken und aller Sinnlichkeit besonders ergebene Menschen. Der Krämer und Handelsmann ist sorgfältig, bedächtlich und aufmerksam auf alles; er hat Menschenkenntnis, Kopfübung und Verstand zur Ordnung im Hauswesen. Dem Menschen aber, der nur maschinenmäßige Fabrikübung hat, fehlt dies alles usf."

Was so der feine Menschenkenner mit seinem liebenden Auge sah, das bestätigt jeder Aufmerkende ihm, und diese Tatsache ist von der größten Bedeutung für den Jugendbildner, um so mehr als in unseren Tagen die Frage der Handarbeit und Industriearbeit noch lastender geworden ist und sich bei zunehmender Ausschaltung der Ganzarbeit durch die Hand die weitere Frage, was um des Menschen willen geschehen soll, zuspitzt. Der Handarbeiter sucht grundsätzlich Qualität, der Industriearbeiter ist zuerst und überwiegend auf Quantität eingestellt. Überall, wo die Hand nicht zu einem Stück einer Maschine gemacht worden ist, liegt es in der Natur der Sache, daß das von der Hand geformte Werk mit dem Geschmack gearbeitet wird, den der Arbeiter besitzt, daß er demnach sein Ich, seine Eigenart hineinlegen kann. Handarbeit hält am ehesten ihr Ziel fest, den Stoff zu veredeln, ihn geistig zu durchdringen, und es sind unter uns keineswegs jene Maler und Tischler, Uhrmacher und Schmiede usw. verschwunden, die sich an einzelne Stücke derart hingeben können, daß sie sich fast an sie verlieren und sich nicht entschließen können, diese Stücke zu verkaufen. So lebt ja auch der Junge in einem Werk und entschließt sich schwer, Stücke, etwa kleine Plastiken und Malereien, herzugeben oder zu verkaufen, und nur wenn ihm ein Ziel der Gemeinschaft gewiesen wird, zugunsten seiner Schule, seines Kurses, bietet er es aus. Und wer die Schüler und Schülerinnen kennt, der findet in ihren Arbeiten, seien sie noch so unvollkommen, deutlich die menschlichen und sittlichen Züge der Hersteller wieder, ja bei Holzplastiken, beim Linoleumschnitt ist es geradezu eine typische Erscheinung, daß zum mindesten die ersten Portraitversuche das eigene Portrait erkennen lassen, so sehr sieht sich der jugendliche Mensch in sein Werk hinein, fühlt er sich in Holz oder Metall hinein. Und je ergriffener er von seiner Schöpfung ist, d. h. doch, je mehr er sich darin fühlt, desto stärker ist auch die Kraft und der Trieb zur Gestaltung. Bleibt es gewiß auch die Ausnahme, daß Mensch und Werk also innig miteinander verwachsen, so ist es doch typisch für alle handgestaltende Arbeit, die zu einem Ganzen führt, daß sich in ihr der Mensch als ein Stück erkennt, das zu ihm gehört. Ganz anders beim Fabrikarbeiter. Hier ist jene Einstellung zur Arbeit von vornherein erschwert, ja in der Regel unmöglich. Wer nur Stuhlbeine, noch dazu einer ganz bestimmten Art anfertigt, wer nur Nieten in Stahlplatten eintreibt, wer nur Loren mit Lehm oder Kohlen belädt, der kann nicht auf Qualität und auf Formgebung in höherem Sinne eingestellt sein. Das kann nur derjenige, der das Ganze eines Werks in allen seinen Arbeitsvorgängen erlebt. Und damit ist entschieden, welche Arbeitsvorgänge allein in den Bildungsvorgang von Schulen aller Art hineingehören.

Den Einfluß der Berufsarbeit auf den Menschen wird niemand stärker feststellen und kennen müssen als der Lehrer der Berufsschule. Er wird im Ausbau der Berufsschule auch derjenige sein, welcher dieses Problem der Jugendkunde im einzelnen allseitig untersuchen kann. Leiter von Jugendvereinen wissen schon davon zu berichten und haben wichtige Beobachtungen vermittelt, von denen ausgegangen werden kann. So hält Günther Dehn den Handwerkerlehrling für das beste Element des Jugendvereins. Er zieht ihn dem jungen Kaufmann vor, weil er aufs ganze gesehen in seiner Haltung echter ist. Ohne einen Strich ins Bürgerliche zu besitzen, will er nur Arbeiter sein, und in ihm kommt nun das Tüchtige und Gesunde des Arbeitertums am klarsten zum Ausdruck. Ganz anders der junge Kaufmann: er legt mehr Wert auf gewisse Manierlichkeit, fährt im Ortsverkehr zweiter Klasse. Der Arbeiter geht in die Destille, der Kaufmann ins Café, in ein bürgerliches oder Familienrestaurant. Während der junge Handwerker, der Schlosser etwa, mit bloßem Hals zur Arbeit fährt, trägt der Stift auch alltags Kragen und Krawatte. So liegt von Berufs wegen in ihm der Zug, etwas vorzustellen, die Neigung zum Renommieren mit Verdienst und Firma; die Gefahr, oberflächlich zu werden, ist für ihn fast unvermeidlich. Im Geschäftsleben spielt die Aufmachung die größte Rolle. Das Atmen in solcher Welt muß zur Annahme verführen, Aufmachung sei auch im persönlichen Leben von größter Wichtigkeit, und so geht es „grenzenlos oberflächlich und öde im Leben manches jungen Kaufmanns zu“. Halbbildung charakterisiert ihn, und das erklärt seine Neigung, in Phrasen und in Sentimentalität zu verfallen, wenn ernste Gespräche aufkommen. Der junge Kaufmann ist deswegen leicht Sanguiniker. Das Leben in einer Welt, in welcher der freie Wettbewerb Lebenselement ist, bewirkt eine stark individualistische, manchesterliche Stimmung. Alles geht auf das individuelle Fortkommen, und in keinem Stande gilt charakteristischerweise das Gefühl für soziale Verbundenheit mit dem Kollegen für so wenig entwickelt als beim kaufmännischen Angestellten.

In ähnlicher Weise prägen die Arbeitsarten eigentümliche Typen ungelernter Arbeiter, vom ungelernten, richtiger angelernten, Maschinenarbeiter, bis zum Laufburschen, unter denen der Milchjunge nach Dehns Urteil und Erfahrung die unterste Stufe einnimmt, freilich immer noch ein besserer Typ als die junge Fabrikarbeiterin der Großstadt oder gar der Halbstarke, der zu jenem „sinkenden Volkstum" gezählt wird und dessen Ansicht vom wirtschaftlichen Leben etwa die der Stufe der individuellen und hordenmäßigen Nahrungssuche ist, für die er aber in der Gegenwart nicht mehr das rechte Verständnis findet[1]).

Und blicken wir auf die Menschen in leitenden Stellungen, so steht es hier nicht anders. Die Einstellung auf das Quantitative ist da wohl am stärksten im Unternehmer vorhanden. Die Unternehmung, diese Erscheinung der neuesten Wirtschaftsstufe, der Volkswirtschaft, verbindet Handel und Produktion miteinander. Durch das Hineintragen der händlerischen Gesichtspunkte wurde der Standpunkt der Aufmachung und der Oberflächlichkeit auf die Produktion und das Produkt übertragen. Die Unternehmung geht auf gleichmäßige Erzeugung möglichst großer Quantitäten. Das Prinzip des Händlers ist ein quantitatives, und das Quantitative, die Massenhaftigkeit also, ermöglicht es ihm auch, sein Geschäft zu machen, ohne je das wirkliche Individuum, den wahren Gegenstand

---

[1]) Günther Dehn, Großstadtjugend, 1919, S. 64ff. Vgl. ferner: Walther Classen, Großstadtheimat, 2. A. 1915, Clemens Schultz, Gesammelte Schriften eines Jugendpflegers, herausgeg. von Walther Classen, 1918, die von Eger herausgegebenen Studien „Die Entwicklungsjahre", Leipzig, Verlag Paul Eger, darunter: Clemens Schultz, Die Halbstarken, und Ludwig Heitmann, Der Realschüler u. a. m.

seines Geschäfts, zu kennen. Ihm genügt die Probe, das Muster, das Exemplar [1]). Was er geistig braucht, das ist in erster Linie Intelligenz, und will er es weiterbringen, dann noch Tatkraft, Initiative. Das Erste aber ist Intelligenz, und darum der Ruf der Männer der Wirtschaft nach intelligenten Menschen, die Forderung des Besuchs mindestens mehrerer Klassen höherer Schulen, gelehrter Schulen, und die Umstellung der höheren Schulen auf die Züchtung solcher Menschen, die modernen „Intelligenzprüfungen", die Psychotechnik und was dergleichen wissenschaftliche Aberrationen ins praktische Leben mehr sind. Seit einigen Jahren freilich schon der Ruf derselben Männer nach jungen Leuten mit Entschlußkraft und Tatenlust. Das ist verständlich; denn die Schulen haben für diese wirtschaftliche Welt viel zu intelligente Menschen abliefern wollen, wie sich aus ihrem Werdegang erklärt. Es ist nämlich nicht geradezu Intelligenz im Sinne des wissenschaftlichen Menschen, des durchgebildeten oder des theoretischen Forschers (und das war nun das Ideal der Schulmänner aus ihrem Bildungsgange heraus!), welche die Wirtschaft braucht, wenn wir vom Techniker i. w. S. absehen, sondern Schlauheit, Weltklugheit, gescheite Kerle, mehr schnell als gründlich auffassende und zufassende, um des Himmels willen aber nicht grübelnde, Fragen bis ans Ende bearbeitende, denkende Menschen. Unsere Schulen aber wollten denkende Menschen, Selbstdenker, abliefern, das war zu hoch gegriffen für die Zeit und ihren Bedarf, vom Standpunkt der Wirtschaft aus gesehen. Und ebenso steht es mit der Willensbildung. Die Schule setzte sich zum Ziele den religiös-sittlichen Menschen, die Wirtschaft aber braucht nicht den großen sittlichen Charakter, wohl gar stoischer Kraft, geprägt nach den Helden Homers und der Nibelunge, nach Wolframs oder Schillers Heldengestalten sittlicher Größe, sondern eben die Initiative, das ist forsches Drauflosgehen und Zupacken, verwandter der ungebrochenen Naturwüchsigkeit der Raubritter und ihrer Gesellen, nicht immer vorher geprüft nach der Zulänglichkeit

---

[1]) Karl Lamprecht, a. a. O. II. S. 231 f.

und Gültigkeit der sittlichen Grundsätze. Die Schule aber wollte sittliche Willensbildung. Auch das ist dem wirtschaftlichen Menschen zu viel, zu schweres Geschütz in seiner Welt, eine hemmende Belastung des Geschäfts, durch ein Gewissen behindert, im freien Wettbewerb mitzukommen. Wer mit der Moral eines Kato und der Intelligenz eines Aristoteles meint, es in dieser Welt zu einem Rothschild oder Carnegie zu bringen, der ist auf falschem Wege. Man sei ein aufgeweckter willensstarker Bursch aus einem Dorfe Schottlands oder Galiziens oder sonstwoher, und den Weg zum Mammonarchen eilt man geschwinderen Schritts als ein mit Sittlichkeit und Denkkraft belasteter Abiturient einer höheren Schule, womit nichts über die Aufgaben dieser Schulen ausgesagt sein soll.

Auf den reflektierenden und den sittlichen Menschen hat es das wirtschaftliche Handeln nicht so sehr abgesehen. Es hat aber im letzten Jahrhundert eine Spielart des theoretischen Menschen mehr und mehr mit Beschlag belegt und ihn in seinem Gebiete zum Techniker gemacht. Diese Seite liegt ja auch im Wesen der Theorie. Denn alle Theorie strebt über die Form ihres abstrakten Daseins hinaus zur Verwirklichung, und das heißt: sie bedarf des Könnens, der Kunst, der Technik, um angewandt und wirklich zu werden. So begegneten sich Wissenschaft und Wirtschaft in der Neuzeit und erzeugten im Techniker einen eigenartigen Mischtypus: eine Vereinigung des theoretischen mit dem wirtschaftlichen Menschen. Und wie in den Ehen, hier der eine, dort der andere Teil überwiegt, so auch in dieser Verbindung. Wo die wirtschaftliche Natur obsiegt, da nimmt der Techniker Züge des Kaufmanns und des Unternehmers an, wo der theoretische siegt, dort entsteht die Möglichkeit einer Erhebung zum denkenden, seine Arbeit in ihrem Sinn ergreifenden Menschen. Und dieser ist der Techniker, der einem Manne wie Eberhard Zschimmer vorschwebte, als er seine „Philosophie der Technik“ 1914 niederschrieb, der es vermag, den Sinn dieser Welt aus Stein und Eisen zu erfassen. Da erhebt sich aus der Welt der Wirtschaft der seinem Werk überlegene Mensch in die Freiheit seiner sittlichen Welt und stellt sich selbstbewußt dem Naturgeschehen gegenüber mit dem Sinnen auf immer neue Möglichkeiten, das Naturgeschehen nach unserm Belieben laufen zu lassen, „die Idee der materiellen Freiheit" zu verwirklichen. Denn die Idee der Technik erfüllt sich diesem Techniker z. B. nicht in dem Luftschiff, sondern in der freien Luftschiffahrt, nicht in der Maschine, sondern in der befreienden, Freiheit gewährenden Leistung der Maschine. Ihm ist das Ziel der Schiffsbaukunst nicht das fertige Fahrzeug, sondern die Freiheit auf dem Wasser. Also nicht der Gegenstand ist sein Zweck, sondern die materielle Freiheit, welche der Gegenstand der entfalteten Freiheit gibt: das Fahren, das Fliegen, das Fernsprechen. Und so kann Zschimmer schreiben: „Es ist der eigene, weder von der Kunst noch von irgendeiner anderen Kulturbetätigung erstrebte Selbstzweck der Technik: den Götterzustand des Menschen, als das in seiner unendlichen Vollkommenheit zur Idee erhobene Endziel der organischen Entwicklung, in der bewußten Freiheit des schöpferischen Gedankens zu vollenden", und von der Zukunft dieses technischen Zeitalters glauben, es werde in einer genialen Periode gipfeln, herrlicher und großzügiger, kühner und tiefgründiger, als jemals eine auf der Erde gewesen sei[1]). Wir werden nie aus dem Auge verlieren dürfen, daß dieser Glaube von Menschen gehegt wird, die aus der Welt des Wirtschaftslebens in eine andere hineinragen und stärker in ihr leben als in derjenigen der Wirtschaft. Denn jene „Idee der materiellen Freiheit" beherrscht durchaus nicht die wirtschaftliche Welt, dazu ist diese zu einseitig sachlich bestimmt und fern den Werten, die der Mensch als Mensch zur Anschauung bringen soll.

Unter der Herrschaft des ökonomischen Grundsatzes wird vielmehr jeder Stoff im Vollsinne zum Stoff, nicht zum Ausdruck eines Geistigen an oder in ihm, zum bloßen Mittel der Befriedigung, und alle Arbeit am Stoff zum Mittel, zur Befriedigung zu gelangen, und somit liegen alle Stufen vor von

[1]) a. a. O. S. 43, 173.

derjenigen höchster Stoffveredlung bis zur Ramschware. Auch der Mensch wird zu einem bloßen Mittel unter der Herrschaft jenes Prinzips. Es ist kein Zufall, daß er Generationen hindurch vergessen wurde. Er interessiert den wirtschaftlich Eingestellten nicht als Menschen, sondern als Arbeitnehmer oder Konsumenten, als Verkäufer, Mitarbeiter, Zinsenzahler, Kapitalgeber[1]). Sein Wert richtet sich nach seinem Vermögen auf wirtschaftlichem Gebiete. Ein Lump imponiert ohne weiteres, er ist auch zum Konnubium wie zum Kommerzium zugelassen, wenn er nur über das nötige Kleingeld verfügt. Dazu eine zweite Einstellung dem Mitmenschen gegenüber: der wirtschaftende Mensch will seinen Mitmenschen beherrschen, in seine Dienste zwingen, ihn untertan machen. Und das nicht nur den Menschen, den er unmittelbar zur Herstellung der Güter braucht, sondern auch den Konsumenten. Der Kaufmann, der Unternehmer wartet durchaus nicht allein auf die Bedürfnisse des Konsumenten, um darauf diese zu befriedigen, sondern sie wollen alle auch in der Frage nach dem, was dem Menschen Bedürfnis sei, wie in dem, womit man diese oder womit man jene Bedürfnisse am besten befriedige, bestimmen, herrschen. Darum das Bestreben in der Wirtschaftswelt, den Mitmenschen ihre Bedürfnisse klarzumachen, ja unaufhörlich diese anzuregen, wachzuhalten, neue, und ganz besonders dies letztere, in ihm zu erzeugen und

---

[1]) So hat die Warenstatistik mehr als ein halbes Jahrhundert geblüht, bevor man den Umsatz der Ware „Arbeit" in amtlichen Statistiken zu erfassen für nötig hielt. Übrigens hat auch Marx in seiner Formel, welche das Idealverhältnis zwischen Produktion und Konsum in der kapitalistischen Wirtschaftsordnung erfassen sollte, den Menschen vergessen:

I Pm 4000 c + 1000 v + 1000 m = 6000

II Ks 2000 c + 500 v + 500 m = 3000 („Kapital," Bd. II)

Pm = sämtliche Kapitalisten, welche Produktionsmittel, Ks = sämtliche Kapitalisten, welche Konsumartikel erzeugen; c = konstantes, v = variables Kapital, m = Mehrwert. Im Faktor m ist der „Mensch" zu suchen, aber die Irrationalität dieses Faktors ist nicht gebührend berücksichtigt.

ebenfalls in der Frage der Befriedigung der Bedürfnisse ständig zu bevormunden, ein herrschsüchtiges Besserwissenwollen zu eigenem Nutzen. Diese Form der Herrschsucht ist mit der zunehmenden Steigerung der Produktion in der modernen Industrie von Jahrzehnt zu Jahrzehnt gesteigert worden; denn die Natur des Wirtschaftsprozesses ist heute geradezu umgekehrt gegenüber den Anfängen. Ehedem galt es und war es die Hauptfrage, wie man hinreichend erzeugen könne, um den vorhandenen Bedürfnissen zu genügen. Heute dagegen, wie setzt man die ungeheuren Mengen an Erzeugnissen, die leicht und auch leichthin hergestellt werden, an den Verbraucher ab und wie suggeriert man ihm das Bedürfnis nach den Waren, die man absetzen will, und vor allem auch ein so stark wechselndes Bedürfnis, daß die ungeheuren Bestände stets wieder geräumt werden, um den Nachschüben Raum zu machen.

Aus der steten Gewöhnung daran, den Menschen nur nach seinen Eigenschaften in der fluktuierenden Masse zu beurteilen und d. h. nach den Umständen, unter welchen er auf einem tieferen intellektuellen Durchschnitt steht, sieht man im Menschen nur zu leicht das willige Opfer seiner Dummheit, über das man bei richtiger Ausnutzung der Reklame und suggestiv wirkender Mittel, ohne Schwierigkeit Erfolge erzielen muß. Darum nun auch das Bestreben, die Presse als ein regelmäßig wirkendes, starkes Mittel der Beeinflussung für sich auszunutzen, mit ständig wachsendem Erfolg. Binnen kurzem dürften wir auch in Deutschland nur noch eine im Dienste des Wirtschaftskapitals stehende Presse besitzen. Ist doch das Kapital bereits weit auf dem Wege, sich ein Reich im Reiche zu gründen, indem es dem Staate die Steuern vorenthält und seine eigene Politik treibt. Und mit welchem Geschick treibt es seine Lohnpolitik den Arbeitern gegenüber! Nicht nur, daß es die alten Mittel ausnutzt, besonders das Mißtrauen der einzelnen Stände gegeneinander, man beachte die jüngste Taktik der Fütterung mit entwerteter Mark, nach der anscheinenden Gefahr und Energie der Forderungen mehr oder weniger, aber stets mit einem für sich selber nur gesteigerten Gewinn[1]). So wird hier die in den Zahlen liegende Suggestivkraft geschickt ausgenutzt — bis die letzte Katastrophe eintritt, an die der für den Tag lebende und sorgende Wirtschaftsmensch nicht denkt. Denn verglichen mit der Form der Herrschaft, die ein Staat ausübt oder eine Kirche, ist die der Wirtschaft die rein ausbeuterische, egoistische, und so ist im Händlerstaat die Händlergesinnung der einzelnen übertragen auf den Staat. Die Erniedrigung des Menschen zum bloßen Mittel und die Tendenz, den Menschen auch seelisch von diesem Standpunkte des Profits aus zu beherrschen, zugleich des Grundsatzes, mit einem Minimum von Opfern sich den größten Nutzen und Erfolg zu verschaffen: diese beiden Kennzeichen alles ökonomischen Handelns und Denkens eignen nun auch sämtlichen sozialen Kreisen, allen gesellschaftlichen Formen. Ganz einerlei, ob es sich dabei handelt um eine Gewerkschaft, eine Dampfschiffahrtskompagnie G. m. b. H., um die Interessenvertretung der Parteipolitik oder einer Papierfabrik. Die Natur organisierter Gruppen dieser Art liegt ganz in der Richtung des ökonomischen Grundsatzes, und es gibt hier überall nur ein Mehr oder ein Minder, nicht aber ein grundsätzlich anderes Verhältnis.

6. Wir stellen uns nun die für uns in diesem Zusammenhange letzte Frage: Kann sich durch wirtschaftliches Handeln und Denken eine Individualität zur Persönlichkeit entfalten? oder: ist durch das Wirtschaftsleben die Bildung von Gemeinschaftsleben möglich oder auch nur wesenhaft zu fördern? Ist die durch das Wirtschaftsleben vermittelte Erziehung nachahmenswert; insgesamt abzulehnen oder in Teilen zu übernehmen? in welchen?

Gemeinschaft ist das geistige Verbundensein der Menschen mit einwohnendem Naturtrieb zu stetem Wachstum an neuen Kräften. Sicherlich ist nun das Wirtschaftsleben ein Nähr-

---

[1]) „Armes Geschlecht, das höchste Ziel deiner Gesetzgebung geht dahin, dich entwürdigt zu füttern, und der alternde Weltteil lobt seine Weisheit, wenn du von diesem Futter nur fett wirst!" Pestalozzi, Nachforschungen, Ausg. Seyffarth X. 39.

boden, auf dem sich menschliche Kräfte entfalten und ausbreiten, sicherlich auch ein Betätigungsfeld, auf dem es reges Wachstum gibt an seelischen Kräften. Es ist nur die Frage, ob diese Betätigungen zu einem geistigen Verbundensein und zu einer Bruderschaft unter Menschen führen und von sich aus überhaupt führen können. Auf das Entschiedenste warnt die Fülle der Erscheinungen, in denen das ökonomische Prinzip auf das Geistige übertragen wird. Schon die Verengung des Intellekts auf seine Schattierungen wie Schlauheit, Klugheit, Aufgewecktheit, belehrt darüber, daß hier nicht Wissenschaft um der Wissenschaft willen und ebensowenig um der Wahrheit willen getrieben wird. Was ist dem Händler, ja dem wirtschaftlichen Menschen als solchem überhaupt Wahrheit? Nutzen, Profit ist alles. So wird die Wissenschaft in den Dienst der Gütererzeugung und des Erwerbs gestellt. Das gilt nicht nur für die Technik, sondern für die Wissenschaft im engeren Sinne ebenso. Das moderne Verlegertum scheut sich durchaus nicht, die Wissenschaft unter rein wirtschaftlichen Gesichtspunkten zu betrachten. Es greift, genau nach seinen Maximen als Unternehmer, ein in die wissenschaftliche Welt und maßt sich an, über die wissenschaftlichen Bedürfnisse des Menschen zu bestimmen, aus dem Menschen einen Abnehmer, Konsumenten seiner Verlagsartikel zu machen, ohne immer nach dem wahren Werte des von ihm gebotenen wissenschaftlichen Gutes zu fragen, gut, wenn das noch hinzukommt, allein die Aufmachung und die Reklame sind auch hier allzu oft das Beste. Den Menschen wird so ein geistiger Hunger suggeriert, dessen Befriedigung zu einem unseligen Selbstbetrug führt und Menschen von kindischer Einbildung, lächerlichem Wissen und übersteigerter Selbsteinschätzung züchtet. Ist etwa ein Tagebuch Mode geworden, so haben nunmehr Tausende das Bedürfnis, es zu kaufen, und meinen nicht nur, damit ein geistiges Bedürfnis zu befriedigen, daß sie es — wenn's hoch kommt — wirklich lesen, sondern fühlen sich auch verpflichtet, es zu verstehen. Mag sich die Kraft des Verständnisses immerhin noch an gediegenen

Werken brechen, so ist der Schaden nur halb so groß. Allein wenn das Bedürfnis nach geistigen Dingen durch Schund aller Art gestillt wird, so zerbricht das sittliche Urteil und mit ihm der Menschenwert.

Auch die Kunst rückt dem Wirtschaftsmenschen unter den Gesichtspunkt des Profits. Ihre Förderung dient der Geschäftsspekulation, der Reklame für die Firma oder die eigene Person; es hebt Ansehen und Kredit zugleich. Ein Bankier, der über echte Werke von Künstlern verfügt oder der als Mäzen irgendwelcher modernen Kunstrichtung, eines jüngsten Künstlerjünglings bekannt ist, wird es immer verstehen, aus seinem Mäzenat Kapital zu schlagen. Man denke daran, wie die jüngere französische impressionistische Malerei in Deutschland geschäftstüchtig hervorgeholt und zu einem Vorbilde erhoben wurde, wie auch jeder Pariser Schmarren in Komödie und Operette durch die Reklametrommel zur „Attraktion" ward. Daher schreibt sich die Seuche der Kunstausstellungen. Die Künstler haben für die riesenhafte Nachfrage, für das quantitative Bedürfnis der Geschäftswelt zu schaffen. Und die Massenhaftigkeit hat sich also auch hier der Nachfrage angepaßt ebensogut, als wenn es sich um Paranüsse oder Fahrräder handelte. Sind nicht unsere Kunstausstellungen zunehmend eine Ansammlung von 90 % Schund, 9 % Mittelware und 1 % guter und gelegentlich auch bester Ware? Wie viele Werke irgendwelcher Ausstellung muß man gesehen haben? Es wird gemalt, wie gedichtet wird, auf Bedarf und auf Bestellung, wohl dem, der die rechten Geschäftsverbindungen gewonnen hat! Sein Ruhm ist ihm sicher, denn wie sollte er fallen können, da mit seinem Fall das in seinen Werken angelegte Kapital entwertet wäre? Und so bleibt er berühmt. Wie aber wäre es erst, wenn nicht jener „Mäzen" diejenigen immerhin fürchten müßte, denen von Beruf das Wächteramt über die Kunst übertragen ist, und deren Gesinnung immer noch lauter genug ist und unbestechlich, um allzu krasse Auswüchse zu verhüten und vor der Öffentlichkeit zu brandmarken! Man überdenke nur eine kurze Minute lang, diese Instanzen fehlten, sie begännen zu versagen, und es wären der Schriftsteller, der

Künstler, der Dichter einzig und allein dem ökonomisch denkenden und handelnden Mäzen ausgeliefert! In welche Hölle würden diese Menschen geraten und zu welch geschwindem Sturz wäre alle Geisteskultur verurteilt und mit ihr die Menschheit! Überall wo dieser Typ regiert, da breitet sich geistige Verflachung und Öde aus, da wird das Geistige seiner Hoheit und Würde entkleidet; diese Art sucht alles in den Staub und ins Gemeine zu ziehen. Selbst das Recht bildet keine Schranke. Der Geschäftsklugheit wird auch das Recht dienstbar gemacht und alle Mittel werden versucht es zu umgehen. In der Gegenwart sehen wir Anwälte des Volksrechts in den Dienst des Kapitals treten, um besonders in Steuerfragen den Kapitalisten nach dem Grundsatz des Minimums an Opfer, Maximum an Erfolg zu beraten. Menschen, die auf Kosten des Staates auf den öffentlichen Schulen ausgebildet und durch dessen Prüfungen ausgesiebt sind (so sollte es ja sein) als die Besten an Geist oder doch an Verstand zum Wohle des Volkes höhere Stellungen zu bekleiden oder höhere Einnahmen sich rechtens zu erwerben, — ohne Besinnung auf das Volksganze, wehrlos sich hingebende Opfer der niedrigsten händlerischen Gesinnung [1]. Und so ist vor diesem Geiste alles gleich: Recht, Sitte, Staat, Wissenschaft, selbst die Religion, mit allem wird Handel getrieben, und nicht zufällig versagten langjährige Geldgeber kirchlicher Gemeinden in dem Augenblicke, wo die Kirche, vom Staate getrennt, aufzuhören schien, irgendwelchen politischen Einfluß auszuüben. Dem wirtschaftlichen Menschen ist als solchem nichts heilig. Ein Blick in seine tägliche Lektüre, zugleich sein treuestes Spiegelbild, belehrt endgültig über den Typus, die Presse.

Paul Stoklossa hat 1910 den Inhalt der Zeitung gründlich geprüft. Sein Ergebnis, das kann vorweg gesagt werden, muß für die heutigen Verhältnisse in noch beträchtlich düsteren Farben gesehen werden. Stoklossa untersuchte 30 Zeitungen eine Woche lang auf ihren Inhalt und teilte dabei den Inhalt

---

[1] S. den Aufsatz des Oberlandesgerichtsrat Rich. Deinhardt im Deutschen Volkstum, Sept. 1923, „Juristendämmerung — Rechtsdämmerung“.

nach Zeilen in einzelne Rubriken. Er hatte die Hundstage vom 23.—29. August gewählt, wo die politischen Streitereien wegen der Vertagung der Parlamente ziemlich zur Ruhe zu kommen pflegen und nicht mehr als den normalen Raum in Anspruch nehmen. Es ist die Zeit, wo sich die Geistigkeit der Presse demnach besonders rein offenbaren kann, weil für sie Platz ist. Den Untersuchungen wurden 13 Berliner und 17 Provinzzeitungen aus dem ganzen Deutschen Reiche zugrunde gelegt. Den größten Raum nehmen die Anzeigen ein, 18 bis 55 %, schon weil nur dadurch der „Riesenbau" der Presse gehalten werden kann, und jeder weiß, was hier an sogenannten Konzessionen gegenüber Anstand, Sitte, Geschmack geopfert wird, und wie widerlich oft die auf den Vorderseiten gepriesene Sittlichkeit, Kunstanschauung oder gar religiöse Betrachtung zu dem in Gegensatz stehen, was auf den nächsten Seiten angepriesen oder vermittelt wird. Den zweiten Hauptteil beansprucht die Börse, d. h. der Handelsteil, und, das außerordentlich Interessante! dieser Teil wird mit großer und gewissenhafter Sorgfalt gepflegt. Hier hütet man sich, von einigen unrühmlichen Ausnahmen abgesehen, vor jeder bewußten Fälschung des handelspolitischen Teiles. „Gerade der Handelsteil ist das Gebiet, auf welchem die Selbständigkeit und Unbestechlichkeit der Zeitung den größten Gefahren und Angriffen ausgesetzt ist. Wer hier einmal strauchelt, dessen Ehre ist für immer dahin. Ist doch der Handelsteil der Zeitung für Kapitalbesitzer der einzige Spiegel, aus dem sie die Weltlage des Börsenmarktes und damit die Lage ihres eigenen Vermögens ablesen." Diesem Urteil gegenüber erhellt erst die ganze Niedrigkeit der Presse, wenn man bedenkt, wie sie in allen anderen Spalten die Begriffe „Selbständigkeit", „Unbestechlichkeit", „Aufrichtigkeit" usw. in denkbar größter Dehnbarkeit verwendet.

Auf den Handelsteil folgt die hohe Politik in Form von Depeschen und Sensationsmeldungen. Und danach? „Bei der immer allgemeiner werdenden Sucht nach neuen und interessanten Tatsachen ist es nicht zu verwundern, daß die Rubriken „Verbrechen, Lokalnachrichten und Sport" die nächste

Stelle einnehmen. Besonders der recht hohe Prozentsatz der Abteilung „Verbrechen, Unfälle und Skandale" gibt zu den ernstesten Besorgnissen Anlaß. Gewiß ist die Berichterstattung über allgemein interessierende Prozesse und Ähnliches wichtig, aber verpönt müßte sein die Breittretung persönlichen Klatsches und Tratsches, die liebevolle Beschäftigung mit den grausigsten Einzelheiten bei Verbrechen und Unfällen, das sorgfältige Ausmalen pikanter, nervenkitzelnder Szenen. Wenn wieder einmal ein „Revolverjournalist" von der strafenden Gerechtigkeit ereilt worden ist, dann ist die Entrüstung der „anständigen" Presse, mit welcher sie den Frevler abschüttelt, groß. Aber die Blätter, die am lautesten schreien, kultivieren die Gerichtsberichterstattung usw. oft in der ekelhaftesten und verletzendsten Weise. Entrüsten und verdammen hilft gar nichts; bessermachen muß die Losung sein. — Aschenbrödel Wissenschaft, künstlerische und nützliche Mitteilungen kommen am Ende der langen Reihe. Das ist tief bedauerlich"[1]).

So wirkt das Prinzip der Wirtschaftlichkeit auf allen Gebieten destruktiv. Ich nenne nur noch die Zweckbauten zur Unterbringung von Arbeiter-Menschen und die Straßen in Arbeitervierteln, die ein dauerndes Zeugnis bleiben werden für einen Staat, der auf seine „soziale Gesetzgebung" stolz war,

[1]) Der Inhalt der Zeitung. Zeitschrift für die ges. Staatswissenschaft LXVI, 1910, S. 555—565. U. a.

Aus dem Inhalt der Berliner Zeitungen:		do. der Provinzzeitungen:
Unterhaltungsliteratur	5,32 %	7,36 %
Verbrechen, Unfälle, Skandale	4,26 %	5,34 %
künstlerische Mitteilungen	1,30 %	1,55 %
nützliche Mitteilungen	1,06 %	1,07 %
Wissenschaft	2,13 %	2,97 %
dagegen Börse	25,21 %	17,58 %

St. gibt einen sehr lehrreichen Vergleich mit einer französischen Untersuchung aus dem Jahre 1902. Danach ergaben die Rubriken Verbrechen, Unfälle, Skandale 8,25 %, Unterhaltungsliteratur 12,15 % und Wissenschaft 1,85 %. Ferner kennzeichnete die französische Presse ein viel größeres Interesse für die innere Politik 6,45 % gegenüber nur 1,84 % in Deutschland, Leitartikel über auswärtige Politik 1,50 % gegen 0,77 % und Theater 4,45 % gegen 1,80 %.

den Handel um den Staat in der Form des politischen Kuhhandels, wie er sich immer zynischer in den europäischen und amerikanischen Demokratien offen abspielt und nur dazu bestimmt erscheint, den Staat seines letzten Ansehens zu berauben, ferner die Ingenieurstadt, die Fremdenindustrie, die selbst in einer Welt geschmackvoller, der europäischen in vielem und gerade im Künstlerischen oft überlegener Kultur wie derjenigen Ostasiens auftritt und hier die Eingeborenen an der eigenen wertvolleren, stilreinen Kultur irre macht, an das kapitalistisch verseuchte und herabgewirtschaftete Theater, das aus den Kreisen der Jugend und des schlichten Volkes heraus in unsern Tagen eine Erneuerung erlebt, die noch nicht alle, aber bereits zu viele sehen. So wird auch dieser Versuch, das kultische Element im Drama zu erneuern, mißlingen. Ja, es scheint schon heute gesagt werden zu dürfen, daß der ganze Versuch nur Nachahmung war; denn bis heute ist nirgends etwas von einer dichterischen Gestaltung aus der Gegenwart heraus zu merken, das Wert hätte angeführt zu werden. Es dürfte auch hier ein romantischer Spätling noch eine Weile gehegt werden, um bald wieder zu verschwinden, ohne vielleicht auch nur Epoche gemacht zu haben.

Ebensowenig können die sozialen Formen, zu denen das wirtschaftliche Handeln führt, ohne weiteres als geeignet zur Bildung echter Gemeinschaft angesehen werden. Die Zusammenschlüsse hier, jene Hilfsgüter des wirtschaftlichen Handelns, welche es braucht, sind Herrschafts- und Machtverbände wie Gewerkschaften, Genossenschaften, Handelskompagnien, Fachverbände, Interessenvertretungen, politische Parteien usw. In ihnen allen wird der Mensch, auch der Genosse innerhalb der Vereinigung, in erster Linie danach gewertet, was er zur ökonomischen Hebung der Genossenschaft beitragen kann. Und man ist schon zufrieden, wenn man nur seine Stimme hat, nur die Zahl seiner Mitglieder erhöhen kann. Es ist diesem Geiste selbstverständlich, daß ein Verband von hunderttausend Hirnochsen unter Führung von ein paar Gescheiten wertvoller ist als ein Verein von hundert Gescheiten. Überall wird unter dem wirtschaftlichen Gesichtspunkt der Mensch als Mensch erniedrigt und zu einem Posten in einem Geschäftsbuch oder einer Nummer im Mitgliederverzeichnis. Das ist der Fluch und der Ekel aller Fachverbände und Standesorganisationen. Und darum wird der Ekel immer mehr Menschen, und gerade die besten, ergreifen, und so steht zu hoffen, daß es dadurch zu einer inneren Veredlung solcher Verbände kommt, daß sie als Gilden erstehen, in denen, vom Gemeinschaftsgeiste getragen, auch ein neues werthafteres Leben entfaltet wird.

Und neben der Erniedrigung des Menschentums wird die Vereinseitigung des Intellekts und des Charakters anerzogen. Eine Vereinseitigung, die besonders in der atomisierten Masse eine Herabminderung des Intellekts und des sittlichen Empfindens im Gefolge hat. Die Gedankenwelt in diese Kreise eingeschlossener Menschen läßt immer einseitiger die nächsten Interessen der bestimmten Vereinigung oder Partei umkreisen, wirkt mit allen Mitteln der Rede und der Schrift darauf hin, andere Vorstellungsmassen auszuschalten, ja überhaupt fernzuhalten. Gleichzeitig hebt man das Selbstbewußtsein des so verdummten Menschen auf die denkbar höchste Höhe, macht ihn zum Träger etwa der Zukunft, zum einzigen staatserhaltenden Element, zum Märtyerer irgendeines Gedankens, zum Vertreter der allein richtigen Ansicht von Nationalität oder Religion, zum Kämpfer für irgendwelche ideellen Ziele, die man gleichzeitig wirtschaftlich vorteilhaft schildert, mehr und minder offen — und das alles, um diese Menschen von irgendwelcher Unvergleichlichkeit zu überzeugen, die sie nicht als Menschen, sondern als Angehörige dieses Verbandes, dieser politischen Partei, dieses Standes besitzen und daher alsdann als Menschen überhaupt zu besitzen wähnen. Wo darum das wirtschaftliche Prinzip herrscht, und das ist eben in allen sozialen Formen der Fall, da sind wir im Herrschaftsbereich der Masseninstinkte und des Massendenkens. Hunderttausende leben seit ihrer Jugend ein ganzes Leben lang hindurch in Psychose; Fremd- und Selbsthypnose spielen seltsam ineinander und verhüllen diesen Menschen ihr Selbst, und d. h. sie, die Selbstzweck sind und zur Erkenntnis und zur Darstellung dieses ihres eigentümlichen Zweckes im Leben gelangen sollten, sind zum Mittel erniedrigt worden und werden unter dem Einfluß ihrer sozialen Kreise im Glauben erhalten, sie seien eben als Mittel etwas Großes: Hähne, die sich im ausgerupften eigenen Schwanz eine geliehene Pfauenfeder oder gar eine Adlerfeder aufgesteckt haben oder haben aufstecken lassen, und nun stolzer sind denn im Naturzustande. Menschen derart verengten Intellekts und falschen Selbstbewußtseins erzieht der Zusammenschluß von Menschen zum wirtschaftlichen Handeln. Man putzt die Menschen auf zum Kriege gegeneinander, zu machtlüsternen, erwerbsgierigen Klassenkämpfern und Parteigängern, zu durchaus unsozialen Individuen, wenn wir hier noch einmal das Wort „sozial" gebrauchen wollen, in dem Sinn, den es längst verloren hat, wo es soviel bedeuten sollte, als auf die Gemeinschaft eingestellt und im Handeln und Denken von ihr bestimmt und gerichtet.

Welche unausdenklich entsetzlichen Folgen muß es für unser Volk und seinen Charakter haben, wenn bereits die Jugend in politischen Vereinen „erfaßt" wird, wie es zutreffend nüchtern geschäftsmäßig lautet, daß es einen ans Herz greift und einem um dieser mißhandelten Menschenseelen willen die Träne ins Auge getrieben wird. Aller Sinn für Objektivität, d. h. für Wahrheit wird in ihnen erstickt, alles Ideelle hämisch zersetzt, die Welt ihnen als das große Geschäftshaus geschildert, in welchem der taktisch Schlauere, der Listenreiche gewinnt, der Rücksichtslose, dem Lüge, Verdächtigung, Spielen mit der Wahrheit und mit der Ehre des Nächsten um seines „Partei"zieles willen gleich recht ist, weil eben, wie es ja an sich richtig ist, der Zweck die Mittel heiligt, nur daß hier aller Zweck Teilzweck ist und nie die Gemeinschaft des Volkes, nie das dem Ganzen Heilige, sondern alles wird dem Jugendlichen geboten als zerlegt in Teile und Fetzen, mit dem es nur geschickt zu arbeiten gilt, um seinen Profit zu erzielen. So kennen wir bereits diese Jugend aus Erfahrung, die nichts anderes ist als vorzeitig überlegen urteilende, hämisch die Äußerungen anderer, die nicht wörtlich mit dem ihr Eingetrichterten übereinstimmen, herabziehende Menschenmasse. So notwendig im Tageskampfe, wie das gesellschaftliche Leben nun einmal ist, die Kampftrupps sind, man bilde diese Trupps aus gereifteren Menschen, aber zertrete uns nicht die Seelen derer, aus denen unser Volk immer von neuem innerlich emporwachsen und sich an Seele und Geist gesund erhalten soll[1])!

Und wir kennen zur Genüge aus den letzten Jahrzehnten die Herrschaft des ökonomischen Grundsatzes im Schulleben selber, seitdem die Schule zu einer Etappe des Fortkommens im Wirtschaftsleben gemacht wurde. Mußten daher nicht alle Mittel aufgeboten werden, um ein Kind in den Besitz der erforderlichen „Scheine" zu bringen, selbst wenn es auch geistig keineswegs für das geeignet war, was von der betreffenden Schule verlangt werden sollte? Wer kann es Eltern verargen, daß sie alles taten, nicht nur um das Kind so schnell wie möglich hindurchzubringen, damit es früh zu besseren und angenehmeren Erwerbsmöglichkeiten zugelassen werde, sondern auch mit klügster Ausnutzung aller Hilfen, die eben gerechtfertigt werden konnten, weil nun einmal der Staat und das öffentliche Leben ihre Forderungen an die Ableistung gewisser Klassen oder Fremdsprachen geknüpft hatten. Und kein Wunder, wenn die Schüler in großer Zahl immer mehr nach demselben Grundsatz zu arbeiten lernten, vor allem wieder, weil die Überlastung mit Stoffen, die noch dazu mit jugendfremden Methoden übermittelt wurden, zu einem recht ökonomischen Gebrauch der Kräfte aber auch der sittlichen Begriffe verleitete; denn was verbirgt sich anders hinter der „Schülermoral" als ökonomisch geübte Moralität? Haben uns doch Primaner in jugendkundlichen Untersuchungen oft genug bestätigt, und dies unterstützt von Schulentlassenen, daß sie ohne die Schullüge sich ein Leben auf der Schule, das erträglich genannt werden könnte, nicht hätten denken können. Allein nicht

[1]) Auch Walter Hoffmann, Die Reifezeit, 1922, S. 195, wendet sich gegen die politische Jugendverführung. Für die politischen Parteien sei es verführerisch, „das Alter der größten Bildsamkeit zu benutzen, um den seelischen Rhythmus nach ihren Ideen zu beeinflussen, aber diese Arbeit geht auf Kosten des seelischen Materials. Damit kann man wohl Bildungswerte vernichten, aber nicht aufbauen. Die Jugend muß unbedingt eine politische Schonzeit sein".

besser steht es mit einer Lehrermoral, die denselben Gesetzen der Ökonomie recht häufig folgt, je mehr Menschen in den Beruf hineinstrebten, die keinerlei innere Befähigung zum Berufe hatten, aber wegen der Besoldungsstufe, und nicht zum mindesten auch wegen des bequemen Lebens als einmal Festangestellte, die wirtschaftlichen Grundsätze auf die eigene Tätigkeit als Lehrer ausdehnten und sie mit einem Minimum an Kraft und Maximum des Nutzens ausübten.

Das Wirtschaftsleben ist demnach in jeder Weise ungeeignet, durch sich über die Stufe der entwickelten Individualität hinauszuführen und die Persönlichkeit im Menschen zu vollenden. Nun wäre es aber falsch, ja sogar eine idealisch verschwommene Unkenntnis der Lebenswirklichkeit, wenn man mit diesem Einfluß als einem zu vernichtenden und völlig auszuschaltenden rechnen wollte, ja auch dann, wenn man sich ihm gegenüber nicht objektiv einstellen und ihm ablauschen wollte, was aus diesem Betätigungsfelde, auf dem in unserer Kulturwelt alle Menschen irgendwie beschäftigt werden, ob sie wollen oder nicht, in eine Erziehungswissenschaft herüberzunehmen sei. Es wird eine Überprüfung der Elemente des wirtschaftlichen Geistes mehreres ergeben, das eine erziehende Gemeinschaft verwerten wird, ja verwerten muß, wenn sie nicht eine romantische, sondern eine lebenswahre Gestalt annehmen soll.

7. Das erste ist die Tatsache und der Charakter der Arbeit. Wir haben Arbeit als Zweckhandeln unter dem ökonomischen Prinzip gefaßt und sie dadurch von dem Verhalten des vorwirtschaftlichen Menschen wie des spielenden Kindes geschieden. Die Arbeit geht gegen die menschliche Natur, jede Generation muß sich die wirtschaftliche Natur von neuem erwerben, ja jeder einzelne muß sie sich alltäglich nicht ohne viel Anstrengung und viel Überwindung wahren. Alle Hymnen auf die Arbeit, alle Lobpreisungen sind Zeugnisse dafür, daß es Menschen gibt, die in diesem Ringen zu Siegern geworden sind und selbst die Arbeit unter das Gesetz der inneren Freiheit gestellt und zu Richtsternen ihres Lebens gemacht haben, Wegweiser und Führer der schwerer schleppenden Brüder

und Kameraden im gemeinsamen Ringen mit der Not des Lebens. Eine genaue Feststellung dürfte aber ergeben, daß die Mehrzahl sich unter den geistigen Arbeitern befindet, in Berufen, die weitgehender, als es durchschnittlich möglich ist, persönliche Neigungen befriedigen können. Darüber hinaus finden sich in allen Berufen Menschen, die zu einer vorbildlichen Harmonie zwischen sich und ihrer werktäglichen Arbeit gelangt sind, allein abgesehen von den relativ wenigen Schmarotzern, Drohnen und Idioten innerhalb einer Gesellschaft, hat die überwiegende Mehrheit des Volkes, weit über 95 % aller, wirtschaftliche Arbeit zu verrichten und unter diesen dürften keine 2 % jene Harmonie wirklich erreichen. Eine Probe, auch nur im Bekanntenkreise, mit der harmlos gestellten Frage, vor allem an scheinbar Berufsfreudige und Zufriedene: Welcher Tätigkeit würden Sie sich zuwenden, wenn Sie heute sich noch einmal entscheiden könnten? wird aller Wahrscheinlichkeit nach Einblicke in Menschenseelen ermöglichen, die der Fragende nicht erwartete.

Deswegen gilt es schlicht und offen die Arbeit anzusehen als das, was sie ist: hart, bitterhart und bitternotwendig, unvermeidliches Menschenlos. Der romantischen Auffassung stellen wir entgegen die harte, aber dafür lebenswahre: Arbeit ist Lebensnot. Und nun gibt es gewiß auch heute kein wahreres Wort als das des alten Predigers: Nun aber ist das Höchste, daß sich ein Mensch freue an seiner Arbeit. Und alle Mittel gilt es zu ersinnen und zu erproben, vor allem aber dem Leben selber abzulauschen, nicht um der Arbeit selber ihren Charakter der Härte zu nehmen, was unmöglich ist, sondern um dem Menschen über die harten Lebensstunden hinaus eine Welt zu bereiten, die ihn die Arbeit ertragen, ja sie schließlich gern tun läßt. Darum ist es nun eine höchste Aufgabe jeder rechten Erziehungsgemeinschaft, die Muße recht zu pflegen. Seltsam, daß man sich soweit von dem entfernen konnte, was Schule dem Wortsinne nach bedeutet. Schule heißt Muße und was ist aus ihr gemacht worden? eine Werkstatt, eine Fabrik. Es ist höchste Zeit, daß wir anfangen, dem Wortsinne gerecht zu werden und die Menschenkinder nicht nur arbeiten, sondern ebenso ihre Muße nutzen lehren. Auch das darf keineswegs zu einer romantischen Ausdeutung verführen und sich damit wieder von der Wirklichkeit entfernen. Hohe Festtage, Höhepunkte aller Art, Weihestunden sollen nicht dem Schulleben in einem Übermaß eingefügt werden, sondern dies ist die ganz schlichte Meinung: man soll die jungen Menschen lehren, ihre Mußestunden, alle ihre freie Zeit auszunutzen und auszufüllen. Und nicht wieder nur mit Arbeit, mit vorher ausgeklügeltem Plan, es muß noch manches mehr gelernt werden, um freie Zeit auszufüllen: richtig zu bummeln, sich auszuruhen auf einer Wiese, einem Spaziergange, zu plaudern — können denn junge Menschen, aber auch ältere überhaupt sich unterhalten, wenn es nicht Fachunterhaltung sein soll? — Und ist nicht die Unterhaltung eine Kunst, und das eine menschenwürdige, feine Kunst, die gepflegt zu werden verdient? Alle Epochen geschlossener Kultur kannten auch eine Kunst der Unterhaltung und förderten sie, und es mag Zeichen beginnender neuer Kulturbildung sein, daß diese Kunst in kleineren Zirkeln aller Art nach dem Zusammenbruch in Deutschland neue, sie liebevoll hegende Kreise gefunden hat. Sicher aber brauchen wir in allen Erziehungsgemeinschaften eine Kultiviertheit auch der nicht durch Arbeit gebundenen Zeit[1]).

Alle Arbeit soll dazu dienen, dem Menschen Stunden zu verschaffen, in denen er nicht wirtschaftliche Arbeit zu leisten braucht, in diesem Sinne ist sie wie jedes wirtschaftliche Handeln dienendes Tun, und zwar Dienst an der Befreiung des Menschen von seiner Lebensnot, um ihn sein Leben ausleben und genießen zu lassen. Es ist der Kampf der persönlichen Mächte im Menschen um ihre freie und rastlose Entfaltung. Ließe sich alle Arbeit unter Menschen so gestalten, daß sie für jeden einzelnen die Bedingungen schüfe, sich selbst getreu ein ganzer Mensch in seinem Leben zu werden, dann würde sich die Schule rechtzeitig von Jahrzehnt zu Jahrzehnt darauf mitumstellen müssen, und dabei würde sich wohl das

[1]) Aller „Gesamtunterricht" ist eine wundervolle Gelegenheit, die Kultur der Unterhaltung, des Gespräches zu pflegen.

heutige Verhältnis der Pflege der Arbeit zu dem der Muße genau umkehren. Alles diente dem Geiste um des Geistes willen, sie gehörte rein und ganz der rechten Bildung der Mußezeit von Menschen, die dereinst durch harte Arbeitsstunden gehen werden ein Leben lang, aber um danach bei sich selber Einkehr zu halten und sich selber heimzusuchen.

Jede Arbeit für andere, deren Ziel, Befriedigung, Genuß zu verschaffen, niemals von den Arbeitenden erreicht, oder nur ganz unvollkommen erreicht wird, ist Qual und verschärft das Gefühl der Härte. Darum muß für alle Arbeit das Verständnis des Zusammenhanges, in dem sie steht, und der Zwecke, denen sie dient, geweckt und wachgehalten werden, allein, das wird stets nur an das Problem der inneren Überwindung der Arbeit heranführen, mehr nie, der weiterführende Schritt macht die Arbeit zu einer genossenschaftlichen, d. h, alle Arbeitenden werden zu Genießern ihrer gemeinsamen Arbeit. Diese Notwendigkeit muß jede Erziehungsgemeinschaft voll anerkennen und ernsthaft auswerten. Alsdann aber muß jede Arbeit mithervorwachsen aus den Bedürfnissen derer, welche sie ausführen sollen und denen sie Befriedigung verschaffen soll. Das heißt für uns nie und nimmer, die Kinder haben ganz aus sich zu bestimmen, frei, was sie in jeder Stunde treiben wollen, was nicht. Sondern: die Arbeit soll aus den Bedürfnissen der Kinder selbst hervorwachsen, heißt bedenken, daß sich diese Bedürfnisse aus zwei Faktoren zusammensetzen, das sind die individualen und die Gemeinschaftsbedürfnisse. Kein Menschenkind kann von sich aus selbständig ohne irgendwelche Berührung mit andern, also wie ein kindlicher Robinson, über sein Ich hinausgehende Bedürfnisse auch nur kennen, sie können ihm nur von außen, von den andern zugeführt werden. Und es braucht diese, um daran sich, und zwar gerade das in ihm angelegte und zur Bildung treibende Geistige zu entfalten. Der Vermittler zwischen den mancherlei Gemeinschaften und auch der Gesellschaft einerseits und dem kindlichen Ich andererseits, das ist eben der Erzieher. Und die unnötige Dissonanz zwischen seiner Forderung und den Wünschen des Kindes gehen zumeist daraus hervor, daß der Erzieher bis heute nicht genügend gelernt hat und nicht dazu angehalten worden ist, die Umweltmächte und die auf seinen Zögling einwirkenden Gemeinschaftsmächte zu beobachten. Darum greift er immer wieder auf diejenigen Mächte zurück, die er kennt und erlebt oder gar nur übernommen, angelesen oder angehört hat. Eine rechte Leitung hin zu einem harmonischen Ausgleich zwischen den jeweils vorhandenen individualen und Gemeinschaftsbedürfnissen der Zöglinge ist nur möglich, wenn der Erzieher nicht aus der „alten Generation" lebt, die ihre ideellen Güter der jungen überliefern will, sondern immer in eben der Generation, die ihm gegenübersteht, kurz gesagt, wenn der Lehrer Erzieher wird und nicht nur Bildner sein will. Nur dann erfolgt die notwendige, darum auch instinktiv von jedem Jungen und Mädchen anerkannte, wohltuend empfundene und dankbar hingenommene Führung. Denn nun ist dasselbe eingetreten, was wir als ein Ziel der wirtschaftlichen Arbeitskämpfe antrafen: das Streben nach dem vollen Ertrag der Arbeit innerhalb einer Genossenschaft. Die Arbeit ist dadurch von dem Ausgangspunkte, von der Zielsetzung an bis zur Zielerreichung und zur Erlangung des Genusses eine genossenschaftliche geworden und gewährleistet damit dieser Genossenschaft den vollen Ertrag, dabei wiederum nicht dem einzelnen als Einzelnen, sondern innerhalb und als Glied seiner Kameradschaft, und darauf kommt es an. Somit wird durch Anteilnahme an der Zielsetzung, an der Willensleitung, an der Arbeit selbst und nun auch am Genuß eine wahre Vereinigung Gleichstrebender hergestellt, und die Genossenschaft hebt sich aus dem Reiche des Wirtschaftlichen in ein höheres hinauf: sie entwickelt die Solidarität, die weit mehr ist als „Klassengeist", als „Korpsgeist", dieser Ersatz für Gesinnung, und schafft damit den Boden für alle Güter und Schätze der Gemeinschaft, ja sie wird sich selber zu einer Gemeinschaft vollenden können. Und in ihr lebt der Berufserzieher als der, welcher den Vorgang der sozialen Assimilation und der Gemeinschaftsbildung leitet, einer unter seinen Mitarbeitern, aber ihr führender Freund, Berater und Stütze in allen Fragen persönlichen Lebens, zugleich als

Vertreter des Lebensnotwendigen auch der unbeugsame Mahner und Antreiber, dessen Energie durch das vorgelebte und in der Seinen Mitte stets sichtbare Vorbild nicht schreckt und verschüchtert, sondern gewinnt, erzieht und damit Eigenkräfte in den jungen Menschen befreit.

Auch die Wirtschaftsgeschichte kennt in vergangenen Perioden wirtschaftliche Verbände, die gleichzeitig Gemeinschaften waren, die mittelalterlichen Gilden[1]). Sie beginnen in den ersten Jahrhunderten, wo die städtische Bevölkerung daran ging, sich der weltlichen und geistlichen Gewalten, der Grafen und Vögte, zu entledigen und ihre Selbständigkeit und Freiheit zu erringen. Damals tauchten überall in Europa die „Verschwörungen", „Bruderschaften" und „Freundschaften" auf. Gemeinsame Lebensinteressen, das Bedürfnis nach Schutz und das Sehnen nach Freiheit, ketteten diese Menschen aneinander, und in drei- bis vierhundert Jahren hatten sie ganz Europa ein neues Aussehen gegeben. „Sie hatten das Land mit schönen, prächtigen Gebäuden erfüllt, die dem Geiste freier Vereinigungen freier Männer Ausdruck gaben und denen in ihrer Schönheit und Ausdrucksfülle seitdem nichts gleichgekommen ist", zugleich ein Ausdruck des ganzen mittelalterlichen Gesellschaftssystems, das ein anderer Bewunderer G. R. Taylor, bezeichnet als „feine Verschmelzung von Geist und Stoff, von Gemüt und Beruf", die besonders in den Gilden ausgeprägt war, dem Edelstein im Ringe vergleichbar. Man denke an die großen Kunstbauten des Bürgertums in Italien, Frankreich, Flamland, Holland, England, Deutschland und Skandinavien, seine Dome und Rathäuser, und halte demgegenüber vor allem als Gesamtleistung die Baukunst der Jahrhunderte, in denen der absolute Fürst den Geschmack beherrschte, d. h. insonderheit der Stil von Versailles, und nun erst die zerfallende, sich auflösende Epoche, in welcher der Ingenieur den Stadtbau bestimmte, der überhaupt nicht „bauen" kann. Denn er schafft nur nach ökonomischen Gesichtspunkten wie Kanalisation, Freiheit des

---

[1]) S. u. a. Peter Krapotkin, Gegenseitige Hilfe in der Tier- und Menschenwelt, Leipzig 1908, S. 149 ff.

Verkehrs in den Straßen, arbeitet mit nüchternem Verstand, mit Zirkel und Lineal, der Fürst nach Laune und Willkür und Prachtbedürfnis, darum ist es ein Fortschritt in der Gegenwart, daß bereits sich mehr und mehr der Architekt durchzusetzen beginnt, wenn ihn auch häufig noch der Spießbürger an der vollen Entfaltung seiner Ideenwelt hindert. Sicher liegt bislang die Blütezeit der Kunst in derselben Zeit, wo der Geist der Gemeinschaft sich im Kunstwerk auswirkte. Heute heftet sich gern der Name des Erbauers an das Werk. Wo im Mittelalter ein Münster, ein Rathaus gebaut ward, da schlossen sich die Arbeitsleute vom Lastträger bis zum Ideen tragenden, genialen Baumeister allesamt zu einer Gilde zusammen. So waren auch die Maler z. B. in Italien in Gilden zusammengeschlossen. Der erste Beweggrund war gewiß immer ein wirtschaftlicher, ein Handeln zu gleichem Zweck vereinte die Menschen, und so stellten sie es unter gemeinsamem Schutz. Das ist ja für alle solche Gruppen charakteristisch. Aber alsbald drängte in jener Epoche der europäischen Geschichte diese Genossenschaft aus einem bloßen Zweckverband heraus zu einer Lebensgemeinschaft, zu einer Notgemeinschaft aller miteinander verbundenen Menschen für alle ihre Schicksale. Solche Lebensnot konnte auch für kürzere Dauer zum Zusammenschluß von Menschen unter der gleichen Not führen, etwa während einer Seereise. Während der ersten Tagesreise pflegte da wohl der Schiffsführer alle Reisenden um sich zu versammeln und sie auf die gemeinsame Gefahr zu verweisen und daß sie nunmehr Gott und den Wellen überlassen seien. Dann wurden ein Vogt und Schöffen gewählt, um Streitigkeiten zwischen den Reisenden zu schlichten. Die gesamte Schiffsbesatzung bildete eine Bruderschaft, die sich beim Erreichen des Reisezieles unter bestimmten Förmlichkeiten wieder auflöste. Die Statuten solcher Gilden pflegen auch von den brüderlichen Gefühlen auszugehen, die in der Gilde herrschen müssen, und einen großen Teil umfaßt die Aufzählung der sozialen Pflichten der Gildenbrüder: man hilft sich gegenseitig bei Brand- und Wassersgefahr, in Krankheit und Gefahr, hat in der Kirche gemeinsamen Platz, womöglich auch gemeinsamen oder doch einen bestimmten Altar, zu dem man sich hält, an dem man in Notzeiten oder vor Beginn der Reise im Gemeinschaftskreise sich in der Feier des Abendmahles vereinigt; die Brüder erweisen dem Entschlafenen die letzte Ehre und geleiten ihn zum Grabe, sorgen nach dem Tode für Witwe und Kind, wenn es nötig ist, versäumen nicht die Anordnung der erforderlichen Seelenmessen. Man nennt sich nicht nur Bruder und Schwester, sondern betätigt sich auch in brüderlicher Gesinnung gegeneinander, eine Gesinnung, die sich beim Abbruch jener geschlossenen Kulturwelt in Sekten und Logen flüchtete und in unsern Tagen anfängt wieder stärker aufzuleben, eben aus der großen gemeinsamen Not heraus geboren, die die Menschen mehr und mehr aufeinander verweist und auf die innerlichen Güter sich besinnen läßt. Es scheint, als wenn England in seinem Gildensozialismus den Vorsprung hat und den Beginn der Entwicklung bilden wird [1]).

Schon der Hinweis auf die Kunstleistungen jener Zeit widerlegt die Besorgnis, daß sich die Eigenart der Menschen in eine öde Gleichheit verlieren müsse. Wie außerordentlich mannigfaltig ausgeprägt waren nicht die Malerschulen allerorten! Daß diese Jahrhunderte derart Großes zu leisten vermochten, hing gerade damit zusammen, daß die Einzelnen nicht ihrer Initiative und Eigenkraft beraubt wurden, vielmehr im Gegenteil, solche Vereinigungen von Menschen wurden zu wahren Lebensgemeinschaften, in denen sich eine weit größere Fülle von Individualität zu Persönlichkeiten entwickeln konnte als es heute im freien Wettbewerb möglich ist, wo schon der Hetzkampf der Tage die Muße, die Möglichkeit der beschaulichen Besinnung, den allermeisten Menschen raubt. Zeigt nicht die heutige „Freiheit“ gerade wie sich die Menschen auch schon äußerlich einander angleichen und sich wie ein

---

[1]) Wichtigste Literatur: Penty, The restoration of the Guild-System, 1909; G. D. H. Cole, Self-Government in Industry, 1912; The World of Labour, 1. A. 1913, 4. A. 1920. Ins Deutsche übersetzt zwei Vorträge: Cole und W. Mellor, Gildensozialismus, 1921, und G. R. Taylor, Der Gildenstaat, 1921.

Muster neben dem andern ausnehmen möchten, wenn es nur der Mode gelänge aus allen Menschen Narren zu machen? Und zeigt nicht der sich seltsam schnell und scharf ausbildende anglo-amerikanische Gesichtstyp, der für den Fremden am stärksten alles persönliche Gepräge verwischt, wie unter dem Joch derselben Gier und dem Zwang derselben Hast sich gerade ein Typ ausprägt? Man halte demgegenüber die Porträts aus den vergangenen Jahrhunderten bis in die Biedermeierzeit hinein, wo ja schließlich der Bruch liegt mit den Jahrtausenden vor uns. Ist es ferner Zufall, daß die Maler der letzten Jahrzehnte, besonders des Impressionismus, man denke an Liebermanns krampfhafte Versuche, und ebenso des neuen Expressionismus dem Porträt gegenüber ohnmächtig sind? Noch ist nicht die ersehnte tragende Gemeinschaft gefunden, in der Menschen an und durcheinander wachsen, nur Versuche allerorten in der Schule und in der Baukunst (die Hamburger Gemeinschaftsschulen, die freien Schulgemeinden, die Landerziehungsheime, das Bauhaus in Weimar) überall der rechte Gedanke, aber immer noch allzu oft ohne Menschen der richtigen Gemeinschaftsgesinnung, zu viel Individualisten der alten Epoche. Dennoch alles Mittelpunkte, von denen aus das Neue unwiderstehlich sich Bahn bricht und Kraftentfaltungen bringen wird auf allen Gebieten des geistigen Lebens. Auch hier wird der Einzelne zurücktreten, wohl gar in seiner Leistung vergessen werden können zugunsten der Lebensgemeinschaft, ohne die auch er nur Stück wäre, denn wie im Mittelalter wird dieses Neue Zeugnis ablegen von dem „aufbauenden Genie der Massen"[1]), und beweisen, daß einzig und allein die Gemeinschaft der Nährboden ist für geistiges Schaffen.

Eher wird nichts von Wert erstehen im Schulleben, bevor nicht die Schulgemeinden und die Schulengemeinschaften, die Verbindungen der Eltern, Lehrer und Kinder sich finden wie in den Gilden und Bruderschaften des Mittelalters. Die äußeren Formen werden nicht dieselben sein wie im Mittelalter, aber das Wesen der Gilde, daß sie eine über die nächsten Inter-

---

1) Krapotkin, a. a. O. 148.

essen hinausgehende, sich in das Reich des Allgemein-Menschlichen und Geistigen erhebende Lebensgemeinschaft war — dieses Wesenhafte wird sich irgendwie auch in den Schulgemeinschaften Ausdruck verschaffen. Die Lehrerschaft wird desgleichen eine Lehrergilde werden müssen und keine Lehrergewerkschaft. Wenn auch die Form der Gewerkschaft wie in der Arbeiterschaft wohl die notwendige Durchgangsform sein wird, weil die rein wirtschaftlichen Fragen als Notfragen, und gerade in einer Zeit schärfer denn je einsetzenden Hochkapitalismus am stärksten zum engsten Zusammenschluß zwingen werden, so wird doch die Lehrerschaft die erste sein, welche ihre Gewerkschaft zur Gilde fortentwickelt.

Das alles aber wird darum geschehen, weil die Menschennatur von sich aus mit einwohnendem Bedürfnis zur Gemeinschaft hindrängt. Und es ist nichts Gewaltigeres als das Leben selbst, und diese Gewalt verbessert darum immer entstandene Schäden von sich aus. Und wo sich Gebilde allzu einseitig geformt haben, da nimmt das Leben sie in sich zurück oder es durchtränkt sie vom Grunde her unwiderstehlich nach und nach mit seinen Kräften und gießt sich in alle Formen, die Bestand haben sollen. So ist es durchaus möglich gewesen und noch möglich, daß sich im Übergang von Zeitalter zu Zeitalter das wirtschaftliche Zweckhandeln einseitige Verbände und soziale Gruppen schuf, die dadurch einen schroffen Kampfcharakter annahmen. Alsbald aber sehen wir die anderen Lebenskreise sich auch dieser Gruppen bemächtigen, zunächst einzelner Menschen, einzelner Führer etwa, kann sich doch zu keiner Zeit ein Mensch der erziehenden Einwirkung auch der anderen Lebenskreise ganz entziehen. Und so dürfen wir hoffen, daß es noch diese Generation erlebt, wie sich die aufbauende und die Menschen einigende Kraft der Gemeinschaft von neuem auf neuen Gebieten des Zusammenlebens und in neuen Schöpfungen ihres Geistes offenbart.

§ 7. Staat.

Im Begriffe Wirtschaft umfaßten wir das mit, was man unter „bürgerlicher Gesellschaft" versteht oder allgemein unter „Gesellschaft" und dann auch der Wirtschaft gegenüberstellen und in eigenen Wissenschaften behandeln kann. Und doch besteht hier ein unlöslicher Zusammenhang; kein Gebiet kann ohne das andere bestehen, kann nur in Büchern und Vorträgen ein Scheinleben für sich führen. Dem Begriffe Wirtschaft aber gebührt darum der Vorrang, weil es das wirtschaftliche Handeln ist, das aller Gesellschaft ihr typisches Gepräge gibt. Wenn die Gottheit ihr Weltkaleidoskop umdreht, so daß die Glasscherben in eine neue Stellung fallen, alsdann ist im Wirtschaftsleben der Völker eine neue Form errungen, sind damit neue soziale Gebilde entstanden. Nicht anders entstehen und vergehen staatliche Formen. Dennoch heben wir den Staat besonders hervor, und das hat mehrere Gründe. Im Erziehungswesen tritt er nicht nur selber als erziehende Macht heraus, sondern nimmt in der Gegenwart, bereits mit einer mehr als zweihundertjährigen Überlieferung belastet, zu dem öffentlichen Schulwesen eine mannigfach bestimmende Haltung ein, wie sie in Begriffen wie Staatsschule, staatliche Schulaufsicht, Lehrer als Staatsbeamte wohl gar als Staatsdiener klar zutage tritt und immer schärfer umstritten wird. Ferner trägt der Staat unter den sozialen Formen ein besonderes Gepräge und daraus fließt seine Macht, deren Art, Umfang und Grenzen eben darum eine eigene Betrachtung erfordern.

Manches verlockt dazu, dem Staate ein tieferes gehaltvolleres Eigenleben beizulegen, als einer anderen sozialen Form: so einmal seine Aufgabe in der Außenpolitik und damit zusammenhängend im Kriegswesen, und in der neueren Zeit das in den meisten Staaten stark zentralisierte Verkehrswesen: Post, Telegraph, Eisenbahn. Gerade durch dies letztere ist der Staat im 19. Jahrhundert besonders auffällig in den Mittelpunkt der Lebensinteressen seiner Untertanen gerückt und diese bestaunten die staatlichen Leistungen und vergaßen wohl gar über dem erstaunlichen Aufschwung ihres Staates, daß es sich gar nicht um staatliche Leistungen handelte, sondern um ihre ureigenen. Diese oberflächlichen Schlüsse aus äußerlichen Merkmalen auf ein besonderes Eigenleben wurden durch mancherlei gefährliche Theorien über den Charakter und den Wert dieses staatlichen Lebens gestützt. In Deutschland bildete eine Hauptquelle die verderbliche Lehre Hegels von dem Staate als der „selbstbewußten sittlichen Substanz" (Enz. § 535): als Synthese der sittlichen Prinzipien der Familie und der bürgerlichen Gesellschaft hat der Staat das Sittliche in konkreter Gestalt zu verwirklichen. Hegels Lehre hat die verhängnisvolle Wirkung gehabt, daß der Staat durch die Verquickung mit der Moralität als die sittliche Organisation und wie ein Wesen eigener Art hingestellt und von führenden Männern der Wissenschaft und Politik anerkannt wurde. Und als das Zeitalter der „Realpolitik" anbrach, auf dessen Trümmern wir nun weiden, da mengte sich in die Bewunderung dessen, was wahre staatsmännische Kunst im Bunde mit skrupelloser Diplomatie leistete, jene sittliche Auffassung vom Staate, ja sie steigerte sich in manchen Köpfen zu einer religiösen, und in dieser fast religiösen Begeisterung für ihren Staat haben im Weltkriege alle Völker einen heiligen Frühling geopfert, wie es keine Vorzeit gesehen hat. Und während des Weltkrieges ging nun allerorten die politische Macht mehr und mehr über in die Hände des Militärs, und damit erfolgte auf allen Gebieten des Lebens eine derart straffe Zentralisation, daß die Staatsidee in ihrer höchsten Potenz erscheinen konnte. Ad. Menzels Wiener Rektoratsrede aus dem Jahre 1915 hat dieser Vorstellung deutlich Ausdruck verliehen[1]). Sie wies nach, wie die Autarkie, die Selbstgenügsamkeit, nach manchen Staatstheorien, ein Hauptmerkmal des Staates, gewaltig verstärkt sei: die gesamte Staatsgewalt erscheine in einem Organe vereinigt, in der Exekutive, die der militärischen Gewalt übergeben sei. Zugleich habe der Staat sich als weit mehr denn eine Schutzanstalt im Interesse der widerstrebenden Interessen erwiesen, vielmehr als „ein mächtiges Lebewesen mit selb-

[1]) Zur Psychologie des Staates, 1915.

ständigen Zielen", dem sowohl die Einzelnen als die gesellschaftlichen Klassen untergeordnet seien.

Das alles sind zeitlich gebundene Anschauungen, die in ihrem geschichtlichen Recht unangetastet bleiben mögen. Allein jede geschichtliche Erscheinung zerfällt in Wesenskern und räumlich-zeitliche Einkleidung, und uns ist es darum zu tun, das Wesen von seinen Umhüllungen zu scheiden. Was ist Staat jenseits oder in oder hinter allen Staatsformen und Staatsverfassungen? Und nach der Besinnung auf das Wesen und dem Verständnis für die eigentümliche Struktur des Zusammenhanges „Staat" ersteht wieder die alte Frage: wie wirkt dieser Komplex als Umweltfaktor auf den Anlagekomplex, auf die inneren Faktoren der Erziehung? Und da auch hier unsere Einstellung die erziehungswissenschaftliche sein soll, so können wir nicht den Wegen einer Staatswissenschaft oder einer Allgemeinen Staatslehre u. dgl. folgen; wir brauchen den „lebendigen und tätigen Staatsbegriff", wie sich Lorenz von Stein in seiner „Verwaltungslehre" einmal ausdrückt, und gelangen so zu einer überwiegend soziologischen Betrachtungsweise.

1. Nach einem allem wirtschaftlichen Handeln einwohnenden Gesetze drängt es zur Gruppenbildung und zur Organisation dieser Gruppen[1]). Es sind hier Kräfte am Werk, welche die ungeheure Leistung einer „Selbstorganisation der menschlichen Gesellschaft" vollziehen. Und am Beginne dessen, was man die politische Gesellschaft nennen kann, steht eben als aus der Gesellschaft geschaffene Form der Staat, die πολιτική. Was führte zur Entstehung dieser sozialen Form, welche seelischen Antriebe waren entscheidend? Es sind zwei Triebe, denen die beiden ursprünglichsten Verbände entspringen, welche die menschliche Gesellschaft als gegeben voraussetzt. Das sind der Trieb des Einzelnen zum Genossen gleichen Geschlechts und der Geschlechtstrieb. Dadurch entstehen die ersten Verbände, die Gruppen, und die Form dieser Gruppe ist die Horde und in ihr vor allem der Männerverband,

---

[1]) Vgl. Wilh. Wundt, Völkerpsychologie VII. S. 65ff.

sowie die Ehe. Auch nach Wilh. Wundts Forschungen ist die Einehe als die dem Menschen im primitiven Kulturzustande eigentümliche Form nachgewiesen. In Männerverband und Ehe liegen sodann schon die seelischen Antriebe, die zum Stammesverband hinüberführen. Ausgehend von gemeinsamer Sprache, Sitte und übereinstimmenden Anschauungen entwickelt sich ein lebendigeres und dauernderes Gefühl der Zusammengehörigkeit, und dieses Gefühl wird aufrecht erhalten durch Familienverbände, Kultgenossenschaften und gemeinsame kriegerische Unternehmungen. Noch aber fehlt jenes Merkmal, daß dem staatlichen Verbande eignet, nämlich die Einheit der Herrschergewalt; denn diese kann sich ungehindert auch über Stammesfremde und damit nach Sprache und Sitte fremde Einzelne und Verbände erstrecken. Das psychologische Motiv, das nun hier zur ersten Bildung des Staates führte, wird von der größten Bedeutung; denn sollte der Staat, auch in seiner heutigen Form, nicht aus diesen oder nicht auch aus diesen Motiven zuerst notwendig sein? Zwei Motive haben zur staatlichen Gesellschaft hinübergeführt und führen noch heute überall, wo wir diese Bildung verfolgen können (etwa am polnischen oder tschechoslowakischen Staate) dahin: der Kampf um Besitz und Wohnplätze und alsbald danach der zunehmende Drang nach dem Schutze der allmählich sich mehrenden Kulturgüter [1]). Also auch hier steht die Lebensfürsorge voran, genau wie im Leben des Einzelnen, und die Kulturfürsorge ist das Zweite. Diese Ergebnisse ethnologischer und völkerpsychologischer Untersuchungen zeigen, wie wir durchaus mit Recht den Staat unter die sozialen Gruppen einordneten.

Die Entwicklung der Staatsformen geht demnach Hand in Hand mit der Differenzierung der wirtschaftlich-gesellschaftlichen Verhältnisse und ist genau so wie diese eine Reflexwirkung des besonderen Charakters der jeweils vorhandenen typischen Differenzierung des Gemeinschaftsbewußtseins in seinen sozialen Erscheinungen. Solcher Typus wird zum be-

---

1) W. Wundt, a. a. O. S. 89.

herrschenden Motiv einer Epoche, zu ihrer Dominante, und läßt den Willen der Mehrheit aller Einzelnen für diese Zeit typische Handlungen vollziehen. Aber gerade dadurch, daß dieses Motiv sich in den Willenshandlungen auswirkt, zum Zweck dieser Handlungen wird und ihnen erst Wert innerhalb der Epoche verleiht, gelangt in diesen Handlungen das Prinzip der Heterogonie der Zwecke zur Geltung. Der Ausgang der Handlungen steht nicht im vollen Umfange in der Macht des Handelnden und daher erfolgt immer auch ein Anderes, ein „Neues", das nicht vorauszusehen und vorauszuberechnen war, sondern erst in einer rückwärts gerichteten Betrachtungsweise begriffen werden kann. So kommt es, daß wir alsdann von solchen Zeiten sagen, sie standen unter der Herrschaft einer Idee. Für die Mehrheit der Menschen, die in jenen Zeiten lebten, aber war das, was wir als den Typus ihrer Handlungen und die Idee ihres Zeitalters bezeichnen, nichts anderes als ein „ungewollter" Nebenerfolg ihrer Handlungen. Deswegen gibt es auch in der Entwicklung der Verfassungsformen keinen Stillstand. Die niedergeschriebene ist immer Abschluß einer Entwicklung, und gleichzeitig mit dem Beginne ihrer Gültigkeit und Allgemeinverbindlichkeit, d. h. mit ihrer Verkündigung, sind schon Kräfte am Werk, ihre nächste Form zu entwickeln. Ja, sie selbst wird gerade durch ihre Fixierung und weil sie zu einer Norm geworden ist, der stärkste Anreger neuer seelischer Motive, und damit neuer Handlungen, die über sie hinauszuführen bestimmt sind. Wer eine Zeit geschichtlich erforscht oder seine eigene verstehen will, der muß demnach zu einer Analyse aller seelischen Grundmotive vordringen, welche in jener Zeit wirksam waren oder für die Gegenwart wirksam sind und in ihr wirksam werden müssen. Und wer imstande ist, die werdenden Linien zu erkennen, der ist berufen zum Deuter seiner Zeit oder zum Führer seiner Mitbürger auf diesem oder jenem Gebiete, das er zu durchleuchten vermag.

Aus der deutschen Entwicklung, die uns besonders angeht und bei der wir absehen wollen von all dem, was ihr mit derjenigen anderer Nationen gemeinsam ist, sei ein Grundmotiv für die Bildung neuer Staatsformen herausgegriffen und durch die Zeiten skizzenhaft verfolgt. In der Übergangszeit von der urzeitlichen germanischen Demokratie zum mittelalterlichen Lehnsstaat wird der Begriff des Dienstes zu einer Dominante. Vorbereitet sicherlich schon im Stammesverband und in der Horde in all solchen Fällen, in denen bei besonders gewagten Unternehmungen eine starke Unterordnung mehrerer unter den Willen eines Einzelnen aus Klugheit und Not geboten war, in der germanischen Demokratie bekannt aus der Bindung der Mannen an ihren Gefolgsherrn im Gefolge. Dieses Motiv gelangt zur Vorherrschaft bei den Staatsgründungen der Merowinger und Karolinger und erklärt den psychologischen Charakter dieser Staaten. Noch ist aber die seelische Einstellung des Dienenden überwiegend äußerlich: der Dienst erscheint in seiner Berechtigung fast lediglich unter dem Druck gemeinsamer Not oder beim Zusammenschluß für gemeinsamen Raub, gemeinsame Eroberung, und zerlockert sich, wenn das Ziel des Raubes erreicht, die Not gewichen ist. Anders, als nun mit der zunehmenden inneren Christianisierung der germanischen Völker, die etwa seit dem 9. Jahrhundert ersichtlicher wird, in dies Motiv des Dienstes religiös-sittliche Vorstellungen eindringen. Da wird aus dem Dienstverhältnis eine Treubindung, ein Treuverhältnis neuer Art, und dies Motiv von solcher Macht, daß es den Lehnsstaat des Mittelalters zu tragen vermag. Den Staat aber vermochte es zu tragen. weil dieselben Bindungen, wie sie zwischen dem Fürsten und seinen Lehnsmannen bestanden, sich fortpflanzten bis hinunter in die letzten Abhängigkeitsverhältnisse. Nunmehr erscheint die Felonie zugleich als das schwerste sittliche und politische Verbrechen, und im Worte „dienest" klingt nicht mehr der Ton äußerlicher Unterordnung an, sondern derjenige innerlicher Einordnung und Bindung. Im Mittelhochdeutschen lautet die Reihenfolge der Bedeutungen des in „dienest" umschlossenen Sinnes bei Lexer: Verehrung, Aufwartung, Dienstwilligkeit, und erst dann folgen: Lehnsdienst, Abgabe, Zins. Und auf das Patriarchalische im Grunde und die damit verbundenen sittlichen Bindungen deutet noch hin die Zusammensetzung: Diensthermschaft, und es ist geradezu typisch für den völligen Verfall dieser Bindungen in der Gegenwart, daß sie versucht, den Begriff des „Dienstboten“ durch den völlig äußerlichen, lediglich ein Geldlohnverhältnis andeutenden Begriff „Hausangestellte“ zu ersetzen.

Kein Seelenmotiv kann verschwinden, es gibt eine Kontinuität auch der Motive, ja die Kontinuität im geschichtlichen Werden ist keine andere, der Art nach, wie die Bewußtseinskontinuität. Beide erst ermöglichen es, zu einem Ganzen, zu einer Einheit und einem Selbständigen zu gelangen, im individuellen Dasein zur Selbständigkeit des Ich, im sozialen zu der der Gruppe und unter und über ihnen zu derjenigen des Staates, und damit auch erst zur wahren geschichtlichen Erfassung der Wandlung dieser Gruppen. Mehr als bildlich gesprochen ist die Gruppe ein erweitertes Ich und dasselbe gilt vom Staat. Wie daher die Entwicklung mit der seelischen Differenzierung Schritt hält, so erhält sich auch der Zusammenhang der erlebten Zustände, die Kontinuität des Geschehens. So ist auch das Motiv des Dienstes nicht verschwunden. Es wurde zuerst aufgelockert durch den Individualismus der Renaissance und als wirtschaftlich gleichzeitig an die Stelle der Naturalien mehr und mehr allgemein das Geld trat. Die Geldwirtschaft ermöglichte eine größere Beweglichkeit der Menschen unter- aber auch gegeneinander, und im besonderen den Fürsten, Menschen zu ihrer absoluten Verfügbarkeit zu haben, als Beamte. Die Wurzel des Beamtentums in Deutschland liegt genau da im 13. und ausgehenden 12. Jahrhundert, wo wir die Geldwirtschaft in die Gutswirtschaft einziehen sehen. Und so beginnt gegenüber den gebundenen Verhältnissen des früheren Mittelalters, von der Renaissance an deutlich erkennbar für jeden, ein Vorgang stärkerer Individualisierung, dessen Höhepunkt in der Zeit des laisser fere, laisser aller erreicht wurde, eine Zeit, die um 1850 kulminiert hat. Verstärkt wurde der Zerfall jener Bindungen sicherlich mit durch die gewaltige Zunahme der Bevölkerung, deren Gliederung einer vollständigen neuen Durchorganisierung riesiger Menschenmassen gleichkam, um die Grundlagen für die Möglichkeit neuer Bindungen sittlicher Art überhaupt erst zu schaffen.

Dennoch konnte, wie gesagt, das Motiv des Dienstes nicht verschwinden: Dienst als Verehrung und freiwillige innere Bindung an den Führer ist ein Motiv, das im Menschen angelegt ist und sich offenbart hat in Horde und Stamm wie in der staatlichen Gesellschaft. Nach seiner stärksten Geltung im Lehnsstaat ist es zurückgetreten und in seiner alten, nicht frei von Verzerrungen gehaltenen Form am Leben erhalten, zugleich aber, und das ist wertvoller, mit neuen Beziehungen innerlicher Art versehen worden. Die alte Form wurde hochgehalten im Hofadel, aber auch im Adel überhaupt, in seinem persönlichen Dienst am Fürsten, der keineswegs immer frei blieb von religiösen selbst mystischen Einschlägen hier und da, sie wurde gezüchtet im Beamtentum und im Militär [1]). Sie alle hatten Dienst zu tun, der Eisenbahner so gut wie der Leutnant, der Postbote so gut wie der Lehrer und Rekrut. Und der Begriff, den man besonders liebkoste, war derjenige der Pflicht, ein Begriff, den man vollkommen fälschlich mit dem der kantischen Ethik in Parallele zu setzen pflegte. Denn diese Pflicht war etwas rein Äußerliches, so

[1]) Einen Beleg nahezu grotesker Art aus Graf v. Waldersee, Denkwürdigkeiten, II. 1922, S. 8: Ein Graf Douglas hatte 1888 eine Wahlrede gehalten und auch drucken lassen, in welcher der junge Kaiser stark gelobt und den Deutschen gesagt wurde, sie könnten Großes von ihm erwarten. W. wendet sich in seinem Tagebuch (!) dagegen, daß der Kaiser vor die Öffentlichkeit gezogen und vor allem auch so stark gelobt werde, und sagt wörtlich: „Der Grundgedanke scheint mir: Ihr könnt diesem Kaiser trauen und ihn lieben, denn er verdient es wirklich. Das ist verwerflich; wir dienen dem Herrn, den uns Gott gegeben hat, als Landesherrn, und werden ihm auch treu sein, wenn er nicht so sein sollte, wie wir ihn wünschen." Derart wird hier der Dienstbegriff im „monarchischen Prinzip" geradezu zu einem Verbrechen am Volke. Jahr für Jahr vertraut dieser hohe Militär seinem Tagebuch seine Beobachtungen über die politische wie militärische Unfähigkeit und die Ungezogenheiten seines Landesherrn an, schreibt am 9. November 1898, auf den Tag 20 Jahre, bevor seine Voraussage eintrifft, diese Zustände könnten nur mit einer Revolution enden — aber keine Stimme regt sich in dem Manne, die ihn dem deutschen Volke gegenüber verpflichtete, wahr zu sein — einen Dienst am deutschen Volke kennt er nicht.

viel wie die Erfüllung des Reglements; und so prägte auch diese neue Zeit den Begriff einer „Dienstpflicht". Ein Wort, in dem der Zusammenbruch der alten sittlichen Beziehungen ebenso klar zutage liegt wie die zugrundeliegende heteronome Moral.

Gleichzeitig sind aber neue Beziehungen echter sittlicher Natur überall da entstanden, wo sich in sozialen Gruppen die Gefühle der Zusammengehörigkeit verinnerlichten und dahin zielten, über die Gemeinsamkeit der wirtschaftlichen Interessen hinauszuführen. So in fast allen Organisationen der Arbeiterschaft, die anfangs Gebilde waren lediglich zur Erhaltung des Lebens im wirtschaftlichen brutalen Kampfe des einen gegen den andern. Denn zugleich schmiedete die gemeinsame Not und deren Erzeugnis, ein gemeinsames Ziel in den allgemeinsten, oft romantisch umsponnenen Strichen gezeichnet, die Menschen innerlich zusammen; der Geist gegenseitiger Hilfe, der in den alten Innungen und Bruderschaften gelebt hatte, erstand hier in neuen Formen. Und wo z. B. der Bruch mit der alten Kirche erfolgt war, da gab nun die Ortsgruppe das Geleit und ein Genosse sprach am Grabe Worte des Trostes und der Erhebung. Noch häufiger war es im Versammlungsraume ein Genosse, der die Stelle des alten Predigers und Glaubenszeugen übernahm, um in gleicher Glaubenszuversicht zu Hoffnungen und Taten hinzureißen, die nur mit religiöser Kraft durchgehalten werden können. Und neben die wirtschaftlichen und politischen Verbände traten immer neue Vereinsgründungen, deren Ziel die innerliche Hebung der Mitglieder war, seit 1900 besonders unter den Jugendlichen. Die Unterordnung und Disziplin, die etwa bei einem Streik erforderlich waren, äußerten sich hier in der geistigen Einordnung unter gewisse Führer oder urmenschliche Ideengänge, so in den Pfadfindergruppen und allen ähnlichen um Führer gegliederten Verbänden, so gut wie Dichter- und Musikerkreise, etwa diejenigen um George oder um Bruckner und Bach unter Führung neuer Interpreten, den Begriff des Dienstes mit besonderer Liebe pflegten. Das Neue ist aber überall, daß diese Bindungen sich nicht oder doch nicht so allgemein um einen Einzelnen legen, sondern auf die Genossenschaft als solche gehen, wie seinerzeit auf die Gilde. Man dient einer Gesamtheit, einer Idee, und so entstehen neue Formen des Dienens wie der Bindungen der Menschen aneinander und füreinander.

Wer der Neuen Zeit recht helfen wird, der muß gelernt haben, neu zu dienen. Die neue Kultur kann für ihren Aufbau nur Menschen brauchen, die in diesem neuen Sinne dienen können. Und von derart durchorganisierten Menschen und Menschengruppen ist auch zu erwarten, daß sie eine neue staatliche Form sich schaffen, wie sie heute sicherlich unter uns noch nicht vorhanden ist. In dieser Form aber wird der durch die französische Revolution von 1789 in ganz Europa politisch zum Siege geführte Individualismus restlos zerbrochen sein. Deren Freiheit wurde der Kampf aller gegen alle, ihre Gleichheit wurde die formale der gleichen Gerechtigkeit für alle oder sie müßte zur Versetzung aller Menschen in einen Himmel führen, in dem es keine Stufen und Unterschiede mehr gäbe, und die Forderung der Brüderlichkeit wurde durch die erste Forderung bereits, ungewollt, unmöglich gemacht. Den neuen Sinn trifft nichts besser als die Umdeutung jener drei revolutionären Ideen durch Max Plenge[1]: „Schaffe mit! das ist die Freiheit der Tat. Gliedere dich ein! das ist die Gleichheit des Dienstes. Lebe im Ganzen! das ist die Brüderlichkeit des echten Sozialismus".

2. Die bekannten Staatsformen, um die so gern der Streit der Politiker geht, verdeutlichen nun nur noch, daß der Staat eine Hilfsveranstaltung ist, die lediglich dienenden Charakter trägt, und daß demnach seine Formen das Schicksal aller dienenden Geister haben, daß nämlich ihre Zeit kommt, wo sie abgelöst werden müssen. Ist nun der Staat nichts anderes als eine der sozialen Formen? Nein und ja, und um dieses Ja willen haben wir den Staat besonders betrachten müssen.

a) Der Staat teilt ohne Zweifel mit allen sozialen Formen die von uns immer an ihm behauptete und aufgewiesene

[1]) 1789 und 1914. Berlin 1916.

Vergänglichkeit. Das offenbart sich am deutlichsten in der Vergänglichkeit seiner äußeren Formen, der Verfassungen. Aber auch als Ganzes werden wir im Staate nichts erblicken können, das durchaus bleiben müßte. Es hat eine vorstaatliche Menschheit gegeben; der Staat ist nicht von Ewigkeit her, ist keineswegs ursprünglich mit der Menschheit gegeben, demnach läßt sich eine Zeit denken, in welcher es keinen Staat mehr geben wird. Allein die Vorbedingung dafür ist, daß dann auch die Gesellschaft verschwunden sei, daß sämtliche sozialen Formen in die Gemeinschaft zurückgenommen seien und nur noch diese selber ohne, oder doch mit den einfachsten Zusammenschlüssen von Menschen für die einfachsten Fragen der Lebens- und der Kulturfürsorge, die Aufgaben löste, welche sie bislang dem Staate im besonderen übertragen hat. Es gibt darum unter den zurzeit verkündeten politischen Lehren nur eine einzige, welche hier bis zum Letzten folgerichtig vorgeht, und das ist der Anarchismus. Denn er fordert nicht nur die Beseitigung des Staates, sondern auch der Gesellschaft, und das zugunsten des Einzelnen, und sein Kampf richtet sich demnach, wiederum folgerecht, in erster Linie gegen die Gesellschaft, weil mit dieser der Staat von selber zusammenbrechen muß. Wenn dagegen der Marxismus dahin gedeutet wird, daß der Staat aufgehoben und an seine Stelle die sozialistische Gesellschaft treten solle, so ist das nur eine Umtaufe des Begriffes Staat in Gesellschaft und nichts weiter. Und deswegen bleiben es leere Aussprüche, wenn sowohl Fr. Engels wie K. Marx nach den Erfahrungen der Pariser Kommune 1871 auch lehrten, die Staatsmaschinerie müsse zerbrochen werden; der Staat gehöre ins Mausoleum neben das Spinnrad und die bronzene Axt. Sie sahen den Staat im Absterben, so daß eine Abschaffung nicht mehr nötig werde; an die Stelle der Parlamente sollten arbeitende Körperschaften treten, welche die gesetzgebende und zugleich die vollziehende Gewalt hätten, und zwar arbeitende Institutionen des arbeitenden Volkes. Wo aber bislang eine Verwirklichung versucht wurde, wie in Rußland, da scheinen sich alsbald wieder staatsähnliche Gebilde einzustellen, mit dem zurzeit für nötig erachteten Zubehör. Für unsere Epoche dürfte der Staat nur ideell vergänglich sein und nur seine Wandelbarkeit offenbaren, wie sie eben allen sozialen Formen eignet. Aber diesen Formen gegenüber besitzt nun der Staat nicht nur eine längere Dauer, sondern für unsere Lage, aus der heraus wir zu schaffen und zu organisieren haben, eine unbegrenzte. Und das hängt zusammen mit dem Verhältnis, in dem der Staat zu allen sozialen Formen steht.

Er umschließt sie alle und vereinigt sie unter und in sich. Der Staat ist demnach die Einheitsform der Gesellschaft und als solche Einheit eine Selbstorganisation der sozialen Gruppen, aus ihnen entlassen und durch sie geschaffen, an sie gebunden und mit ihnen wandelbar und vergänglich. Und wiederum ist der Staat als Einheit ein schöpferisches Erzeugnis, das, ebensogut wie jede einzelne soziale Gruppe, in ihrer geistigen und wirtschaftlichen Wirkung mehr ist als die einfache Addition der in ihr vorhandenen individuellen Leistungen, mehr ist als die Summe der Leistungen aller darunter begriffenen und zusammengefaßten Gruppen. Und so kann und muß es dahin kommen, daß sich in dem, was man Staat nennt, ein intensiv wie extensiv ungeheuer reges Leben entfalten kann, das sich, besonders in Zeiten höchster Anspannung aller Kräfte und Hineinverlegung aller Triebkräfte in diese Gesellschaftseinheit, zu einer erstaunlichen, Bewunderung und Begeisterung erregenden Macht auftun und im Rausch eingesetzte Opfer zu ungezählten Tausenden, ja Millionen verschlingen kann.

b) Als wesensgleich den Formen der Wirtschaft ist auch die Tätigkeit des Staates ein Zweckhandeln, und es muß sich alles staatliche Handeln demnach beschreiben lassen nach Bedürfnis, Arbeit und Ziel. Das Bedürfnis aber, aus dem die Arbeit des Staates hervorgeht und das sie weckt, ist jene Einheit, das Bedürfnis nach Einheit, nach Zusammenfassung, um die höchste Macht zu erreichen, indem man Einem oder einer Gruppe die Herrschaft gibt — Staat als Einheit der Herrschergewalt. Und zwar so, daß aus der Herrschaft die Einheit folgt und umgekehrt durch die Einheit sich die Herrschaft verstärkt. Alle sozialen Gruppen sind aufgebaut nach dem organischen Grundsatz, daß der eine die Bedingung für die Entwicklung des andern ist. Daraus fließen, gleich organisch, sämtliche Abhängigkeitsverhältnisse und alle Arten von Diensten, von Gehorsam und Befehl, Unter- und Überordnung, alle Macht- und Herrschaftssysteme von Menschen über Menschen. Dieses Gefüge von Abhängigkeiten strebt, durch Selbstorganisation, nach einer Vereinigung unter einer höchsten Macht, der es sich unterordnet und von der es alsdann nachträglich seine Macht in den einzelnen Gruppen ableitet. Und nun erzeugt auch hier das Prinzip der Heterogonie der Zwecke ein Merkmal des Staates, das ihn grundsätzlich von allen sozialen Formen und Gruppen unterscheidet, nämlich die Autonomie, die Selbstherrlichkeit. Und dieses formale Merkmal ist das, was jeden Staat recht eigentlich, und zwar in allen seinen Formen, auszeichnet, wenn es auch freilich im idealen Sinne genommen etwas bleibt, daß kein Staat je ganz erfüllen kann, schon deswegen nicht, weil jeder Staat im Gefüge der Staaten seine abhängige Stellung hat und immer haben wird. Allein nach innen gesehen, auf das vom Staate umfaßte Land und Volk, wirkt sich diese Autonomie vollkommen aus und äußert sich am merklichsten im Zwang.

Die Autonomie des Staates wäre lediglich ein Name, wenn ihm nicht das strengste Mittel zu Gebote stünde, seinen Willen durchzusetzen, Verordnungen und Gesetze zur Anerkennung zu bringen. Darum steht dem Staate als Inhaber herrschaftlicher Gewalt der Rechtszwang zur Seite. Auch dieser Zwang ist vorgebildet in den Gruppen. Jede Gruppe übt über ihre Angehörigen solchen Zwang aus: es ist der Zwang ihrer Satzungen und Statuten, ihrer Gelöbnisse. Er kann zu einem rechtlichen Zwang werden, er kann ein lediglich moralischer Zwang sein. Immer aber ist es dem Glied einer Gruppe möglich auszuscheiden, wenn ihm die Verhältnisse nicht länger zusagen, und mit dem Austritt erlischt auch der Zwang seiner Gruppe über ihn. Ganz anders steht der Bürger dem Staate gegenüber. Er kann nicht erklären, diese oder jene Rechtsvorschriften sagen mir nicht zu, ich werde sie nicht befolgen, und wenn mir der

Staat nicht das Recht zugesteht, mich über diese Vorschriften hinwegzusetzen, so verzichte ich auf den Staat und trete aus. Hier versagt die Macht des einzelnen Willens. Nicht das Individuum bestimmt, zu welchem Staate es gehören will, sondern der Staat bestimmt, wer zu ihm gehören soll, wer nicht. Er regelt autonom kraft seiner herrschaftlichen Gewalt das Verhältnis der Staatsangehörigkeit, und selbst wenn sich jemand durch Flucht den Rechtsmitteln des Staates entzieht, so gibt der Staat sein Recht auf ihn nicht preis. Jedenfalls tritt in kaum etwas stärker als in der Ausübung der Zwangsgewalt der Staat als autonom hervor. Das System der Strafen, das er entwickelt hat und das bis zur physischen Vernichtung des widersetzlichen Untertanen führen kann, belehrt ja auch deutlich genug über den Umfang und die Art der Macht, einen Zwang wirklich auszuüben.

Dieser Zwang wird nun, wie noch zu zeigen ist, der Hauptgrund für den mindersittlichen Wert der staatlichen Forderungen. Aber innerhalb des Gefüges sozialer Gruppen, deren einheitliche oberste Zusammenfassung der Staat bildet, hat dieser Zwang einer herrschaftlichen Gewalt eine wohltuende Wirkung[1]. Er beschränkt zunächst den allgemeinen Zwang von Gruppe auf Gruppe und Mensch auf Mensch; denn er behält sich vor, den letzten Zwang auszuüben, also die Exekutive in allen Fällen, wo rechtlicher Zwang sonstwie ausgeübt werden soll. Und außerdem ist dieser Zwang eben gebunden durch das Recht, das auch den Zwang ordnet, vor allem bestimmt, welches Maß der Zwang einzuhalten hat. Und ferner ist dieser höchste Zwang der öffentlichen Meinung, ihrer Billigung und Mißbilligung, ausgesetzt, dadurch der Kritik, und so in ihren Graden zu kräftigen oder zu mildern. Diese öffentliche Meinung ist aber nichts anderes als die Rückwirkung derjenigen Mächte auf den Staat, welche ihn geschaffen haben und nach wie vor tragen. Das in den Teilen treibende Leben verbessert unaufhörlich seine von ihm erzeugte Form.

---

[1]) Schäffle, Soziologie, S. 184f.

Zugleich aber sehen wir gerade im Zwang sich ein weiteres Bedürfnis offenbaren, das zu jener Einheitsveranstaltung des Staates geführt hat. Entbehrte ein Staat dieses höchsten Zwanges, so würde alsbald der Kampf aller gegen alle beginnen; allgemeine Zerklüftung, ein Volks- und Völkerchaos wäre die Folge. Somit weist diese Organisation höchsten Zwanges hin auf ein weiteres seelisches Bedürfnis der Menschen, auf das Bedürfnis nach Frieden untereinander. Da diesen Frieden aber weder Mensch zu Mensch noch Gruppe zu Gruppe halten kann, und am wenigsten die Gruppen, weil jede Macht- und Herrschaftsgruppe ist, und ihre Glieder Klassenkämpfer um Besitz und Macht, darum schufen sich diese Formen eine ihnen allen überlegene Form, die nun ausgleichend wirken soll; denn der Friede, den der Staat aufrechtzuerhalten strebt, ist der einer ausgleichenden Gerechtigkeit zwischen den einzelnen Formen, und erst wenn die Differenzierung der sozialen Formen einen gewissen Umfang erreicht hat, entsteht in ihnen das Bedürfnis nach einer übergeordneten, sie in ihrem Verhältnis zueinander ausgleichenden Macht. Das Bedürfnis, aus dem das Zweckhandeln des Staates entstanden ist und täglich hervorgeht, ist demnach: das Bedürfnis nach Einheit zum Zwecke der Zusammenballung aller derjenigen Kräfte, die zur höchsten Machtentfaltung vereinheitlicht werden können, zur Herrschaft, und zum Zwecke ausgleichender Wirkung nach dem Grundsatze der Gerechtigkeit.

Die im Staate umschlossene Machtfülle und der aus der freien Zwangsausübung erschlossene Machtwille haben immer den Vergleich des Staates mit der selbstbewußten und frei handelnden individuellen Persönlichkeit nahe gelegt und dahin geführt, in der neuzeitlichen „organischen Theorie" den Staat, und wie es nun folgerichtig ist, sämtliche Verbände als soziale Organismen, deren Teile dann die Menschen sind, über den Einzelorganismen zu betrachten. Der Staat ist eine überindividuelle Lebenseinheit, für deren innere Struktur die Naturwelt kein Vorbild kennt, sondern nur die Welt der geistigen Zusammenhänge. Den fiktiven Begriff der „juristischen Person" glaubt diese Theorie verwerfen zu müssen; sei es doch kaum auszudenken, daß z. B. das Reichsgericht im Namen eines Schattens Recht spräche[1]). Der Fehlschluß, der hier gemacht wird, muß aufgedeckt werden, denn sonst erwächst unserer bisherigen, sich mit der geschichtlichen Entstehung wie der soziologischen Darstellung des Staates im Einklang befindenden Bewertung des Staates ein gefährlicher Gegner. Was nun zu dem falschen Schlusse führte, ist dies: O. Gierke beginnt mit dem richtigen Obersatze: Das Recht ist nicht zu erklären ohne auf die erzeugende Gemeinschaft zurückzugehen. Die Gemeinschaft aber ist ein wirkendes Etwas von überindividueller Lebenseinheit. Soweit stimmen wir mit der organischen Theorie überein. Nun aber erfolgt der trügerische Untersatz: alle menschlichen Verbände, und unter ihnen vor allem der Einheitsverband des Staates, sind nicht anders zu erklären als das Recht, ergo: ist auch der Staat nur aus der erzeugenden Gemeinschaft zu erklären. Der Fehler liegt in der Gleichsetzung von Recht und Staat im Schlußverfahren, und dieser Irrtum erklärt sich aus der engen Verbindung der Rechtsordnung mit der Staatsordnung, aber eben der Rechtsordnungen nicht des Rechts selber. Die Ordnungen des Rechts sind soziale Gruppengestaltungen des Rechts, aber niemals das Recht selbst. Dieses liegt in der schöpferischen Gemeinschaft, und als das Recht von ewigem unveränderlichem Gültigkeitscharakter ist es unvergleichbar mit den Individualisierungen in der politischen Gesellschaft. Der Staat aber ist nicht wie das Recht etwas, das seinem Wesen nach in der Gemeinschaft ruht, sondern nichts weiter als die Einheitsform der Herrschaft, die über einer Zahl von Gruppen ausgebildet worden ist und in ihrem Wesen in nichts inniger der Gemeinschaft verbunden als diese Gruppen. Die Rechtswissenschaft legt diesen Gruppen oder gewissen Verbänden, den Charakter der „juristischen Person" bei, um damit auszudrücken, das solche Verbände, seien sie Vereine, Stiftungen, Korporationen, für bestimmte Zwecke, deren Vertretung ihnen

---

[1]) Vgl. O. Gierke, Das Wesen der menschlichen Verbände, 1902.

juristisch zuerkannt wird, denselben Schutz genießen wie eine Einzelpersönlichkeit. Sie sind demnach Rechtssubjekte so gut wie ein Einzelner. Will man nun dem Staate Personcharakter beilegen, dann gibt es keinen andern als den einer juristischen Person, und zwar im eminenten Sinne. Und in diesem Sinne hat es keine Bedenken, von einem Staatswillen zu reden, wie man davon redet, daß der Verein dies oder das wolle, eine Stiftung diesen oder jenen Zwecken diene. Denn auch der Staat lebt in seinen Zwecken, und auch hier darf infolgedessen von einem Willen gesprochen werden. Die Bezeichnung Gesamtpersönlichkeit aber darf ihm auf keine Weise beigelegt werden; denn er besitzt keinerlei Selbstbewußtsein noch den Charakter eines frei handelnden Wesens. Jene Autonomie, die das formale Merkmal des Staates darstellt, ist abhängig von den ihm seine Freiheit gewährenden und erhaltenden sozialen Formen, deren Einheit er bildet, und sodann begrenzt durch seine abhängige Stellung im System der Staaten.

c) Welches ist nun die besondere Arbeitsleistung des Staates, um das Bedürfnis zu befriedigen, welches ihn erzeugt hat, und wie erreicht er das Ziel, womit es befriedigt ist[1]). Den arbeitenden, den tätigen Staat fassen wir auf drei Gebieten, auf dem der Regierung, der Gesetzgebung und der Verwaltung, wozu wir auch die Justiz rechnen können. Die Regierung aber steht füglich voran, weil ohne Zweifel in den ältesten Herrschaftsformen, selbst noch bevor sie staatlichen Charakter annahmen, in der regierenden Tätigkeit die gesetzgebende und verwaltende enthalten waren. Die Anordnungen und Befehle des Regierenden, des Herrschers, waren Gesetz, er selbst der Gesetzgeber oder doch der, welcher das aus seiner Gemeinschaft geschöpfte Recht formte und zum Gesetz machte. Die Ausführungen der Gesetze und Anordnungen, die verwaltende Tätigkeit, vollzog sich unter des Gesetzgebers Augen, häufig durch diesen selbst, stets aber unmittelbar in seinem übersehbaren Machtbereiche. Heute sind diese drei Tätigkeiten auseinandergesprungen, aber sie lassen sich, ihrem

[1]) Vgl. zu diesem Abschnitt Lorenz von Stein, Verwaltungslehre, 1876, S. 11—51.

Sinne nach, noch leicht auf ihren Ursprung zurückführen. Es bezeichnet den Zusammenhang, wenn wir neben die höchsten Verwaltungsbeamten, etwa in den preußischen Provinzen, die Regierungspräsidenten als Vertreter der höchsten Funktion des Staates, der Regierung, stehen sehen oder wenn in allen wichtigen Fragen, die das große Ganze angehen, Regierungskommissare entsandt werden können. Das Eigentümliche der Regierung bleibt aber, daß sie immer auf den ganzen Staat geht in seiner Wirklichkeit und Fülle. Es ist ihre Aufgabe, die Funktion des Staates, als höchste einigende Form über den Gruppen zu stehen und ausgleichend zu wirken, in Kraft zu erhalten und selber auszuüben. Die Regierung ist die vollziehende Gewalt im Staate, und zwar diejenige, welche Absicht und Willen des Staates, als Einheit und Ganzheit, vertritt. Darum überwacht die Regierung die Ausführung der Gesetze und sucht ihre völlige Anerkennung, Geltung und Verwirklichung in allen Lebensgebieten des Staatsvolkes durchzusetzen. Darüber hinaus liegt ihr aber noch eine weitere und höhere Verpflichtung ob, dem nachzugehen, was sich an neuem Leben, und zwar an Lebensformen in sozialen Gruppen und Verbänden, wie an geistigen Ideen innerhalb des Volkes bekundet. Eine ideal arbeitende Regierung sollte immer rechtzeitig und im voraus auf Wege und Mittel sinnen, neue gesellschaftliche Formen miteinzuordnen in diese Einheitsveranstaltung, die sie selber darstellt, und nicht darauf warten, bis sich solche neuen Gestaltungen die Einordnung erzwingen, womöglich durch revolutionäre Akte. Doch unterliegt jeder Staat hier natürlichen Hemmungen, die uns ebenfalls seine begrenzte Selbständigkeit wie seinen minderen sittlichen Charakter enthüllen.

Die Regierung kann aber nur in kleinen Staatsgebilden allein durch Organe der obersten Staatsgewalt ausgeübt werden. Und auch in den kleinsten Staaten dürfte die Selbstregierung oder Selbstverwaltung nicht fehlen. Das Charakteristische der Selbstverwaltung (self-government) ist dies: die vollziehende Gewalt wird in die Hände freier Staatsbürger gelegt und ihnen das Recht gegeben, über ihre eigenen Angelegenheiten Beschlüsse zu fassen. Diese eigenen Angelegenheiten sind im letzten Sinne Angelegenheiten des Staates. Aber sie sind derart örtlich bedingt, daß der Staat diesen Teil seiner Aufgaben durch örtliche Organe, die mit den Verhältnissen gründlich vertraut sind, besser, zudem auch billiger ausgeführt sieht, als wenn er von oben her, durch seine Bureaukratie oder durch besondere Regierungsvertreter sie ausführen lassen sollte. Freilich beschränkt jeder Staat die Gerechtsame der Selbstverwaltungskörper auf die vollziehende Gewalt und wird ihm nie das Recht geben, selber Gesetze zu geben, höchstens Vollzugsverordnungen, Anweisungen zur Handhabung der Verwaltung, die sich aus dem besonderen örtlichen Charakter ergeben. Der unvergleichliche Wert aller Selbstverwaltung liegt nun darin, daß die Bürger nicht nur in den Parlamenten an der Gesetzgebung beteiligt sind, sondern auch am Vollzug der Gesetze. Dadurch wirkt die Selbstregierung der staatlichen Verwaltung heilsam entgegen. Denn es liegt im Wesen der Arbeit staatlicher Organe, daß sie nach gleichen oder gleichartigen Grundsätzen entscheiden oder doch die Neigung haben, nach dem Schema zu verfahren, um nach oben hin gedeckt zu sein. In den Selbstverwaltungskörpern aber kommt die Fülle der Sonderinteressen eher zu ihrem Recht. Gleichzeitig wächst in diesen untersten Körperschaften eines Staates auch das Verständnis für die Aufgabe der Staatseinheit, der man eingeordnet ist. Mit der Möglichkeit, dem bureaukratischen Druck, dessen Berechtigung man nicht immer verstehen kann, das Sonderrecht entgegenzuhalten und in tätiger Mitarbeit zu einer Harmonie zwischen dem Ganzen und dem Einzelnen zu gelangen, erhöht sich das Interesse am Staat, der nicht nur als eine unbedingt gebietende und Gehorsam heischende Gewalt dasteht. Sodann löst die Regierung dadurch, daß sie die Vollzugsgewalt an möglichst zahlreiche Körperschaften verteilt, eine wachsend große Zahl von persönlichen Kräften im Volke. Sie weckt das Leben durch die Aufgaben, die sie den Bürgern stellt, und sieht damit schließlich sich selber instand gesetzt, gerade ihrer höchsten Aufgabe besser gerecht zu werden, neue Forderungen zu erkennen und aufzunehmen. Denn aus diesen Selbstverwaltungskörpern strömen ihr unerschöpflich neue Anregungen zu, und je mehr die Regierung selber ihre Vertreter solchen Selbstverwaltungskörpern entnimmt, sie aufsteigen läßt zu höheren staatlichen Aufgaben, desto glücklicher wird sie selber sein in der Lösung ihrer besonderen Aufgaben.

Neben der Regierung, und der Wichtigkeit nach, auf gleicher Stufe, steht die gesetzgeberische Tätigkeit. Uns interessiert hier nicht die Form, in der etwas Gesetz wird in diesem oder jenem Staate; das sind wandelbare Verhältnisse. Die Aufgabe der Gesetzgebung ist aber von Ursprung her mit dem Staate verknüpft worden und hier nur eine Weiterführung dessen, was sich im vorstaatlichen Dasein, in Sitte und Brauch bereits entwickelt hatte. In der Gesetzgebung tritt vor allem die Abhängigkeit des Staates von der gesellschaftlichen Struktur zutage, der er äußerlich jeweils Ausdruck verleiht. Ist es doch die Gesellschaft selbst, die ihm auch den Umfang vorschreibt, in welchem er den Zwang seiner herrschaftlichen Gewalt ausüben darf. Und wenn vorhin gesagt wurde, der Staat bestimme, wer zu ihm gehöre, wer nicht, so heißt das hinwiederum, die im Staate vereinigte Gesellschaft bestimmt die Zugehörigkeit zu sich und überträgt dem Staate die Zwangsgewalt, um mit der dem Staate eigenen Kühle und Gefühlslosigkeit ihren Willen durchzuführen. So obliegt in den modernen Staaten der Regierung nicht mehr die Gesetzgebung, sondern die Verbindung mit der Regierung pflegt nur dadurch noch angedeutet zu werden, daß der höchste Vertreter der Regierung die Gesetze verkündet. Die neue deutsche Verfassung hat gerade im verstärkten Maße die Gesetzgebung für wichtigste Gebiete auf das Reich übernommen oder doch ihm vorbehalten, eine Entwicklung hin zum Volksstaat.

In nichts aber tritt der „Staat in Arbeit" seinen Untertanen sichtbarer und oftmals auch fühlbarer nahe als in der Verwaltung. Das hängt damit zusammen, daß in der Verwaltung die besonderen Aufgaben des Staates durchzuführen sind in Lebensnähe der Einzelpersonen und der einzelnen Verbände, daß die Staatsaufgabe und die von ihr unterschiedenen Interessen Einzelner und Gruppen ausgeglichen werden können. Hier liegt der große Unterschied zwischen Verwaltung und Justiz Die Justiz entscheidet über Rechte einzig und allein nach dem Gesetz. Den Gesetzen untersteht auch die Verwaltung, aber sie darf Rücksicht walten, Gründe der Zweckmäßigkeit anstelle des harten Gesetzes gelten lassen. Denn die Verwaltung ragt hinein in das quellende persönliche Leben; und der in den Paragraphen des Rechts und in tausend und abertausend Verordnungen und Verfügungen erstarrte Geist verträgt sich nicht ohne weiteres und manchmal überhaupt nicht mehr mit dem lebendigen Geiste. Ein Beispiel, das sich alltäglich wiederholt: um den das Verbot tragenden Pfahl spielen auf der Wiese vergnügt die Kinder, und es wäre hart, die Strafandrohung auszuführen, ja sogar menschlich genommen ungerecht, und doch muß Recht Recht bleiben. Aber schon hier zeigt es sich, daß Leben mächtiger ist als selbst das Recht, und der Schutzmann verjagt nur die Buben und Mädel mit finsterem Gesicht und bösen Worten. So hat alle Verwaltung die schwere, den äußersten Takt und ein entwickeltes Feingefühl zur Deutung des Einzelfalles und zu seiner Behandlung erfordernde Aufgabe, berechtigte menschliche Interessen zur Harmonie mit dem Gesetz zu bringen. Der Begründer der modernen Verwaltungslehre, Lorenz von Stein, hat gültig für alle Zeiten dies als das absolute Merkmal aller guten Verwaltung hingestellt, „das bewußte Streben nach derjenigen Aufgabe des Staats, welche in dem Einzelnen das Ganze und in dem Ganzen wieder das Einzelne begreift und fördert". Und eben deswegen ist eine Vollendung der Verwaltung unmöglich. „In der Verwaltung ist vielmehr dem Leben der Persönlichkeit jene Unendlichkeit, das ewige Werden wieder gegeben, das wie der lebendige Keim alles Wollens und Tuns den Kern der Persönlichkeit erfüllt. Das ist das tiefe Wesen der Verwaltung, daß sie auf diesem Punkte mit den höchsten Gedanken in innigster Einheit ist, welche der Geist umfaßt, denn sie ist hier nicht bloß das freie, sondern auch das niemals erschöpfte arbeitende Leben und Werden der Persönlichkeit in der Welt der Kräfte, deren letzte und höchste Einheit wir doch nur durch die gläubige Anschauung erfassen" [1]).

Zugleich stoßen wir in der guten Verwaltung auf das letzte Ziel der staatlichen Aufgabe, das durch sie in Vollkommenheit erreicht wäre, nämlich auf das Ziel, ausgleichend zu wirken, die Gerechtigkeit zu wirken zwischen den sozialen Gruppen und den Einzelnen obendrein, und damit den Frieden. Wer begriffe nun nicht die schier unmögliche Aufgabe des Staates in einer aufgelösten Kultur, wo sich nicht nur eine Umgruppierung der sozialen Verbände vollzieht, sondern auch abertausende Individuen als abgesplitterte und verdrängte isolierte Atome zwischen den alten und neuen Gruppen, noch nirgends angezogen und festgehalten, umhertreiben und dadurch zu rechten Sorgenkindern der Verwaltung werden und nicht nur dieser, auch der Regierung, bis sich endlich die Gesetzgebung ihrer bemächtigt und ihr Verhältnis zu den Gruppen ordnet, was freilich nur dann in gebührendem Umfange erfolgt, wenn diese Vereinzelten sich zu Verbänden zusammenfinden und dadurch neue Machtmittelpunkte geschaffen haben. Und nun erst gelingt es ihnen, den Staat in Bewegung zu setzen, seine ausgleichende Kraft mobil zu machen, auch zu ihren Gunsten.

Denn die Arbeit des Staates kann sich durchaus nicht in voller Freiheit nach dem Sittengesetz vollziehen. Könnte sich ein Staat emporheben in das reine Licht des Sittengesetzes, so hieße das, er bettete sich unmittelbar ein in die schöpferische Gemeinschaft, und alle seine Handlungen wären durchtränkt und unwiderstehlich ausgerüstet mit allen geistigen Kräften dieser Gemeinschaft. Ein Staat, der also in der Gemeinschaft ruhte, würde der lebendige und tätige Kulturstaat sein, den sich ein Mensch nur als ein Ideal erdenken mag. Denn nun wirkte er nicht ausgleichende Gerechtigkeit, sondern alle erwärmende, besiegende und beseligende Liebe. Und wir könnten, was uns in der wirklichen Welt nicht möglich ist, den Staat lieben, d. h. wir könnten Gefühle reiner Sympathie und Zuneigung auf ihn beziehen. So aber bleiben alle

[1]) a. a. O. S. 49, 51.

Liebe und aller Haß, den man auf den Staat bezieht, bildlicher Ausdruck; denn der Staat ist kalt und regungslos; er ist ohne Gefühle, und wer auf ihn Gefühle überträgt, der projiziert entweder seine Eigenliebe in den Staat, der seine Sonderinteressen vertritt, oder er verherrlicht seine Selbstsucht. Sein Volk kann man lieben und für sein Volk kann man sterben; seinen Staat kann man nicht lieben, und es ist eine irrtümliche verhängnisvolle Beziehung, wenn man den Opfertod von Bürgern als für den Staat statt für das Volk geschehen ansieht. Selbst wenn jene „Staatsbürger" ihr Leben ihrem Staate opfern, so werden wir doch darin einig sein, daß es ein Höheres gibt, für das man jederzeit bereit sein kann, sein Leben hinzugeben, und das ist eben sein Volk und es soll auch sein die Menschheit. Für einen Menschen opfert man sich, für eine Gemeinschaft, Familie, Geschlecht, Volk — nicht für ein soziales Gebilde, wie einen Verein, eine Geschäftsgenossenschaft, einen Staat, sollte der Mensch sein Leben hinzuwerfen gelehrt werden, sondern darüber zu stehen als über Hilfsveranstaltungen zur Darstellung persönlichen und wahren Gemeinschaftslebens. Auch Staaten dürfen für sich kein Opfer des Lebens von ihren Bürgern fordern!

Das wird noch dadurch klarer, daß ja kein Staat die harmonische Einheitsveranstaltung eines Volkes ist, noch jemals sein kann. Es ist nicht, wie eine Vertragstheorie lehren möchte, ein Übereinkommen zwischen sämtlichen Gruppen, daß diese Einheitsform zustande kommen ließ, es waren vielmehr die jeweils mächtigsten Herrschaftsverbände innerhalb eines Stammes oder eines Volkes, die auf mannigfaltigste Weise die Einheit der Herrschaftsform schufen und sie einem oder einer besonderen Gruppe übertrugen, wenn nicht ein einzelner, auf seine Gruppe gestützt, sich diese Herrschaft gewaltsam nahm. Und nimmer nach seiner ersten Entstehung ist ein Staat gewesen, der in der Hand aller seiner Gruppen war und dadurch aller Zufriedenheit gewann, sondern immer blieb er in Abhängigkeit von einer Auswahl unter ihnen, sei es nun eine Minderheit oder wie in den demokratischen Staaten der Gegenwart eine Mehrheit, die aber rein numerisch zu verstehen ist und nicht eine wahrhafte und wirklich qualifizierte Mehrheit darstellt, da nirgends diese Mehrheit zustande kommt ohne Wahlmache und damit von vornherein ohne Verfälschung des Ergebnisses und außerdem niemals ohne Aufpeitschung roher Masseninstinkte, daher entsteht sie ohne klare Überlegung und reinen sittlichen Entschluß dieser Mehrheiten. Deswegen gerät jeder Staat unweigerlich in die Hände einer Minderheit, und es ist bis heute noch niemals anders gewesen, und worauf es ankommt, um den besten Staat zu schaffen, das ist immer dasselbe: diejenige Minderheit beherrsche ihn, welche zurzeit das beste sittliche Recht hat, die Gewalt auszuüben. Wie sehr der Staat von den Gruppen in Abhängigkeit gehalten wird, das lehrt deutlich die Scheinmacht des absoluten Fürsten. Selbst ein so absoluter und resoluter Fürst wie der preußische König Friedrich Wilhelm I. vermochte keineswegs seine Schulgesetze im ganzen Lande durchzusetzen, sondern scheiterte an den Ständen und deren Privilegien. So ist sein Schulerlaß für Ostpreußen nichts weiter gewesen als der Erlaß eines Gutsherrn; denn nur auf den königlichen Domänen konnte der absolute König seinen Gesetzen Geltung verschaffen und sie durchführen. Und daß die Ideen der Stein-Hardenbergschen Reform an den Widerständen der Junker scheiterten und erst nach vier großen Kriegen und zwei Revolutionen durchgeführt und fast ganz vollendet werden konnten, darüber belehrt jeden unverblendeten und ruhigen Betrachter unsere Geschichte. Und wie in der Gegenwart die leistungsfähigsten Gruppen sich ihren staatlichen Pflichten entziehen und gemeinste Geschäftspolitik treiben, das verhilft nur noch mehr zur Einsicht in die Abhängigkeit des Staates von den Gruppen, in seine Unvollkommenheit sowie in seinen sittlichen Minderwert.

3. Nach all diesem kann es nie und nimmer der Staat sein, in dem sich die Fülle der Gemeinschaft auslebt. Ist er auch als Einheitsform, die sämtliche Gruppen umschließende und ihnen gebietende, ihnen ihre Macht erst gewährleistende Verenstaltung, so muß es doch eine Sphäre geben, welche vom Staate nicht erfaßt wird, ja nicht vom Staate erfaßt werden kann noch darf. Eine staatsfreie Sphäre! Wenn es

aber eine staatsfreie Sphäre gibt, dann auch ein Gebiet, in dem es Bedürfnisse zu befriedigen gilt, die nicht durch die Herrschergewalt und nicht durch ausgleichende Gerechtigkeit Erfüllung finden, sondern durch ein anderes, wohl gar ein Höheres. Von hier aus wird demnach erst der Begriff einer Staatsschule, werden die eines Staatsbeamten und die Stellung des Lehrers überhaupt abzugrenzen sein.

Es liegt schon gar nicht im tatsächlichen Charakter eines Staates, der als Einheitsform immer von den derzeitig die Macht besitzenden Gruppen eines Volkes gehalten wird, und zwar auf Kosten der außenstehenden Gruppen, die höchste Gerechtigkeit zu verkörpern. Er will nur umfassen und zu machtvoller Einheit zusammenschließen, wer sich dem einfügt, das er sich zurzeit als Hauptzweck gesetzt hat. Darum ist er auch nicht im höchsten Sinne unegoistisch, wie es die Gemeinschaft ist, die alle mit gleicher Wärme umfängt. In nichts tritt dieser beschränkte Charakter des Staates deutlicher heraus, als in seinem Recht. Es hat niemals seit den Tagen des ungeschriebenen Volksrechtes, das auch seinerseits gewiß nicht vollkommen war, ein Recht gegeben, das ein wahrhaft sittliches Gemeinwesen in einem Staate ermöglichte. Und dies hat mindestens zwei natürliche Gründe: einmal ist jede Rechtssatzung Niederschlag einer Anschauung, die zu einer gewissen Festigkeit, und zwar in den herrschenden, den Staat haltenden Gruppen zu einer gewissen Festigkeit gelangt ist, und eben diese Anschauung wird bei gegebener Machtkonstellation zu geltendem Recht erhoben. Somit ist ihrer Entstehung nach die Rechtsvorschrift nachhinkend, nachlaufendes Recht, nicht vorwärts weisend, nicht einem sittlichen Leben im voraus den Weg bahnendes Recht. Und sodann ist es das Verhängnis aller geistigen Schöpfungen einer Gesamtheit, daß ihre Verwaltung Einzelnen anvertraut werden muß und daß diese Einzelnen unmöglich — daher sind sie nicht schlechthin schuldig zu sprechen — die Kräfte haben können, ihre Aufgabe voll und ganz im Sinne des ungeschriebenen ewigen Rechts und Geistes zu lösen. Das Hemmnis der Sprachentwicklung waren von je her die Gelehrten und Schulmeister, der Sitte die Sippschaften, der Religion die Priester, der Kunst die Kunstrichter und überall vor allem die „Schulen" und die „Überlieferung", und so auch des Rechts die Juristen. So sehr sich auch in jedem Kreise, der Juristen (wie der Priester und ebenso anderswo), die Kräfte erheben, die einer Fortbildung des Rechts, d. h. einer zweckentsprechenderen Anpassung an die inzwischen vorgeschrittenen Differenzierungen der Rechtswissenschaft wie der Rechtsanschauungen, dienstbar werden, so ist es doch am Tage, unter welchen Bedrängnissen und in welch schleppendem Tempo sich diese Anpassung an die inzwischen fortgeschrittenen stark veränderten Anschauungen in der Volksgemeinschaft vollzieht. Dann können sich die Klagen erheben über Klassenjustiz, es kann zu Schritten einer Volksjustiz führen, die sich nun ihrerseits wegen ihrer dumpfen und ungeklärten Anschauungen in offenbares Unrecht setzt. Besser und heilsamer für eine Volksgemeinschaft, wenn das lebendige Rechtsempfinden im Volke, das sich nährt aus der, über dem geschriebenen Recht ruhenden, Idee des Rechts, zur rechten Zeit im Gesetz seinen Ausdruck findet! Immer aber belehrt die enge Verbindung zwischen dem Staate und seinem Rechte uns darüber, daß es bereits eine weite Sphäre gibt, die kein Staat, seinem beschränkten Charakter nach, erreichen kann.

Und diese Einheit des Staates, die wir als eine Willenseinheit bezeichnen dürfen, unterliegt dem Gesetze der Übung wie alles Wollen. Durch fortgesetzte Übung mechanisiert sich der Wille und mechanisiert sich die Arbeit eines Staates, sie wird zur Leistung einer Staatsmaschine. Wenn wir eingangs von dem Begriffe eines lebendigen tätigen Staates sprachen, so doch in dem Bewußtsein, daß kein Staat „der niemals ruhende Staat" ist. Er bleibt einmal gebunden, so gut wie die Gemeinschaft selber, an die Einzelnen als seine Träger, und seine Arbeit ist abhängig in ihrem Erfolg von der Tüchtigkeit dieser Einzelnen. Sodann unterliegt auch er selber als eine wandelbare Schöpfung dem Gesetze des Alterns und Sterbens. Und nichts ist unangenehmer als ein Staat, der sich gebärdet wie ein Greis in zweiter Pubertät. Das ist z. B. da der Fall, wo die Bureaukratie, die an sich in allen modernen Staaten unentbehrlich ist, sich anmaßt, den Staat zu tragen und mit ihrem Leben, das in Amtsstuben und Akten von Verwaltungstradition und verknöcherter Amtsmoral gespeist wird, zu erfüllen, mit einem Leben, das nur noch die Mumie eines solchen darstellt. Da trägt wohl die Bureaukratie eine Staatsform, die sich unvermerkt überlebt hat, oder gar noch eine entschwundene Staatsform kühnlich und in possierlicher Pflichterfüllung weiter und liefert, wie wiederum allzu häufig in der Gegenwart, das Bild einer keineswegs erquicklichen greisenhaften Geschäftigkeit. So lebte auch der Staat Friedrichs des Großen noch eine volle Generation weiter, und es war selbst in den Jahren 1806 bis 1815 nicht möglich, ihm alle hippokratischen Züge zu nehmen. Es ist also das Moment der Trägheit, dem sich kein Staatswesen in seinen menschlichen Vertretern entziehen kann, und diese Trägheit offenbart sich alsdann allüberall: in der Gesetzgebung, in der Verwaltung, gegen die sich ein Volk dann immer besonders stark aufbäumt, weil es in ihr den Staat am stärksten empfindet, und ebenso in der Regierung, die freilich dem Volke mehr entrückt ist und darum länger geduldet zu werden pflegt.

Alle staatliche Arbeit ist nachlaufende Tätigkeit und wird es bleiben, so lange es Staaten gibt. Das geistige Geschehen aber, das der Staat zu formen sucht und zu vereinheitlichen in etwas auch beauftragt ist, bildet sich mit Naturnotwendigkeit von selbst und ist daher schon dem Staate entzogen, wie er auch immer sich mühen mag, es in seine Formen zu zwängen. Insofern sich nun dieses geistige Leben selbst organisiert in Gemeinschaften oder in Individualitäten, liegt hier die erste und unüberschreitbare Grenze eines jeden Staates. Das Maß der persönlichen Geistigkeit ist die Bedingung der Kraft und der Entwicklung des Staates. Wohl ihm, wenn er sich seines ganzen Inhalts an geistigen Kräften bewußt ist und sie in ihrer Gesamtheit spielen und sich auswirken läßt! Er selber aber kann niemals diese geistigen Kräfte selber und unmittelbar erzeugen. Sie sind mächtiger als er, und daher stammt wohl auch sein Kampf gegen diese geistigen Mächte, ganz besonders in den Krämer- und Handelsstaaten. Überall begegnet er ja ihnen in seiner Tätigkeit. Als Regierung sieht der Staat neue Gruppen entstehen und Ideen an Gewicht und Anhängerschaft zunehmen, die ihm zuerst unbeachtlich erschienen. Die Gesetzgebung wird ständig zu neuer Arbeit angetrieben von freien, aus der Tiefe der Volksgemeinschaft aufsteigenden Kräften, und die Verwaltung ist unaufhörlich in Verhandlung mit diesen nicht staatsgebundenen Interessen und nutzt das Gewicht der Gesetze und der Gewalt ab im täglichen Streit mit Imponderabilien, die sich unversehens zur Macht erheben.

Das alles aber bekundet uns nur, daß die Arbeit des Staates überall hineinragt in eine staatsfreie Sphäre, aus der seine Form Leben und Gestalt gewinnt und mit der er selber nur allzu leicht in Kämpfe gerät, wenn er sich starr behaupten will, wenn das Geschöpf sich gegen seinen Schöpfer durchsetzen will. Solange man den Staat zum Hort der Moral machte und seinen Zweck in der Wohlfahrt aller seiner Bürger erblickte, war die Überspannung der Staatsmacht ohne weiteres erklärlich und gerade sein Eingriff in das, was wir die staatsfreie Sphäre nennen, in die geistige Welt, nicht verwunderlich. Denn wie hätte ein Staat, dem die Wohlfahrt seiner Untertanen zur Pflicht gemacht wird, sich vor dieser Welt zurückziehen dürfen? Nur so verstehen wir es, daß sich voreinst Universitäten gegen philosophische Lehren und selbst gegen physikalische Theorien dadurch zu schützen suchten, daß sie die Fürstenmacht zu Hilfe riefen und daß der Staat vor allem in Glaubenssachen eingreifen durfte. Heute ist zu fast kristallener Klarheit der staatsfreie Bereich gewonnen und zum mindesten unter den Besten sein Recht, von Beeinflussung durch den Staat befreit zu bleiben, anerkannt. Und zwar deswegen anerkannt, weil der Staat, er mag so mächtig sein wie er will, die Macht niemalen aufzubringen vermag, die zur Beherrschung der geistigen Welt mit seinen Rechts- und Machtmitteln nötig wäre. Der Staat mag gebieten, diese oder jene Wissenschaft zu lehren, und Männer und Frauen zu ihrem Dienste bestellen. Nie und nimmer ist er imstande, dem

Geiste zu gebieten, der in dieser Wissenschaft treibt und der einzig und allein der Wahrheit untertan ist und untertänig sein darf. Kein Staat hat das Recht, über die Richtigkeit und Unrichtigkeit von Lehrsätzen zu entscheiden. Die Einsteinsche Relativitätstheorie gehört so wenig vor das Forum des Staates wie die neueste Theorie der Biologie oder Erziehungswissenschaft. Der Staat mag in seinen Gesetzbüchern die Verhältnisse von Besitz und Eigentum regeln, er kann durch alle seine Gesetze niemals Treue und Ehrlichkeit wirklich und wirksam machen. Er ordnet die Eheschließung und mag festsetzen, mit welcher Stunde er ein Zusammenleben zweier Menschen als rechtsgültige Ehe anerkennt, er hat keinen Einfluß auf das Eheleben, und könnte sich auch nimmer mit Aussicht auf Erfolg anmaßen, Keuschheitsgebote zu erlassen. Der Staat kann Museen einrichten, Bauten und Denkmäler aufführen lassen; wenn er der Kunst selber geböte, so verginge er sich gegen den Geist, und es entstehen Bastarde der Kunst. Die soziale Gesetzgebung und das Armenwesen mag er regeln und stolzer auf diese Taten sein als auf manches andere, er kann keine Liebe gebieten, noch erzeugen, ja es ist seinen Einrichtungen eigen, daß sie die Menschen kälter lassen als private Wohltätigkeit und soziale Fürsorge im Rahmen von Gemeinden und kleineren Verbänden oder gar von Mensch zu Mensch.

Wo der Staat in dieses Reich des Geistigen übergreift, da sind seine Handlungen verirrt und werden Mißgriffe getan, die sich über kurz oder lang rächen. Denn der mißhandelte Geist erhebt sich und sprengt doch die Ordnungen, in die er wider seine Natur vom Staate gezwängt worden ist. Jeder solcher Mißgriffe bedeutet ja den Versuch, die Möglichkeit freien persönlichen Lebens zu unterbinden als eines Lebens in und aus der Gemeinschaft. Wo der Staat in das Reich der Wahrheit eingreift, da treibt er alsbald, genau entsprechend seinem wahren Typ als sozialer Form, Reklame für sich. Die im Auftrage des Staates, und oft in unwürdiger Anbetung des Staates, verfaßten Werke über Epochen seiner Geschichte, über herrschende Persönlichkeiten irgendwelcher

Art, aber ebensogut, man denke nur an die Schulbücher zur Moralunterweisung in der französischen Republik, über sich selbst und sein Wesen: all das unterscheidet sich in nichts von dem, was eine Firma, eine politische Partei in Auftrag gibt um ihre Geschichte, sich selbst, diese oder jene um den Verband verdiente Persönlichkeit ins rechte Licht zu rücken. So können Schulbücher entstehen, deren Wert wenig verschieden ist von dem eines Katalogs geschäftstüchtiger Häuser. Was aber im Geschäftsleben und Vereinsleben nicht verurteilt wird, weil im Wettbewerb der Einzelnen untereinander jeder, wenigstens der Theorie nach, die Möglichkeit besitzt, ebenso vorzugehen, das wird zum Verbrechen gegen den aufwachsenden Geist der Jugend, wenn es der Staat von sich aus unternimmt. Denn der Staat als Einheitsform und als oberste Herrschaftsgewalt ist außer Konkurrenz, und er sollte sich daher unbedingt und auf allen Gebieten von jedem Versuch, in Wettbewerb zu treten, hüten. Wo er aber abirrt und seine Grenzen überschreitet, da muß er Unheil anrichten, wider Willen, und selbst seine wohlmeinendsten Absichten müssen Schaden anrichten, der schwer zu heilen ist.

Es kann nämlich nicht ausbleiben, daß er auch die sittliche Sphäre beinflussen will. Und so setzt er an die Stelle der wahren Sittlichkeit sein Ethos. Das ist aber das Ethos der Zweckmäßigkeit und Nützlichkeit, des Zwanges und der Autorität. Eine andere Sittlichkeit kann er, trotz all seines Bemühens, sich in Einklang zu setzen mit den großen Gesetzgebern im Reiche der Sittlichkeit, nicht züchten. Wie kann sich ein Staat christlich nennen, und muß doch Krieg führen! Kommen doch Kriege immer noch wie mit Naturgewalt über Völker und Staaten, und folgen von selber aus der heutigen Form der Staatengesellschaft und werden sein, solange sie besteht. Dann aber ziehe der Staat seine Hand ab von dem, was höher ist als er selbst, und vermesse sich nicht, einen Namen zu tragen oder auch nur eine Idee besonders pflegen zu wollen, die seinem Wesen widerspricht und die er, als Staat, überhaupt nicht pflegen kann, weil es seine Selbstaufhebung bedeutete, wäre sie verwirklicht. Ein Staat, gegründet auf absoluter Feindesliebe, ist ein Unding und würde kein Jahr bestehen können. Es liegt doch wohl auf der Hand, daß der Staat nicht mit einem Stückchen seines Wesens an die Gemeinschaft reichen kann, welche mit jenem Gebote Ernst macht: so wie denn auch im Weltkriege der Staat die Gemeinschaft der Quäker nicht bezwungen hat, sondern eher diese ihn. Das unüberbotene Muster einer Staatsethik mit allen ihren Verzerrungen ist traditionell die englische, zusammengefaßt im Begriffe cant, und von einem Manne wie Carlyle bereits heftig gegeißelt; ein Gemengsel von Religion und Sittlichkeit mit Verlegenheit und Hinterhältigkeit: offen, ehrlich und wahrheitsliebend nach außen und nach innen von allem das Gegenteil: diese Staatsmoral, die von allen modernen Staaten zum Vorbild genommen wurde, und einer Realpolitik und ihrem persönlichen Gott an die Seite gestellt werden kann. Wo aber der Staat auf den einzelnen Bürger moralisch einzuwirken sucht, da geschieht es unter Zwang, und es entsteht nur Autoritätsethik, eine heteronome Moral. Und daran ändert sich nichts, wenn der Unterjochte autoritätsgläubig wird und wähnt, aus Freiheit zu handeln, wo er doch, vielleicht durch seine Erziehung, sei es die Erziehung einer Schule oder eines Amtes, längst seine wahre Freiheit verloren hat und nur noch Untertan ist und nichts weiter, und wie ein Sklave weinen würde, wenn ihn sein Herr in Freiheit lassen wollte. Man durchlaufe die Geschichte und frage nach, welche sittlich nicht mehr haltbaren Zustände durch die Initiative des Staates oder welche großen sittlichen Fortschritte, wie man sagt, im Staate durch den Staat gemacht worden sind. Sie sind allesamt gegen ihn gemacht worden, und erst als sie ihre allgemeine Anerkennung forderten und als sie sich nun in den Herzen Einzelner und hinreichend vieler Gruppen durchgesetzt hatten, vor allem auch unter den Gruppen, die Träger der Staatsgewalt waren, da ist hinterdrein der Staat als ausführendes Organ genötigt worden, diese sittliche Wandlung zu verkünden und zu schützen (vgl. Hexenverfolgungen, Inquisition, Leibeigenschaft, Folter, neueste Wandlungen im Strafvollzug).

Darum hat jeder Staat Ehrfurcht zu lernen und zu bewahren vor den Tiefen des Geistes, aus denen er alles hat, was an ihm das Beste ist und dem er weder etwas hinzuzutun noch fortzunehmen imstande ist. Er muß es wissen und seine Arbeit danach einrichten, auf allen Gebieten, daß es ungeschriebene Gesetze gibt, die aber in Kraft stehen innerhalb der Gemeinschaft der Geister. Es gibt Gesetze, unwandelbare, unaufhebbare in der Welt des Geistigen so gut wie in der Natur. Demnach steht der Staat zwischen zwei Welten: auf der einen Seite hat er die Gesetze anzuerkennen, die sich in den sozialen Formen, in der Wirtschaft auswirken, das sind die Gesetze der Differenzierung oder der Entwicklung und diejenigen Gesetze, die in erster Linie auch in ihm selber wirksam sind, die er am mächtigsten in den eigenen Adern fühlt als die elementaren Grundgesetze seiner eigenen Entstehung und seiner Wandlungen. Auf der anderen Seite die Gesetze der Natur und des Geistes, deren letzte Formeln verschlossen sind, die man immer nur in Annäherungswerten erfassen wird, wie er denn auch das Gesetz, nach dem er selber angetreten ist, niemals in seinen letzten Zusammenhängen erschließen kann. Somit aber erklärt es sich aus dieser Grenzstellung, daß der Staat so gern und so leicht in das Reich übergreift, das ihm verschlossen bleiben sollte. Er ist Einheitsform der Gesellschaft und als oberste Form steht nichts über ihm. Schon das legt ihm cäsarisches Gelüsten nahe, so lächerlich nun auch im Zeitalter der Parlamente und der Presse solches Gottspielen geworden ist. Dann aber lockt ihn die Aufgabe — und gerade die Besten und Edelsten seiner Bürger legten sie ihm nahe, ein Plato, ein Aristoteles, ein Fichte und Hegel, um nur einige zu nennen — auch die Einheitsveranstaltung für alles freie geistige Leben zu sein: allem geistigen Leben zur Entwicklung verhelfen, der Mittelpunkt aller seiner Quellen und Kräfte zu werden und ihr Sammelpunkt zugleich, sich selbst in die geistige Gemeinschaft emporzuheben. Wäre es ihm nur möglich, den größten Teil dieses Lebens auch nur in Form zu bringen.

4. Alle Bildung geistigen Lebens ist Lebensbedingung und notwendigkeit des Menschen so gut wie Ernährung und Pflege

des Körpers. Sie vollzieht sich darum mit Naturnotwendigkeit durch sich selbst. Daraus ergibt sich, daß alle staatliche Ordnung und Pflege des geistigen Lebens nur ein Zweites ist, und ferner, daß von dem Staate, durch sein öffentliches Bildungswesen, stets nur ein Teil des geistigen Lebens seiner Bürger erfaßt werden kann. Und gerade in diesem freien, von öffentlichen Veranstaltungen nicht erfaßten — wenn auch vom Staate, bei verwickelterer Kultur mannigfach mit ausgebildeten und beeinflußten — geistigen Leben liegen die reichsten Keime des Fortschritts. Und so erhebt sich hier die rechte Aufgabe innerhalb eines Volkes für ein Volk: es kommt darauf an, dieses frei sich betätigende, oft gewiß auch Freiheit und Willkür durcheinander mengende, geistige Leben in das rechte Verhältnis zum Staate zu bringen.

Vom Staate aus gesehen vollzieht es sich so, daß der Staat dieses Leben zu formen sucht, indem er es in die ihm gemäße Lebensordnung einzwängt durch Verordnungen und Gesetze. Dabei gestaltet er notwendig jenes freie geistige Leben um, durchtränkt es mit seinen Ideen, mit dem staatlichen Ethos. Denn dies wird nun unvermeidlich der Gang der Entwicklung: unter dem Einfluß des Staates verwandelt sich die Freiheit in Zwang. So ergriffen z. B. zuerst gesellschaftliche Verbände die Jugendpflege, seit 1911 haben wir ein Jugendpflegegesetz. Die Geschichte des öffentlichen Bildungswesens bis heute ist die Geschichte der Einfassung geistigen Lebens unter den staatlichen Zwang, gipfelnd im Schulzwang. Wo nun dieses öffentliche Bildungswesen die kräftigende Fühlung mit dem freien ungebundenen, aus sich fließenden geistigen Leben verliert, da entwickeln sich Pedanterie und Bureaukratismus, der Geist der Kleinlichkeit und der papiernen Geschäftigkeit. Die Verwaltung wird lebensfremd und verkrebst sich, zunehmend unsicherer dem Neuen gegenüber, in ihr Verwaltungsgehäuse. Sie bedarf dann dringend neuer Lichtzufuhren. Ja, selbst dort, wo reicher und vielseitig begabte Persönlichkeiten die Verwaltungsgeschäfte leiten, ja erst recht bei ihnen, bleibt das Empfinden wach und verstärkt sich von Amtsjahr zu Amtsjahr, daß alle Verwaltung allzu sehr nachlaufende

Tätigkeit ausübt und daß der Abstand zum vorwärts strömenden Leben sich von Jahr zu Jahr vergrößert [1]). Darum sollte man nicht schon ohne weiteres etwas rühmen, weil es Gesetz geworden ist, noch in einem Gesetz, das erreicht worden ist, schon einen vollen Erfolg sehen. Einmal ist die Gesetzmacherei mehr und mehr und allzu häufig zu einer Art Abschluß irgendwelcher parlamentarischen politischen Treibjagd der Parteien geworden, ohne daß ein wirklicher Ernst, vielleicht sogar ein wahres Verständnis für das Erreichte bei den „Gesetzgebern" vorhanden ist [2]). Sodann ist weit wichtiger als ein Gesetz

---

[1]) Vgl. den Aufsatz von Brandi, Unterrichtsverwaltung und Schulwesen in Preußen, Preuß. Jahrb. Jan. 1912.

[2]) Was soll man von der Zuständigkeit der Parlamente in Schulfragen und vor allem von der Achtung der Parlamente in den allerweitesten Volkskreisen halten, wenn ein so harmloses Blatt wie die damalige „Neue Hamburger Zeitung" am 24. Januar 1922 folgenden Bericht bringen konnte?

„Der Kampf um die Schule. Im Reichstag hat heute der Kampf um die Schule begonnen, d. h. ein Kampf ist es eigentlich nicht. Ein sozialdemokratischer Lehrer, ein katholischer Schulrektor aus Westfalen, der volksparteiliche Provinzialschulrat Rumpel und der frühere christlich-soziale, jetzt deutschnationale Abgeordnete Mumm tauschten ihre Meinungen über das neue Reichsschulgesetz aus, nachdem zuvor der Staatssekretär Schulz aus dem Reichsministerium des Innern, bekannter aus seiner sozialdemokratischen Abgeordnetenzeit unter dem Namen „Bildungsschulz", den Entwurf bedächtig mit diplomatischer Behutsamkeit einzuführen unternommen hatte. Dabei war diesem Entwurf draußen im Lande ein recht harter Kampf der Geister vorausgegangen, aber die Schwelle des Reichstags hat er anscheinend nicht überschritten; nicht, weil man dort auf einer Stufe höheren freieren Menschentums diese Streitfrage in Abgeklärtheit überwand, vielmehr wohl aus gleichem Mut und Apathie. Die letzten und tiefsten Probleme der Weltanschauung interessieren den Durchschnittsabgeordneten von heute nicht. Das überläßt man den paar Fachmännern, die Rede und Antwort geben sollen, und ist schon stolz, wenn man darüber hinaus eine Anstandskorona bereitzustellen vermag. So ward auch diese Debatte, vom Zehngebote-Hoffmann ab und zu durch läppische Zwischenrufe gewürzt, im Reichstag vor leeren Bänken geführt. Es handelte sich bei der Vorlage im Grunde um die Durchführung des Weimarer Schulkompromisses, will sagen um die gesetzliche Stipulierung der Konzessionen, um den

festzustellen, ob die Voraussetzungen für die Durchführung vorhanden sind, d. h. ob einmal die verantwortlich ausführenden Menschen guten Willens und vollen Verständnisses für den Sinn des Gesetzes sind und sodann ob in den Objekten des Gesetzes Wille und Verständnis vorhanden sind.

Welchen Grundsatz soll die staatliche Verwaltung im öffentlichen Bildungswesen betätigen? Der Staat muß auch hier für die zweckmäßigste Organisation sorgen, ihr die Wege ebnen, und darum in erster Linie dem Grundsatz der Selbstverwaltung den weitesten Spielraum verschaffen. Die Selbstverwaltung aber wird ruhen in den Händen derer, deren eigenstes Werk die Schule mehr und mehr werden muß: in den Händen der Familie und der Lehrerschaft. Denn alles, was oben über die Vorteile der Selbstverwaltung gesagt worden ist, das trifft beim Schulwesen unvermindert zu. Fr. Wilh. Dörpfeld hat sie mit Recht gepriesen und ihre Vorteile zu-

---

Frieden zwischen den herrschenden Parteien zu erhalten, den Zentrum und Sozialdemokratie zu machen sich entschlossen haben. Der Linken zuliebe wird die weltliche Schule ohne Religionsunterricht zugelassen, die zwischendurch (nach unserem Gefühl zu Unrecht) auch wohl die Weltanschauungsschule genannt wird.

Aus Entgegenkommen gegen die Rechte (das Zentrum zählt in diesen Stücken zur Rechten) wird daneben die Bekenntnisschule eingeräumt. Manche (die Parteizugehörigkeit spielt in dieser Frage keine Rolle) werden meinen: das sei nur eine äußerliche, rein oberflächliche Parität. Trotzdem zeigten sich die Sprecher der Sozialdemokratie noch nicht zufrieden. Die weltliche Schule, verkündete Herr Hellmann, müsse die alleinige Erziehungsgrundlage bilden. Das Gesetz lasse „den Dogmen, mit denen vor 1500 Jahren die damalige Religion sich abfand“, einen viel zu breiten Spielraum. Wie unduldsam diese Leute doch bisweilen sein können; doch plädierte auch Herr Hellmann für Kommissionsberatung genau wie nach ihm Herr Reinländer vom Zentrum. Man wird sich schon einigen, weil man im politischen Tageskampf einander braucht.“

Dabei muß zugestanden werden, daß solche Berichte üblich sind, daß sie in anderen Zeitungen noch krasser lauten, erst recht in den pädagogischen Fachzeitungen. Die Frage wird durchaus brennend: Kann ein Volk es auf die Dauer dulden, daß solchen Kreisen seine Kulturpolitk anvertraut wird? Muß es sich nicht neue Wege suchen, so oder so?

sammengestellt[1]: 1. es werden mehr Kräfte zum Dienst für das Gemeinwohl herangezogen. Durch Vermehrung der mitsorgenden, mitberatenden und mitarbeitenden Kräfte kann auch mehr geleistet werden in Rat und Tat; 2. es lassen sich leichter ältere Übelstände ans Licht ziehen und neue Verbesserungen in Anregung bringen als auf dem langen Wege der schriftlichen Beschwerden und Petitionen; 3. es lassen sich Verwaltungskörperschaften bilden, in denen alle wirklich an der Schule interessierten Kreise angemessen vertreten sind. Dadurch werden die Gefahr und der Schaden einer bureaukratischen Schulregierung vermieden; 4. durch die Selbstverwaltung bleiben die Schulen einzig und allein auch innerlich gesund. Denn die Gefahr vermindert sich, ja sie verschwindet gänzlich, daß die Schulen einseitigen Zwecken, politischer oder kirchlicher Natur, dienstbar gemacht werden; 5. das Selbstverwaltungssystem macht größere Kreise mit dem Schulwesen und seinen Aufgaben bekannt und schon dadurch steigert sich das Interesse für die Schulen. Es braucht wohl kaum gesagt zu werden, wie sehr durch die Staatsschule das Interesse für die Erziehungsfragen in unserm Volke versiegt ist. Der Staat hat die Eltern entmündigt, und so sind denn die Eltern von heute vielfach wie im Käfig geborene Vögel, die es nicht anders kennen und die, frei gelassen, zum größten Teile nicht recht verstehen, warum sie jetzt mithelfen sollen und wie. Fast überall sind die Elternräte zuerst den Weg gegangen, den sie am besten kannten, den einer parteipolitischen Auffassung ihrer neuen Tätigkeit, mit allem Zank und Streit und Klatsch dieser Einstellung, die nur der Zerstörung fruchtbarer aufbauender Gesamtarbeit dient; 6. der Weg, die Eltern zur Mitarbeit heranzuziehen, muß deswegen der beste sein, weil es ja die eigensten Angelegenheiten sind, in denen diese Personen mitzuwirken haben. Das wird nach und nach dahin führen, daß sie sich mit größter Sorgsamkeit und Treue für diese ihre neuen Aufgaben einsetzen und auch mit der notwendigen Behutsamkeit und mit größter Zurückhaltung in Dingen, die sie nicht ver-

[1] Vgl. bes. Fundamentstück, S. 160ff. (hier gekürzt).

walten können. In der Tat sind in Europa alle „Neuen Schulen" in Rat und lebendiger Tat von den Eltern mitgetragen und ohne deren mitsorgende Tätigkeit nicht zu denken; ein Stück ihres Wesens, und nicht das mindeste, würde sonst fehlen; 7. würde der Staat in diesen Selbstverwaltungskörpern ein rechtes und echtes Leben schaffen. Gesundheit, Wohlgefühl, Kraft und Arbeitslust würden hier ihre Heimstätte finden.

Der Grundsatz der Selbstverwaltung aber dient auch am besten der Forderung, die freie Entwicklung eines jeden Einzelnen zur Persönlichkeit nicht zu hindern, ihr im Gegenteil den besten Boden zu bereiten. Das heißt nun: es darf der Gemeinschaft, als Boden für das organische Wachstum des geistigen Lebens, nicht Luft und Licht entzogen werden, sie darf nicht zu einem getrübten und verzerrten Bild der wahren Gemeinschaft werden. Und das geschieht überall, wo in solcher Gemeinschaft die Freiheit in geistigen Dingen beschnitten wird. Das heißt die Freiheit: nach Wahrheit zu forschen, die Luft reiner Sittlichkeit zu atmen, sich dem Schönen und Heiligen hinzugeben. Damit erledigt sich für uns ohne weiteres die Stellung der Religion in der Schule. Es kann und muß auch hier die Gewissensfreiheit in erziehlichen Dingen der Familie uneingeschränkt zugestanden werden, Die Kindererziehung obliegt nach Natur und nach bürgerlichem Recht den Eltern als Pflicht, und daraus folgt ihr Recht auf Freiheit auch in Fragen der Religion und des Bekenntnisses wie jeder Weltanschauung. Ist die Gewissensfreiheit in vollem Umfange gewährleistet und ist die Selbstverwaltung der Schulen durchgeführt, dann sind die beiden wichtigsten Schritte getan, um eine gründliche Ausräucherung der „Staatsschule" alten Stiles, dieser Reliquie aus der Aufklärungsepoche vorzunehmen, eine Arbeit, die vor allem eine pädagogische ist und eine neue Lehrerschaft herausfordert.

Der Staat hat seit 100 Jahren und mehr, in den europäischen Staaten verschieden früh, angefangen, das Schulwesen in seine Hand zu nehmen und sich zum Schulherrn zu machen. Damit hat er sich in der Übergangszeit vom Mittelalter zur Gegenwart das hohe Verdienst eines Vermittlers zwischen den Kulturaufgaben und dem Volke erworben und eine unleugbar notwendige Erziehungsarbeit vollführt. Diese geschichtliche Bedeutung kann ihm nie abgesprochen werden. Allein es ist auch nicht verwunderlich, wenn er seine Herrenrechte ausnutzte, ebensowenig, daß er sie mißbraucht hat. So läßt sich ein Bild der Staatsschule zeichnen, dessen Züge der Wirklichkeit entnommen sind, wenn sie auch in einer gedrängten Zeichnung notwendig schärfer heraustreten, als es das Leben allerorten gerade duldete. Auch haben einsichtige, tiefer veranlagte oder rein gefühlsmäßig recht greifende Naturen in Schule und Verwaltung mancherorts für die nötige Abschwächung gesorgt, nur daß diese Männer nicht die öffentlich geehrten und beliebten waren.

Ohne Zweifel war die Staatsschule der jüngsten Vergangenheit ein Abbild des Staates und der staatlichen Kultur, die sich beide aus dem Schulleben ohne Schwierigkeit rekonstruieren ließen. Jeder Staat ist Einheitsveranstaltung der jeweils herrschenden Klasse, und in deren Händen lag auch die Schule. Sie wurde demnach zur Bekämpfung der den Staat nicht mittragenden Volksgruppen hergerichtet. In den siebziger Jahren wurde in Preußen der Versuch gemacht, auch die Schule gegen die neue katholische Partei, das Zentrum, mobil zu machen. Und sicherlich zittert noch heute viel zu viel Kulturkampfstimmung durch viele Schulen beider Bekenntnisse in Deutschland und hindert das notwendige Verständnis für die Fülle des Gemeinsamen auf beiden Seiten im volklichen Wesen wie in ihrem religiösen Leben. 1890 erging in Preußen ein allerhöchster Erlaß an das Staatsministerium, wonach hinfort Religionsunterricht und Geschichtsunterricht in den Dienst der Verherrlichung der brandenburgischen Kurfürsten und preußischen Monarchen gestellt und zum Kampf gegen die Lehren und „angeblichen Ideale" der Sozialisten genutzt werden sollten. In demselben Lande versagte ein Ministerialerlaß von 1898 Sozialdemokraten die Bestätigung, wenn sie als Mitglieder in die Schuldeputationen gewählt wurden, obwohl sie doch gesetzlich gezwungen wurden, ihre Kinder in diese Staatsschule zu senden! Es erschienen Schriften, von königlichen Provinzialschulkollegien zur Anschaffung empfohlen, die den Lehrern Ratschläge erteilten, wie die Sozialdemokratie zu bekämpfen sei. Die Schule hat im Kampfe gegen das Zentrum versagt wie im Kampfe gegen die Sozialdemokratie, beide sind heute, gelinde gesagt, bestimmend für die neue Schulgesetzgebung, und könnten aus ihrer eigenen Vergangenheit Weisheit gelernt haben.

Vom Staate aus wurde der Lehrstoff geregelt, ja selbst zurecht gelegt. Die Auswahl der Gedichte diente in nicht geringem Umfange der Verherrlichung von Epochen und Persönlichkeiten der brandenburgisch-preußischen Geschichte bzw anderer Landesfürsten, und zwar mit Vorliebe ihrer militärischen Taten. Feldherren und Schlachten waren ein bevorzugter Gegenstand, und die in ganz Europa blühende politische Geschichte war nur der wissenschaftliche Reflex des bestehenden Vorranges des staatlichen Aspekts im öffentlichen Leben neben dem nationalistischen. Demnach wurde der Geschichtsunterricht allerorten so erteilt, daß er die gegenwärtige Politik und Diplomatie, die derzeitige staatliche Konstellation und ihre nächsten Ziele zu rechtfertigen imstande war. Wie verschieden wurde die Raubpolitik Ludwigs XIV. und die der Fürsten, welche Polen unter sich aufteilten, behandelt[1]. Warum muß man Kinder lehren, ein kurfürstliche Ehe sei vorbildlich glücklich gewesen, wenn das Gegenteil der Wahrheit entspricht? In den Liederkanon der Schulen in den 1866 Preußen einverleibten Provinzen wurde das Preußenlied aufgenommen und z. B. den Schleswig-Holsteinern noch eine Strophe hinzugedichtet, um ihnen ein Lied schmackhafter zu machen, dessen Tendenz ihnen durch die tägliche Verwaltung gleichzeitig wieder zerstört wurde. Denn auch hier wurden aus der Neigung zu zentralistischer Gleichmacherei heraus, die überall die Über-

[1] Alfred Overmann, Die Abtretung des Elsaß an Frankreich im Westfälischen Frieden 1905, bringt zum ersten Male eine Darstellung auf Grund der Akten des Archivs des Min. des Auswärtigen in Paris und zeigt, daß es sich um einen offenen Rechtsbruch handelte.

spannung der Staatsidee über die des Volkes kennzeichnet und einen wahren Volksstaat unmöglich macht, mit Vorliebe landesfremde Beamte in die Stellungen der Schulleitung und obersten Schulverwaltung berufen, so daß mehr als ein halbes Jahrhundert nicht genügt hat, hier wie anderswo den Sondergeist und seine Bestrebungen zu ersticken, im Gegenteil.

Im Spruchkanon des Religionsunterrichts wurden vor allem die Sprüche aufgenommen, welche die gegenwärtige Auffassung von Besitz und Eigentum, von Herren und Knechten einprägten. Man lernte: jedermann sei untertan der Obrigkeit usw. aber nicht, daß Auflehnung gegen eine unterdrückende Obrigkeit Jesu Gebot und Leben war. Man lehrte: ihr Kinder seid gehorsam euren Eltern, und ebenso: ihr Knechte seid gehorsam euren Herren, aber die anschließenden Sprüche wurden ausgelassen: Ihr Väter erbittert eure Kinder nicht, auf daß sie nicht scheu werden (Col. 3, 21); Ihr Väter, reizet eure Kinder nicht zum Zorn (Eph. 6, 4) und: Ihr Herren tut auch ihr dasselbe gegen ihnen und lasset das Dräuen; wisset, daß auch ihr Herr im Himmel ist und ist bei ihm kein Ansehn der Person! (Eph. 6, 9). Ebenso fanden Sätze aus den weitgehenden sozialen Vorschriften des 3. und vor allem des 5. Mosebuches keine Gegenliebe[1]).

In welchen Gegensatz geriet dadurch die Schularbeit zum Leben im Elterhause! Die Eltern in allen Häusern vom Rechtsliberalismus bis zum Linkssozialismus, nur nach dem Auftreten verschieden, widersetzten sich innerlich und auch äußerlich oft genug den eigenen Kindern gegenüber, wenn sie derartige Weisheiten mit ins Haus brachten. Ihnen allen aber mußte die Schule immer mehr zu einem minderwertigen Abrichtungsinstitut herabsinken für Zwecke, die sogar sie durchschauten und über die ihre Kinder selber frühzeitig hinauswuchsen und sich im Stillen eigene Gedanken machten.

---

[1]) Der Superintendent Gallwitz in Salza bei Nordhausen hat in der „Monatsschrift für kirchliche Praxis" zuerst auf diese soziale Ungerechtigkeit hingewiesen, s. auch weitere Belege zu diesem Punkte, bei Heinrich Schulz, Die Schulreform der Sozialdemokratie, 1919, S. 100ff.

Die Rückwirkung auf eine Lehrerschaft, die in solchem Dienste stand und sich wichtig nahm, konnte nicht ausbleiben.

Dazu kam das Übergewicht, das dem Lehrstoffe beigelegt wurde. Mit dem Kultus der Stoffülle im Unterricht zollte die Schule sicherlich dem herrschenden Kapitalismus und Positivismus ihren Tribut[1]: „positivistisch ist der Gedanke, daß alle Bildung ein Wissen um einzelne Erkenntnisgebiete bedeutet und daß alles Wissen wieder in einer Summe von Einzelkenntnissen besteht. Kapitalistisch gedacht aber ist es, wenn die Häufung der Kenntnisse zum höchsten Ziel erhoben wird; denn der Kapitalismus kennt nur ein Ideal: die Quantität, die Massenhaftigkeit, den Rekord." So liegt hier die Berechtigung des Schlagworts von der „Kenntnisschule" und ihrer „Medizinlöffelmethode", die Einstellung auf Masse, von allem etwas lernen, alle Fächer gehabt haben[2]). Die Methode erscheint als die äußerliche Ausführung eines vorgeschriebenen, oben ausgeklügelten Reglements, und erzogen werden soll jener vielseitige Staatsbeamte, der, besonders bei juristischer Vorbildung, heute ohne irgendwelche besondere überhaupt,. Städte verwalten und Landkreise verwalten, Abfuhrwesen und Schulwesen verwalten kann, und zwar am liebsten im Turnus abwechselnd, alle drei Jahre ein anderes Gebiet, und selbstverständlich alles gleich gut.

Das Ethos des Gewalt- und Autoritätsstaates hat die Schule Herbarts auf das pädagogische Gebiet übertragen, Tuiskon Ziller hat es am schärfsten begründet und zu demjenigen gemacht, das bis zum heutigen Tage wohl die Mehrheit der Lehrer erfüllt. Zillers Begründung der Strafen in der Schule mit Berufung auf Kriminalrecht und Polizeiwissenschaft sowie seine Lehre von der absoluten Lehrerautorität dem Schüler gegenüber sind in Lehrerschaft und Schulverwaltung, ja selbst noch in manchen Elternkreisen die stärksten Gegenmächte einer natur- und kindgemäßen Erziehung der Kinder „Der schwei-

---

[1]) Alfred Vierkandt, Die sozialpädagogische Forderung der Gegenwart, 1920, S. 5.

[2]) Vgl. z. B. die Kritik schon eines C. V. Stoy, Hauspädagogik (Rekl.) S. 52 ff.

gende blinde Gehorsam, so führt Ziller aus[1]), läßt sich einmal weder im Staat noch bei dem Heere noch endlich unter den Kindern vermeiden, weil außerdem dem dringendsten Bedürfnis des Augenblicks, der Aufrechterhaltung der Ordnung, nicht volle Genüge geschehen kann. Er gehört zu den notwendigen Erbübeln der Gesellschaft." Und „der Knabe muß bei der Strafe empfinden, daß er als Glied der Gesellschaft, die bestimmte Anforderungen an ihn macht, gehandelt hat und behandelt wird. Er hat die Anforderungen nicht erfüllt und wird deshalb mit der Strafe, womit ihre Übertretung bedroht ist, belegt, wie Verbrechen vom bürgerlichen Richter und Übertretungen polizeilicher Anordnungen vom Polizeibeamten bestraft werden." Der Gedanke einer Rechtsgesellschaft, folgerecht für die Verhältnisse einer Schule durchgedacht, hätte nun zu dem Ende führen müssen, auch dem Schüler große Rechte einzuräumen, etwa denen gleich, welche der Bürger eines modernen Staates besitzt. Allein hier schaltet sich nun ein patriarchalischer Gedankengang ein, in dem Vorstellungen aus der Zeit der patria potestas unter uns fortleben. „Man darf nicht für die Schulen einen Schutz gegen Mißbrauch der Regierungsgewalt von seiten eines einzelnen Erziehers darin suchen, daß man den Schülern das Recht einräumt, bei dem Schulkollegium oder seinem Repräsentanten eintretenden Falles Klage zu führen, oder darin, daß durch öffentliche Instruktionen, die gleichsam eine magna charta der Schüler sind, die Strafgewalt des Erziehers beschränkt und in feste Grenzen eingeschlossen wird. Es ist nichts verkehrter, als wenn auf die Klage eines Schülers gegen einen Lehrer eine Untersuchung und ein fast gerichtliches Verfahren eingeleitet oder wenn der Schüler durch eine ihm bekanntgemachte gesetzliche Anordnung gegen irgendeine Äußerung der Regierungsgewalt sichergestellt wird. . . . Die Autorität des Erziehers muß aber ungeschwächt bleiben, und in der Sphäre des Schülers muß er unbeschränkt herrschen." Es muß eben „die Macht in der

[1]) Tuiskon Ziller, Die Regierung der Kinder, 1857, S. 61, 80f. u. ö. Tuiskon Ziller, Greßlers Klassiker der Pädagogik, Bd. XXXI, 1914, S. 22f.

Schule wie im Staate immer denen, die gehorchen sollen, gegenüberstehen und darf sich mit diesen nicht vermischen, wenn nicht Konfusion entstehen soll," d. h. eine selbsttätige Mitwirkung der Schüler bei der Schulaufsicht kann nicht in Frage kommen. Und doch soll das Ergebnis sein, daß der Schüler lerne, sich einmal selbst zu regieren!

Im Schulleben verwandelte sich damit leicht das Verhältnis zwischen Lehrer und Schüler mehr und mehr in das des Offiziers zu seiner Mannschaft, wobei der Offizier recht oft nur ein Unteroffizier war. Die Entfernung zwischen beiden Teilen wuchs auf den höheren Schulen in Deutschland merklich von 1900 an, als das mit Mühe erreichte Vorbild des Oberlehrers der Leutnant wurde, den man als Leutnant der Reserve auch im Beruf in Kleidung und Ton, nicht immer graziös, nachahmte [1]. Freiere Ausnahmen, besonders wenn sie obendrein kritikfroh waren, wirkten unangenehm nach oben

Das staatliche Besoldungswesen spiegelte sich in der Klasse wieder und damit die staatlich geeichte soziale Rangordnung. In der Schulklasse rückten alle Schüler gleichmäßig vor. Das Pensum war der Vorschrift nach gleich für 40 wie für 20, für Jungen in Berlin W und Jungen in einer entlegenen Provinzstadt. Man marschierte wie auf dem Exerzierplatze in einer Reihe vor, statt nach der Körpergröße hier nach der geistigen Größe ausgerichtet, die man an einem Schulnormal maß, das weder dem Leben noch der seelischen Entwicklung des Kindes entnommen war. Schnelleres Aufrücken war „unzulässiger Zeitgewinn", der nach besonderem Erlaß in Preußen vor allem den Schülerinnen des Oberlyzeums untersagt blieb! So entstand das Gerede von dem „Normalalter", ebenso sinnlos wie der Normallehrplan und nur von dem behördlichen Standpunkte und dem einer Schulaufsicht aus bequem. Innerhalb der Schule aber war die Folge Erlahmen der Selbsttätigkeit bei Lehrern wie Schülern, dafür Gehorsam und Tun dessen, was aufgegeben bzw. vorgeschrieben war; Lähmung

---

[1]) Vgl. über diesen Typwandel Ad. Matthias, Erlebtes und Zukunftsfragen, 1913, S. 119ff. „Der Oberlehrer."

der Entschlußkraft, Einstellung des Schulbetriebes auf das Mittelgut, aus dem stets die bequemsten Staatsbürger hervorgehen, und entsprechendes Herabdrücken der Hochbegabten und aller, die dem Rahmen nicht entsprachen und als Rumorgeister erschienen. So spielte sich auch hier der durchaus begreifliche Kampf des Staates gegen den Geist ab. Alle Beurteilung und alles Aufrücken erfolgte schematisch, wie in der Beamtenlaufbahn, in der es auch im Glied gemächlich vorwärts geht, nicht nach Tüchtigkeit und Leistung, sondern nach dem Dienstalter, nicht einmal stets nach dem Lebensalter in solchen Fällen, wo ein Mensch an anderer Stelle seinem Volke wertvolle Dienste geleistet hat.

Das Berechtigungswesen der Schulen gehört gleichfalls in diesen Zusammenhang, das freilich durch die Anforderungen des Wirtschaftslebens und törichte soziale Bewertung der Schulzeugnisse in seiner Unsittlichkeit noch gesteigert worden ist, ebenso das Prüfungswesen [1]). Dieses ist nicht nur darum so verwerflich, weil man Kenntnisse anstatt Leistungen prüft, sondern auch wegen seiner Unehrlichkeit. Man prüft leichter, wenn Anwärter gebraucht werden, schwerer, wenn der Andrang zu groß ist. Um die Berechtigungen zu erteilen, welche eine erfolgreich besuchte Untersekunda verleiht, wird auf den Realschulen die Prüfungszeremonie veranstaltet, während sie auf den Vollanstalten mit dem gewöhnlichen Versetzungszeugnis erteilt werden. Dem eben noch genügenden Oberprimaner gibt man das Zeugnis der Reife, weil er seine Jahre abgesessen hat, aber unter keinen Umständen dem Besten der Unterprima, der in allen Schulgebieten beschlagener und wohl auch ebenso „reif" ist wie jener Oberprimaner, und was dergleichen Schematismen mehr sind.

Hinter der heutigen Reifeprüfung stehen der Staat und die Gesellschaft, die er zur Zeit der Abfassung dieser Verordnungen vertrat, und damit deren Geist, gegen den

---

[1]) Vgl. hierzu meinen Aufsatz „Eine erziehungswissenschaftliche Betrachtung der Reifeprüfung" in der von Adolf Grimme herausgegebenen Sammelschrift „Vom Sinn und Widersinn der Reifeprüfung", 1923, S. 51—68.

sich das neue Geschlecht auflehnt, auflehnt, weil es seine freie Willensbildung durch ihn verkümmert und gelähmt fühlt. In den „Allgemeinen Bemerkungen" zu den „Lehrplänen und Lehraufgaben für die höheren Schulen in Preußen"[1]) wird behördlicherseits als erzieherische Aufgabe der höheren Schulen aufgezählt: äußere Zucht und Ordnung, Gehorsam, Fleiß, Wahrhaftigkeit und lautere Gesinnung. Keine neue Schule will diese missen, aber ist die Reihenfolge dieser Aufzählung nur die einer beabsichtigten Steigerung vom weniger Wertvollen zum Wertvollsten oder steht das Wertvollere voran? Zu dieser Frage verleitet nämlich die alte Pädagogik, welche in System gebracht hat, was hier behördlich aufgegriffen und übernommen worden ist. Die Verfechter der alten Pädagogik betrachten z. B. das System der häufigen Zeugnisse, wobei mancher die monatlichen und wöchentlichen zurücksehnt, selbst ein Hermann Schiller[2]), und das System der Prüfungen und Versetzungen als Mittel zur Willensbildung: unermüdlich sitzt gleichsam der Lehrer mit der Peitsche dem Schüler auf oder hält ihm doch eindringliche Warnungen vor, daß er sich selber erkenne nach seinen guten wie schlechten Seiten . . . ja wenn nur der Schüler sich selbst in diesen Zeugnissen, wohl gar mit Zahlen, fände! Und, der Schüler soll die Macht fühlen, der er preisgegeben ist! Zeugnisse, Prüfungen und Versetzungen werden als Mittel gewertet, das Ansehen der Lehrerschaft zu heben. Als die preußische Prüfungsordnung von 1891 in § 5 (heute § 4) anordnete, daß über Zurückweisung oder Entbindung von der Reifeprüfung vor Beginn der schriftlichen Prüfung beschlossen werden müsse, da begrüßte diesen Beschluß ein Wilhelm Schrader[3]) nicht nur, weil er das Prüfungsgeschäft vereinfachte, sondern auch als „eine Verschärfung, welche dem Ansehen der Lehrer zu Hilfe käme", und er führt die Stimme des

---

[1]) S. 72f.

[2]) Handbuch der praktischen Pädagogik für höhere Lehranstalten, 1904, 4. Aufl., S. 241.

[3]) Erziehungs- und Unterrichtslehre für Gymnasien und Realschulen, 6. Aufl., 1906, S. 599f.

Franzosen M. Bréal an, der dem deutschen Prüfungsverfahren besonders deswegen vor dem französischen den Vorzug geben will, weil es den Direktoren und Lehrern eine viel größere Autorität verschaffe. Der deutsche Schüler sei genötigt, sich davon zu überzeugen, daß der sicherste Weg, um die Schlußprüfung zu bestehen, der sei, seine Lehrer zufrieden zu stellen und seine tägliche Arbeit zu tun. Der deutsche Lehrer brauche dem Faulen nicht nur zu drohen, sondern er könne seinen Drohungen auch Genugtuung verschaffen. Solcher Geist kann in Instruktionen soweit fehlgreifen zu verfügen, daß die Lehrer den Schülern gewissermaßen an Gottes Statt sein sollten oder daß der Schüler vor seinen Lehrern Ehrfurcht empfinden solle[1]. — Prüfung als Mittel der Zucht und als Mittel, das Ansehen der Lehrer zu heben, — daneben nun als drittes: ein Mittel zur Bildung eines bestimmten Willens, nämlich eines demütigen, bescheidenen. Ein Erlaß des preußischen Unterrichtsministeriums führte 1837 als Hauptzweck der Prüfung aus, „daß durch die konsequente Richtung der Schüler auf das Wesentliche und Dauernde dem unruhigen und leidenschaftlichen Streben der Eitelkeit und des Ehrgeizes ein Zügel angelegt werde", und diese Begründung übernimmt gleichfalls Wilh. Schrader und behandelt „Zensuren und Prüfungen" unter dem Abschnitt „Bildung des Gemüts", wo ihn heute nicht jeder erwarten dürfte. Was sich demnach noch hinter dem heutigen Prüfungs- und Zeugniswesen verbirgt, das ist der Autoritätsgeist einer patriarchalischen Auffassung von Staat und Gesellschaft, eine andere Überzeugung von den Mitteln der Bildung des sittlichen Willens im Kinde und Jugendlichen, als wir sie heute allgemein noch aufbringen können. Wir sehen, daß durch diese Art der Erziehung allzu leicht Unehrlichkeit bis zur Heuchelei gezüchtet wird, und daß vor allem der freie Wille des Menschen verbogen oder gebrochen wird.

Dieser Geist, in sich erstarrt und verkrampft, ist auch der ärgste Feind alles Neuen, das sich organisch Weg und Ge-

---

[1]) Als blasphemisch schon zurückgewiesen von Oskar Jäger, Aus der Praxis, II. Teil, 1897, S. 287.

stalt im Volksleben sucht. Ein typischer Beweis für diese Unfähigkeit des Staatsbureaukratismus ist ein Berliner Bescheid aus dem Jahre 1921, der den Typ der sog. Hamburger Gemeinschaftsschule nicht unter den in Preußen gesetzlich üblichen „Rechtsbegriff Volksschule" ordnen konnte und als Ganzes ein Beleg für das Unvermögen ist, das Neue im Schulleben in Amtsstuben auch nur zu verstehen[1]).

Diese Ausführungen mögen zeigen, was aus der deutschen „Volksschule" geworden ist, die in den Ideen und Taten

---

[1]) Ein Bericht aus dem „Hamb. Fremdenblatt" vom 5. 7. 1921 charakterisiere diesen Bureaukratismus, der schließlich etwas Neues zuläßt, das aber in seinen Auswirkungen nicht einmal die Hälfte des Geplanten ist:

„Aus Harburg schreibt uns unser n-Vertreter: Der Forderung der Einrichtung einer zwölfklassigen Gemeinschaftsschule nach Hamburger Muster ist durch einen Bescheid des Ministers für Wissenschaft, Kunst und Volksbildung nicht in vollem Umfange in Harburg stattgegeben worden. Der Minister ist der Ansicht, daß eine so eingerichtete Schule nicht mehr unter den Rechtsbegriff Volksschule fallen würde, und darum die Landesschulklassen nicht verpflichtet werden könnten, die für die Unterhaltung öffentlicher Volksschulen gesetzlich vorgesehenen Zahlungen zu leisten. Der Minister hat sich mit der versuchsweisen freieren Gestaltung des Unterrichts in den vier untersten Schuljahren mit dem Vorbehalte jederzeitigen Widerrufes unter der Voraussetzung einverstanden erklärt, daß je zwei 7. und 8. Klassen für den Versuch bereitgestellt, der Unterricht jedoch nicht durch den Unterricht der etwa in dem gleichen Gebäude untergebrachten Normalschulen gestört, ferner die Klassenbesetzung der Normalschule nicht auf Kosten der Gemeinschaftsschule erhöht werden darf. Die Teilnahme an dem Unterricht ist freiwillig. Von der Aufstellung eines besonderen Lehrplanes wird abgesehen. Der Religionsunterricht bleibt in den Schulen ordentliches Lehrfach, soweit nicht Eltern ausdrücklich eine Befreiung ihrer Kinder davon beantragen."

Ferner verdient festgehalten zu werden, wie 1921 in der ersten Reifeprüfung am Grunewald-Gymnasium ein Berliner Schulrat Müller, die Bewährung der freieren Gestaltung des Unterrichts in der Prima „prüfte". „Es wurden die 25 Abiturienten in sämtlichen Unterrichtsgegenständen, an denen sie teilgenommen hatten, während sechs Tagen von morgens neun Uhr manchmal bis abends nach zehn Uhr geprüft!" So berichtet der Direktor dieses Gymnasiums Wilh. Vilmar, s. Ad. Grimme, a. a. O. S. 96.

Pestalozzis und Fichtes, Herbarts, Humboldts und Süverns Gestalt zu gewinnen schien, und deren Geist es heute wieder lebendig zu machen gilt. Von Fichte abgesehen waren sie alle Gegner einer reinen Staatsschule, und forderten eine wahre Volksschule. Pestalozzi wünschte, daß das Volk selbst die Schule in die Hand nehme, von den Regierungen sei nichts zu erwarten und könne nichts erwartet werden, und Herbart, wie nach ihm viele Herbartianer, sah mit Bedenken auf jedes Sich-Einmischen des Staates in die staatsfreie Sphäre. Nie und nimmer ist es deren Meinung gewesen, der Staat selbst solle mit seinem Staatsgeiste die Schule leiten und beeinflussen. Dabei konnten jene Männer noch nicht wissen, wie die Schule in parlamentarischen Staatswesen ärger denn je zuvor den Schwankungen der Parteipolitik ausgeliefert werden kann; wie hätte Fichte, ein Freund des Staates, gegen Systeme gewettert wie sie in Frankreich, Rumänien und manchen anderen Demokratien im Schwange sind und bei jedem Systemwechsel in der Politik auch in den Schulverwaltungen einen Wechsel bedingen!

In zum mindesten zwei europäischen Staaten hat die Idee der Staatsschule offensichtlich bereits stark an Gewicht verloren, in England und Deutschland. In England zeigt dies das Scheitern der Fisherschen Pläne und der Fisher's Act, mit denen das Kriegsministerium Lloyd George sich nur ein Ansehen nach außen hin zu geben versucht hat. In Deutschland ist die Reaktion freilich noch bedeutend stärker. Ohne daß sich im Volke eine wertvolle, wahrhafte Volksstimmung, keine künstlich von Interessenverbänden, politischen Parteien, Kirchen oder den Lehrerständen erzeugte, gezeigt hätte, ist die Schule und ihre Lehrerschaft stets an erster Stelle bei allen Regierungsmaßnahmen betroffen worden, die der wirtschaftlichen und geistigen Verarmung möglichst großer Volkskreise dienen. An einen wirklichen Kulturwert, und das hieße im Sinne jener Kreise, an eine „produktive Kapitalanlage" in Schulen, Hochschulen und anderen staatlichen Bildungsstätten glaubt dort niemand mehr. Der jüngst verordnete Beamtenabbau bedeutet für die Staatsschule Abwanderung des besten, am meisten lebensstarken und selbständigen Nachwuchses innerhalb der Erzieherschaft, gar nicht zu reden von der erstickenden Arbeit für die im Dienst verbleibenden Kräfte, die besonders im Rahmen der „alten Schule" wertloser denn je wird, weil sie in Arbeit und Gesinnung auf eine entschwundene Epoche eingestellt ist. Es wird alles darauf ankommen, wieviele hinreichend weitsichtige, die nächsten Belange unseres Volkes im voraus schauende und einflußreiche Menschen in den Schulverwaltungen diese Übergangszeit geschickt benutzen, um das Ärgste zu verhüten. Eins aber ist dringender denn je notwendig geworden: Die Frage der obligatorischen Schulpflicht muß zusammen mit derjenigen nach Bedeutung, Wert und Aufgabe einer Schule überhaupt völlig neu gestellt und erwogen werden, damit herausgefunden werde, welche Stellung eine Schule in der neuen Epoche noch haben kann. Ohne Zweifel gehört die Staatsschule zu einer Kulturstruktur, die der werdenden nicht entspricht; darin liegt für jeden die Verpflichtung, sich mit dem Problem der Schule ganz neu auseinanderzusetzen.

Der neuesten Zeit fällt dann eben die Aufgabe zu, den Staat auf das einzuschränken, was sein besonderer Kreis ist. Er hat seinen geschichtlichen Dienst, die Schule dem Kirchenregiment zu entziehen und sie nach und nach auf sich selber zu stellen, nahezu gelöst und damit die freie allgemeine Volksschule vorbereitet. Nunmehr ist die Zeit gekommen, wo der Staat in seine Sphäre zurücktreten kann und die Schule der Familie und der Lehrerschaft überlassen muß. Jede Regierung ist zum Teil Vormundschaft, „jedoch in abnehmendem Grade, wenn die wahre Bildung steigt" (Herbart) [1]. Dem Staate wird dabei ein großer Aufgabenkreis vorbehalten, den er als Einheitsveranstaltung der Gesellschaft am besten lösen kann und auch seinem Wesen nach zu lösen berufen ist: die äußere Organisation zu überwachen im Rahmen genau auszuarbeitender Richtlinien. Der Schulzwang z. B. kann selbst in unsrer Generation sicherlich nur ausgeführt werden, wenn er durch

[1]) Sämtliche Werke (G. Hartenstein) IX. 143.

die oberste Herrschaftsgewalt in dem ihr gesteckten, gesetzlich umschriebenen Rahmen ausgeübt wird. Ob der Staat auch notwendig darüber wachen muß, daß die Prüfungsergebnisse, etwa an den höheren Schulen, nach irgendwelcher Norm richtig ausfallen, das ist aus seinem Wesen nie und nimmer abzuleiten. Solange freilich an den erfolgreichen Besuch bestimmter Schulklassen weittragende Berechtigungen geknüpft sind, die den Inhabern dieser Bescheinigungen große Vorrechte gewähren, muß das Volk verlangen, daß die Erteilung dieser Vorrechte sorgfältigst überwacht werde, und es ist nicht absonderlich, wenn es damit Organe seines Staats beauftragt. Ferner muß dem Staate das Recht zugestanden werden, zu bestimmen, welche Vorbildung er für diejenigen fordert, die er in seinen Dienst nehmen muß. Ähnlich könnten aber auch die Universitäten und Hochschulen aller Art, Akademien und praktische Berufe ihre Anforderungen festsetzen, und die notwendige Verständigung könnte in Körperschaften der Erziehungsberechtigten und der Lehrerschaft erfolgen. Die Schule würde ähnlich wie die Kirchen eine Institution öffentlichen Rechts werden, nur daß der Staat durch die Forderung der Schulpflicht und einer daraus abzuleitenden und danach zu begrenzenden Schulaufsicht, mindestens einstweilen und sicher noch auf Jahrzehnte hinaus, auch in die Schule hineinragte. Ähnlich würde der Staat die Finanzierung des öffentlichen Bildungswesens mitübernehmen, bestimmte Zuschüsse gewährleisten, welche wenigstens das Mindestmaß an Bildung einem jeden ermöglichen. So könnte er eine Normalbesoldungsliste aufstellen, die von jeder Schulgemeinde eingehalten werden müßte, und darüber hinaus es allen frei stellen, weiter zu gehen, wie es bisher ja auch tatsächlich in den städtischen Schulen neben den staatlichen vielfach geschehen ist. Ebenso wird das Volk von seinem Staate verlangen Gründung, Pflege oder doch mindestens den Schutz allgemeiner Bildungsanstalten wie Universitäten, Hochschulen, Museen, Sammlungen, Bibliotheken, Lesezimmer, Volkstheater überall dort, wo die Gemeinden dazu nicht vermögend sind. Außerdem würde er als ausgleichende Gewalt auch innerhalb des Schulwesens den Grundsatz der Gerechtigkeit und der Billigkeit durchzusetzen haben. Denn ist Arbeit Lebensnot, so muß für diese Lebensnot unbedingt alles innerhalb eines Volkes getan werden, was ihr erfolgreich entgegenwirkt, und da in unsrer Epoche die Schule eine elementare Notwendigkeit ist, so bleibt auch für die Schularbeit der Staat diejenige Organisation, welche die allgemeine Möglichkeit dieser Arbeit sicherstellen muß. Die Verpflichtung zur Unterhaltung oder Stützung von Sammelschulen aller Art folgt unmittelbar hieraus.

Anders aber steht es in allem Bildungswesen mit dem staatlichen Geiste, d. h. mit der Lebensauffassung und Sittlichkeit, welche der Staat als Erziehungsfaktor in dem inneren Anlagekomplex eines Menschen schafft. Die Tugenden, zu denen er erzieht, sind lediglich formale: Tugenden der Ordnung, Pünktlichkeit, äußerer Pflichterfüllung. Wir sehen seine Leistungen in der staatlichen Beamtenschaft, in Polizei und Militär. Da sind die Früchte der Autoritätsethik gereift, und es mag schwer sein, eine andere Ethik hier zur Geltung zu bringen. Sicherlich passen Gemütlichkeit und Behäbigkeit, ein nonchalantes Wesen nicht für einen Soldaten, Beamten und Polizisten, auch sind die formalen Tugenden an sich nichts Schlechtes und verwerflich schlechthin. Allein sie können niemals allein das wirkliche Leben tragen; wenn große Erschütterungen kommen, müssen sie notwendig versagen; denn sie sind nur gezirkelte Rahmen für wirkliches Leben, diesem künstlich aufgelegt. Nur Tugenden, die aus dem Leben selber herauswachsen, in warmer Fühlungnahme mit ihm gereift sind und sich erprobt haben, versagen nicht, komme, was kommen mag.

So gut, ja so notwendig Ordnung, Pünktlichkeit, Wohlanständigkeit, Pflichterfüllung immer sind und bleiben werden, die Schule muß weit hinaus über diese Dinge, die nur den Eingang zur Sittlichkeit bilden. Der korrekte Schüler darf nicht das Ideal bleiben, weil es viel zu wenig ist. Nicht jugendliche Menschen auf Gamaschendienst bilden, sondern junge Menschen erziehen mit freier Brust und freiem Kopf;

keine vorzeitig gebrochenen oder vor der Reife selbstbewußten und verbogenen, verbildeten Menschen brauchen wir, ebensowenig Phantasten und Ideologen, sondern organisch ausgereifte Menschen, die wissen, daß ihr Leben sich unter Not und Arbeit entfalten soll, die diese Wirklichkeit, ganz so rauh und wahr wie sie ist, kennen gelernt haben und wissen, was ihrer wartet, die aber diese Wirklichkeit inmitten einer Gemeinschaft erlebt haben, die ihnen zugleich und vor allem zeigte, mit welchen Mitteln und in welcher Form sich ein Menschenleben vollendet, und die darum auch in ihrem späteren Leben nicht nur hungern und dürsten nach diesen Quellen ihres Menschentums, sondern auch die Wege zum Brot und zur Quelle kennen, und diesen Weg gehen mit Erfolg und zur inneren Freude für sich und ihre Volksgemeinschaft

§ 8. Kirche.

Alles religiöse Leben drängt hin zur Darstellung in Gemeinschaften, zur Vereinigung von Menschen, die religiöses Erleben bezeugen wollen und sich am Zeugnis der andern kräftigen, innerlich reicher werden. Kirche ist jene Einrichtung, die sich über solchen Gemeinschaften bildet, das religiöse Leben zu normieren und die Gemeinschaften zu organisieren unternimmt. Ihre Form ist dieselbe wie die jeder andern sozialen Form, sie ist demnach eine eigentümliche Macht- und Herrschaftsform, eine Kampf- und Interessenorganisation über den religiösen Gemeinschaften.

Kirche und Staat sind miteinander entstanden, und beider Kern liegt bereits in der vorstaatlichen Gesellschaft. Die ersten Gruppenverbände von Menschen sind, wo wir immer sie fassen, heute und in geschichtlicher Vorzeit, zugleich Kultverbände. Die Verehrung der Götter, des Totemtieres, der Ahnen ist eine Gesamtangelegenheit, hängt doch von der richtigen Verehrung der Wohlstand und das Wohlergehen aller ab, der Erfolg in Fehde und Friede. Damit ist zweierlei gegeben, das schließlich zur Kirchenbildung im engeren Sinne führen mußte: es gibt von den ersten Anfängen an ein Wissen um die rechte Art und Weise, wie diese oder jene Gottheit zu verehren ist, und dieses Wissen wird notwendig von der zweiten Generation an zur „Überlieferung". Es handelt sich um gottesdienstliche und lehrhafte Formen, um praktisches und theoretisches Wissen. Man muß wissen, wie Opfer zu veranstalten, gewisse Tränke, etwa der Somatrank, zu bereiten sind, und zum mindesten Priester und Priesterlehrling müssen wissen, welche Bedeutung, welche Wirkung, welchen Sinn der betreffende Kult hat. Zur Überlieferung und Lehre tritt als kirchenbildend das Recht. Der Kreis derer, die das Geheimnis der Kult- und Lehrformen kennen und die auf Grund dieses Wissens und ihrer Künste einen allergrößten Einfluß auf ihren Stamm ausüben, bildet sofort eine geschlossene Gruppe innerhalb ihres Stammverbandes und entwickelt für sich und seine Mitglieder ein besonderes Recht. Damit ist aber von der Urzeit an die organisierte Religion Staat im Staate, und der Gegensatz von Häuptling und Medizinmann ist im Prinzip derselbe wie zwischen Kaiser und Papst. Also ist auch der Religionsverband nichts anderes als eine Unterform der sozialen Gruppen, und an ihm werden dieselben Züge wie an diesen festzustellen sein.

Das beste und belehrendste Zeugnis dafür, wie religiöser Glaube fast unwiderstehlich zur Kirchenbildung und vor allem dann auch zur Ausbildung eines Kirchenrechts führt, liefert die Geschichte des Christentums. Jesus steht jenseits allen Kirchentums, er ist „innerlich gleichgültig gegen jedes Kirchenideal. Er hat sich über das Kirchentum erhoben, weil das Kommen des Gottesreiches und das Eingehen der Menschen in dieses Reich nicht an eine kirchliche Institution und Gnadenmittel gebunden ist. Die alten Kirchenmauern zu schützen und auszubessern ist für ihn ebenso töricht wie sie gewaltsam niederzureißen. „Niemand flickt ein alt Kleid mit einem Lappen von neuem Tuch; denn der Lappen reißt doch wieder vom Kleid ab und der Riß wird ärger." Das große Neue, das Jesus bringt, sprengt alle religiösen Formen der Vergangenheit; die Innerlichkeit und Bruderliebe, auf die es allein ankommt, durchbricht den Rahmen der gesetzlich-rituellen Kirchenreligion. „Man faßt nicht den frischen Wein in alte Schläuche, sonst zerreißen die Schläuche, und der Wein wird verschüttet und die Schläuche gehen zugrunde.“ Jesus lehrt nur einen Heilsweg und der ist eng und schmal und schwer zu finden, und jeder muß ihn allein wandeln. Jesus kann nicht der eigentliche Stifter der katholischen Weltkirche sein; denn er lebte im Glauben an das nahe Ende; sein Evangelium ist unkirchlich und überkirchlich“ [1]). Die beiden Evangelienstellen, auf die sich die katholische Kirche zu stützen pflegt, gehören bekanntlich nicht zum alten Sprachgut, und wie sie dem Inhalte nach nicht aus Jesu Munde stammen können, weil sie vollendeter Widerspruch mit seiner ganzen sonstigen Lehre und Lebensführung wären, so auch nicht der Überlieferung nach. Und das bestätigt unzweideutig die Geschichte des Urchristentums. Jesus hinterließ nicht einmal eine irgendwie organisierte Gemeinde. Die urchristliche Gemeinde bildete darum auch keine geschlossene Gemeinde mit körperschaftlicher Organisation oder mit einem, dem Staate gegenüber abgegrenzten Recht. Die Gemeindeämter wurden von denen verwaltet, welche sich dafür begnadet fühlten und das Vertrauen der Brüder besaßen. Es waren Dienste reiner Liebespflicht, nicht geleistet auf Grund irgendwelcher Rechtssatzungen. Das ist noch die einzige christliche Gemeindeform, die als wahrhaft evangelisch angesehen werden kann, nur hier ist jene „Gemeinschaft der Heiligen“ möglich, und nicht in der Kirche, die sich in einem Glaubensartikel, mehr kühn als innerlich berechtigt, denselben Charakter zuspricht. Die Erneuerung dieser Form bedingt freilich die Einstellung auf eine rein religiöse Gemeinschaft und den Verzicht auf jedes Eingreifen in die irdischen Herrschafts- und Machtgelüste als religiöse Gemeinschaft: seine bürgerlichen Pflichten erfüllt solcher religiöse Mensch als Staatsbürger und die Norm des Handelns und die Tüchtigkeit, mit der es erfolgt, entquellen der Kräfte, die aus der religiösen Gemeinschaft fließen. Nur dadurch wird jedes Kirchenrecht auf sein Minimum zurückgebracht.

---

[1]) Fr. Heiler, Der Katholizismus, seine Idee und seine Erscheinung, 1923, S. 36f.

Der Kirchenrechtler Rudolf Sohm[1]) hat sehr richtig ausgeführt, daß das Recht seinem Wesen nach mit der christlichen Kirche in Widerspruch steht: Die Kirche will der Träger des göttlichen Geistes sein . . . Was hat sie da mit dem Recht zu schaffen, der Verlegenheitsschöpfung menschlicher Schwäche, über welche gerade sie hinausführen soll, dessen Attribute: Form und äußerer Zwang der Tod des Glaubens sind, dieser freiesten, unmittelbarsten und innerlichsten Regung der Menschenseele. Kein grellerer Gegensatz als die Heilsbotschaft und — das Forum. Aber das Christentum meidet die Gemeinschaft nicht, sondern, unter dem Zwange des Liebesgebotes, muß es sie suchen. Und ohne positive Normierung ist keine irdische Gemeinschaft denkbar, auch keine christliche Gemeinde. So sehr auch das Recht mit dem idealen Wesen der Kirche in Widerspruch steht: praktisch erzeugt sich mit eiserner Notwendigkeit ein Kirchenrecht. Es besteht die Notwendigkeit, die Verwirklichung des Heilszweckes mit der Ausführung einer positiven Rechtsordnung in Einklang zu bringen: wie kann das geschehen? Damit, so sagt Sohm, ist die Frage gestellt, deren Beantwortung die Geschichte des Kirchenrechts bedeutet.

In Altgriechenland wie in Rom und in allen Mittelmeerstaaten des Altertums waren Staat und Kirche ineinander verschachtelt derart, daß das Kirchenrecht dem Staatsrecht, dem jus publicum, eingeordnet war. Dabei wurde noch im römischen Weltreich die Fiktion der Religion als Nationalreligion aufrecht erhalten durch die allen Untertanen auferlegte Verehrung des Kaisers. Als die Religion des Christentums, als Menschheits- und Universalreligion, mit diesen Überlieferungen brach, da ruhte das aus dem Gleichgewicht gebrachte Verhältnis zwischen Staat und Religionsgesellschaft nicht, bis das alte Verhältnis des Ineinander wiederhergestellt war. Und dies geschah dadurch, daß das Christentum nun zur anerkannten Staatsreligion wurde und sich in demselben Augenblicke als Machtorganisation und Herrschaftsform auch

[1]) Rud. Sohm, Kirchenrecht. I. 1892.

äußerte. Dasselbe vierte Jahrhundert, in dem nach den schrecklichsten Christenverfolgungen die christliche Religion die Anerkennung des Staates fand, aus politischen Gründen, dasselbe Jahrhundert sah die ersten Heidenverfolgungen durch die nämliche Kirche! Im Verlaufe des Mittelalters entwickelte sich mehr und mehr ein Nebeneinander der beiden Mächte, ein Dualismus, und ein Kampf beider um den Prinzipat in diesem Systeme, der im 13. Jahrhundert mit beider Untergang endete. Darnach erhoben sich die territorialen Mächte, mit deren Hilfe das Papsttum das Kaisertum besiegt hatte, und die nationalen Staaten gegen die Kirche, und längst bevor die lutherische Reformation beginnt, haben mehrere Fürsten ein Aufsichtsrecht über die Kirche besessen. Der Grundsatz, daß sich das Bekenntnis der Untertanen nach dem des Fürsten zu richten habe, ist erst im Augsburger Religionsfrieden festgelegt worden, ist aber nicht ein Ergebnis der lutherischen Reformation, sondern des Kampfes der Fürstenmacht gegen die Kirche seit dem 14. Jahrhundert. Die Reformation Luthers hat diesen Vorgang nur beschleunigt und ihre schnelle Ausbreitung über Staaten und Städte wäre ohne jene politische Vorbereitung nicht zu begreifen. Aus dem Aufsichtsrecht über die Kirche ist damit sogar ein Recht abgeleitet, über das religiöse Bekenntnis der Untertanen zu bestimmen. Und als nun das Naturrechtszeitalter lehrte, der Fürst sei der Träger aller Rechte im Staate, da entwickelte sich das neuzeitliche Landeskirchentum, vor allem der evangelischen Fürsten und freien Städte, als eine jüngere Spielart des Staatskirchentums älteren Gepräges. Mit dem Abbau der naturrechtlichen Lehren beginnt der Kampf für die Trennung von Staat und Kirche, und zwar noch unter dem naturrechtlichen Dogma von der Freiheit, Gleichheit und Brüderlichkeit der Menschen, im Zeichen des Hasses und mit der Absicht, die Kirche und alle Religion überhaupt möglichst zu schädigen und gar zu beseitigen. Dieser Kampf und seine Motive, zuerst in Frankreich durchgefochten, charakterisiert die Geschichte der Trennung von Staat und Kirche in Europa, wohl mit der einzigen Ausnahme der Schweiz, wo das Genfer Trennungsgesetz von 1907 rein aus Rücksichten der Steuergerechtigkeit erlassen wurde und dies auch schon in seinem Namen zum Ausdruck bringt Loi supprimant le budget des cultes. Nur in einem Lande ist im Namen der christlichen Religion selbst die Forderung einer Trennung von Staat und Kirche erhoben und mit Erfolg bis heute durchgeführt worden, und zwar in Nordamerika, seit 1644 auf Anregung von Roger Williams. Danach kümmert sich der Staat nicht um Religion und Kirche, ihm liegt aber auch jede Feindschaft gegen die Kirche fern. In der nordamerikanischen Union gibt es vom Staate angestellte Geistliche im Heer, in den Gefängnisanstalten usw., die der Staat den freigebildeten religiösen Gesellschaften entnimmt, ebenso werden die Sitzungen des Kongresses mit dem Gebete eines solchen Geistlichen eröffnet[1]).

In Europa haben alle Staaten mit einem Zweikirchensystem besondere Schwierigkeiten, so Deutschland, Holland und Belgien, in allen drei Staaten ein Erbstück des Westfälischen Friedens von 1648. Der Kampf zwischen Staat und Kirche, wobei die katholische Kirche allerorten den Vorrang in der politischen und volklichen Zersetzung hat, spielt sich besonders auf zwei Gebieten ab: auf dem der Ehe und dem der Volksbildung. Nicht nur bis in die Gemeinden, nein bis in die einzelnen Familien hinein wurde die Volksseele durch dieses Zweikirchensystem zerrissen. Die katholische Geistlichkeit hat die berufliche Pflicht, die Kluft zwischen den sog. Gläubigen und Irrgläubigen möglichst zu erweitern. Und wie schon ein verhältnismäßig kleiner Teil Katholiken genügt, um ein Staatswesen fast auseinanderzubrechen, das lehrt die Geschichte Hollands, das lehrt die zersetzende Politik des Katholizismus in den jetzt an Polen gefallenen deutschen Gebietsteilen und der auch auf dieser Politik beruhende Partikularismus gewisser süddeutscher Kreise.

Die Staatsgewalten haben ihre Aufgabe darin gesehen, ein einheitliches Eherecht und eine einheitliche Erziehung und Bildung der Nation, mindestens die rechtlichen Grundlagen dafür, zu schaffen. Die Einführung der Zivilehe in Deutsch-

---

[1]) O. Mayer, Die Trennung von Kirche und Staat, 1919, S. 6f.

land hat so freilich die Frage des Eherechts geklärt, aber kein staatliches Recht kann eine Gesinnung züchten, kann Einfluß auf die Gattenliebe, Eltern- und Kinderliebe ausüben. Denn erst wenn diese Gesinnung der Liebe den Gegensatz der Bekenntnisse überbrückt, wäre das Höchste erreicht; so kann jenes Gesetz über die Zivilehe nur die Möglichkeit umschreiben, unter der sich zwei Menschen in rechtlicher Form für ein gemeinsames Leben vereinigen. Für den Geist, in dem die Ehe geführt wird, vermag das Gesetz nichts. Ebenso wäre es sehr verkehrt zu meinen, die Trennung von Staat und Kirche bedeute die Lösung des Streites. Dieser Schritt führt weder zu einer Verschärfung noch zu einer Milderung des Streites, sondern ist nur die Fortführung des ewigen Kampfes zwischen Staatsverband und Kirche, der in den primitivsten Stammesverbänden anhob und die Menschen erst zur Ruhe kommen läßt, wenn es gelingt, die Pflege der Religion in stille Gemeinschaften zurückzuführen, als Gemeinschaften der Andacht und friedlicher Erbauung des einen am andern und aller in Gott. Freilich würden Menschen solcher Religiosität auch des Staates nicht mehr bedürfen. Und da es ein und dieselben Menschen sind, welche Glieder des Staates und solcher Gemeinschaften wären, so können diejenigen, welche die Kirche beseitigen, nicht anders als auch den Staat ausschalten. Wenn die Quäker dem Staate den Kriegsdienst verweigern, so heben sie damit völlig folgerichtig auch den Staat auf; denn sie verweigern ihm eins der unentbehrlichsten Mittel, sich im Gefüge der Staaten, so wie es heute ist, zu erhalten, womit freilich ihre Grundsätze keineswegs hinfällig werden.

Das Verhältnis zwischen Staat und Kirche ist auch keineswegs dort idealer gelöst gewesen, wo die Kirche staatliche Gewalt ausübte. Die Glanzzeit des Judentums liegt nicht in den Jahrhunderten der Herrschaft der jerusalemischen Priesteraristokratie, diejenige Italiens nicht in der Geschichte des Kirchenstaats noch die Spaniens und Portugals oder gar Paraguays in den Zeiten, wo sie vom katholischen Klerus geführt wurden[1]. Ohne Zweifel ist es eine geschichtliche Tatsache,

[1]) Rudolf von Gneist, Die staatsrechtlichen Fragen des preuß

daß das Übel größer ist, wenn die Kirche Staatsgewalt ausübt, als wenn der Staat Gewalt über die Kirche besitzt. Die Gründe dafür entstammen alle dem Umstande, daß es zum Wesen der Kirche gehört, in irgendwelchem Grade intolerant zu sein, wogegen der Staat stets seine Bestimmung, ausgleichend zu wirken, geltend machen wird, wenn auch in recht verschiedenem Grade. Allein es gehört zu seinem Wesen, nicht zum Wesen einer Kirche, vor allem keiner, die den Anspruch erhebt, alleinseligmachend zu sein. Damit wird sich auch niemals im Rahmen einer Kirche eine Menschheitsreligion verwirklichen lassen, und der Begriff einer Universalkirche entspricht dem staatlichen Begriff einer Weltdespotie.

Es ist nun insonderheit gerade diese Unduldsamkeit, gegen die sich die Menschen innerhalb eines Staates auflehnen mußten, und die vor allen Dingen zu dem Übergewicht des Staates seit den Jahrhunderten der Renaissance geführt hat. Seitdem ist die Kirche immer mehr von wichtigen Lebensgebieten zurückgedrängt worden. Im Mittelalter und noch lange nachher griff die Kirche, und hier die katholische, selbst heute noch mehr als die evangelische, tief in das Menschenleben ein. Die Kirche hat vor den Tagen des modernen Staates Verwaltungsaufgaben gelöst, wodurch sie zum Vorbild des Staates geworden ist, als er daran ging, seine Ämterorganisationen zu schaffen. Auch der Pflichtbegriff der Staatsdiener ist aufs engste verwandt mit dem unbedingten, bis zum Kadavergehorsam sich steigernden Gehorsam, den die Kirche von ihren Dienern fordert, und in unsern Tagen zum Hohn geworden, wo der Staat denselben unbedingten Gehorsam verlangt, sich aber seinen Pflichten zu entziehen strebt und z. B. gleichzeitig den Beamten das Streikrecht verweigert. So vollzieht sich unter der bindenden Macht längst überlebter moralischer Vorstellungen im Verein mit dem Abbau dieser moralischen Hemmungen der Zusammenbruch eines Standes, der nun durch neue sittliche Bindungen neu gewonnen werden

Volksschulgesetzes, 1892, S. 99: „Wäre die konfessionelle Schule das Allheilmittel, so mußten der Kirchenstaat und Spanien Muster-Erziehungsanstalten schaffen, anstatt Brutstätten für Anarchisten zu sein."

und sich in neuen Formen für seine verschiedenartigen und unentbehrlichen Dienste im Staatsorganismus diesem verpflichtet fühlen muß.

Als der Staat erstarkte, da hat er die Kirche zunehmend aus ihrer öffentlichen Tätigkeit verdrängt. Von ihrer Gerichtsbarkeit ist nichts mehr übrig geblieben. Der Staat gibt sich nicht mehr dazu her, nach kanonischem Recht Verurteilte zu strafen. Er hat ihr abgenommen, das Armenwesen, ihr Sparbank- und Leihhauswesen, nicht zum mindesten das Schulwesen. Dabei ist noch an manchen Stellen ein Rückstand kirchenrechtlicher Normen vorhanden: so in der Stellung der katholischen Kirche zur Zivilehe, und vor allem in der Stellung aller Kirchen zum Religionsunterricht der Schulen. Es ist ein bedeutsamer Fortschritt, das an Stelle der von den einzelnen Ländern erlassenen gesetzlichen Vorschriften, jetzt ein Reichsgesetz (vom 15. Juli 1921) die Frage der religiösen Kindererziehung regelt und dabei auch vom 14. Jahre an dem Kinde die Entscheidung darüber anheimstellt, zu welchem Bekenntnisse es sich halten wolle. Der letzte Einfluß einer Kirche auf die Schulentlassung ist damit beseitigt. War es doch bis in die allerletzten Jahre hinein mancherorts geltendes Recht, so in Schleswig-Holstein, und zwar auf Grund einer Verfügung vom 24. 8. 1814, in Mecklenburg-Schwerin, in der Grafschaft Hoya usw., daß die Entlassung aus der Schule abhängig war von der Zulassung zur Konfirmation, d. h. abhängig von den Mindestkenntnissen, um am kirchlichen Gemeindeleben teilzunehmen. Das war ohne Zweifel eine wertvolle Garantie und Überwachung der Schule in Zeiten, wo es keine geeignetere Instanz dafür gab als den Geistlichen des Orts, der damit ein geschichtlich nie wegzuleugnendes Verdienst um die allgemeine Volksbildung erworben hat. Seit Jahrzehnten aber wirkten diese Zustände wie nicht von Komik freie Rudimente aus einer längst überlebten Kultur.

Solche Überreste mußten beseitigt werden. Allein damit ist das Verhältnis zwischen Kirche und Staat wie gesagt, keineswegs endgültig gelöst. Wenn auch der Staat auf Gebieten wie Armenwesen, Eheschließung und Schulwesen heute führt, so ist bereits mehrfach ausgeführt, daß er von sich aus keinem dieser Gebiete einen sittlichen Inhalt geben kann. Ist denn da nicht die Kirche um etwas besser als der Staat? Was ist sie im Gegensatz zum Staate? „Eine Kirche ist vor allem ein Herrschafts-Gebilde, das den geistigeren Menschen den obersten Rang sichert und an die Macht der Geistigkeit soweit glaubt, um sich alle gröberen Gewaltmittel zu verbieten. . . Damit allein ist die Kirche unter allen Umständen eine vornehmere Institution als der Staat", so Nietzsche in der „Fröhlichen Wissenschaft", 1886, § 358. Und das erklärt auch, warum Nietzsche in derselben Schrift, § 144, ein besonderes Wort der Anerkennung für Religionskriege finden konnte. Er sieht in ihnen den größten Fortschritt der Masse bis dahin; denn sie bewiesen, daß die Masse angefangen habe, „Begriffe mit Ehrfurcht zu behandeln"; die allgemeine Vernunft sei verfeinert worden, so daß „selbst der Pöbel spitzfindig wird und Kleinigkeiten wichtig nimmt, ja es für möglich hält, daß das ‚ewige Heil der Seele' an den kleinen Unterschieden der Begriffe hänge". Wenn einmal Kriege nötig sind, dann ist es anständiger, sich um den Schatten einer Lehre zu schlagen als um wirtschaftliche Vorteile. Und ohne Zweifel ist Kirche organisierte Geistigkeit in einem höheren Sinne als Staat. Da aber diese Organisation die sozialer Gruppen ist, so wird das Geistige dadurch vergewaltigt, daß es von Macht- und Herrschaftsinstitutionen ausgenutzt wird. Und weil auch sie der Lebensnot unterstehen, sich Andachtsräume verschaffen, ihre Bauten erhalten müssen, für ihre Liebesveranstaltungen unter den Menschen Geld brauchen, wachsen sie hinein mit ihren Ordnungen, für die sie wiederum Schutz brauchen, in die staatlichen Ordnungen und erhalten wirtschaftliche und damit alsbald auch politische Interessen mannigfaltiger Art. So wird es sogar möglich, auf kirchlicher Grundlage politische Parteien zu bilden, was auf religiöser Grundlage innerhalb des politischen Lebens unmöglich wäre, weil sich echte Religiosität von aller Politik abwenden wird. Aber als Kirche ist man von vornherein auch politisch organisiert und bedient sich darum mancher Verhetzung und Lüge zur Aufpeitschung der Masseninstinkte und was der Mittel mehr sind, von denen sich religiöse Naturen stets mit Abscheu fern hielten. Wenn dabei nicht offen das Kircheninteresse, und zwar als ein Macht- und Wirtschaftsinteresse, zum Aushängeschild gemacht wird, sondern die Religion selber in den Schmutz des politischen Kampfes hineingezogen wird, so kennzeichnet das nur die Verirrung der Menschen und die Verwirrung ihrer Gemüter, wofern es nicht ganz bewußt geübter Betrug ist von Menschen, denen eben nichts mehr heilig ist. Das alles tritt in christlichen Ländern darum so grell und kraß auseinander, weil sich die christliche Religion ihrem innersten Wesen nach nur unter gröbster Verzerrung zu einer National- oder Staatsreligion erniedrigen läßt.

Solcher Stand der Dinge eröffnet uns hinwiederum den Ausblick in eine von den Kirchen freie Sphäre, wie wir seinerzeit eine staatsfreie Sphäre gefunden haben. Und es liegt heute nur so, daß diese kirchenfreie Sphäre durchaus noch nicht in demselben Umfange unter den Menschen zur Anerkennung gelangt ist wie die staatsfreie, obwohl untrügliche Zeichen darauf hindeuten, daß sich die von den Kirchen verhetzten und gegeneinander aufgebrachten Menschen auf eine Beschränkung kirchlicher Machtbestätigung auf ein engstes Gebiet einigen werden — aus Religion!

Der Kirche ist jeder Einfluß auf das Reich der Wahrheit, und damit auf das Gebiet der Wissenschaft, zu entziehen. Wenn die Kirche die göttliche Offenbarung, auf der sie ruht, nicht gelten läßt für das Gebiet des wissenschaftlichen Erkennens und diesem feste Grenze zu ziehen sucht, dann bleibt nur die Lehre von der doppelten Wahrheit übrig oder eine Vergewaltigung der Wissenschaft durch die Kirche. Der „Modernisteneid“ hat die Erinnerung an dunkle Zeiten in neuester Zeit aufgefrischt. Aber keine Offenbarungsreligion, die orthodox aufgefaßt wird, hat ein freies und vor allem ehrliches Verhältnis zur Wissenschaft aus sich selbst zuwege gebracht[1]).

[1]) Sehr erfreulich heben sich zwei jüngste Kundgebungen preußischer Professoren der evangelischen Theologie an das preußische Kultusministerium hervor. Sie fordern Erhaltung der bisherigen Siche-

Die Kirche, welche doch die Gebote der Sittlichkeit lehrt und selber befolgen müßte, ist wegen ihres Charakters als sozialer Gruppe dem Fluch dieser mitverfallen. Das Ärgste, was je im Namen der Kirche getan ward, bleibt die Entbindung vom Eide, als die widerlichste unsittliche Tat, welche unwidersprechlich bekundet, wie die Kirche ihre politischen und wirtschaftlichen Geschäfte auf Kosten von Wohlanständigkeit und Religion macht und auch bei ihr der Grundsatz, Geld riecht nicht, im Schwange ist. Sie duldet nicht das Zeugnis eines freimütigen Bekenntnisses in ihrer Mitte, das von den Formeln ihrer zufällig geltenden Dogmen abweicht, und verrät durch kaum etwas anderes stärker als durch ihre Bekenntnisse ihren Vereinscharakter. Sie schließt aus ihrer Mitte aus, wer die Satzungen übertritt, sie bestimmt, wer zu ihr gehören soll; sie kann freilich nicht verhindern, in der Gegenwart weniger erfolgreich als früher, daß der mit ihr Unzufriedene aus dem Verbande austritt. Aber sie pflegt dann den „Abtrünnigen" mit ihrem Hasse zu verfolgen nach Art räuberischer Organisationen, die auch den „Verräter" durchs Leben hetzen. Sie züchtet, wie der Staat, das Mittelgut, weil das auch ihr das untertänigste Volk liefert und die willigsten, am wenigsten schwierigen Angestellten, und haßt die Rumorgeister. Sie schämt sich keineswegs, durch ihre Vertreter offenbare geschichtliche Unwahrheiten amtlich zu verkünden, und findet nicht den Mut, solche Dinge ehrlich abzustellen, wohl aber immerfort Menschen, die mit beredten Worten aus Licht Finsternis und aus Finsternis Licht machen. Die Kirchen halten in allen Ländern an alten Sitten und Gebräuchen fest, die schon vor Zeiten hohl geworden sind, und fürchten sich

---

rungen, an den evangelischen Fakultäten die Freiheit der Lehre und Forschung auch für die theologischen Wissenschaften in Kraft zu erhalten. Die beiden Eingaben sind veranlaßt durch die in der preußischen und anderen Kirchenverfassungen von der Reaktion erzwungenen unevangelischen und widerlutherischen Bekenntnisvorsprüche, die dieser katholisierenden Gruppe als „Interpretation der göttlichen Wahrheit" gelten! S. den Wortlaut z. B. in der „Allgem. D. Lehrerzeitung", vom 7. 9. 1923.

nicht davor, jahrein jahraus den Zwang auszuüben, solche Sitten beizubehalten, dabei verwundert über die ständig abnehmende Begeisterung gerade aller Nachdenkenden für sie.

Ebensowenig achtet aber die Kirche die Heiligkeit des religiösen Lebens, dessen Pflege nach ihrer Behauptung ihre eigenste Aufgabe sein solle. Wie im Staate aller sittliche Fortschritt gegen den Staat gemacht worden ist, so alle Neuerungen und neuen Formen religiösen Gemeinschaftslebens gegen die Kirchen. Es sind eben ein und dieselben Gesetze in beiden wirksam, und der Vergleich ließe sich weiter durchführen bis in Einzelheiten.

Darum kann nun auch eine Kirchenschule kein wesentlich anderes Bild liefern als eine Staatsschule. Es fehlt in der evangelischen Kirche ganz gewiß noch heute nicht an dem Gelüsten, das Schulleben ebenso rücksichtslos zu mißbrauchen, wie es die katholische Kirche offener tut. Aber die evangelische Kirche besitzt auf Grund ihrer Geschichte und ihrer, die individuelle Religiosität stärker weckenden und auch pflegenden Eigenart geringere politische Schlagkraft, und ist daher nur ein Anhängsel politischer Parteien und steht so im öffentlichen Leben hinter der katholischen zurück. So haben auch die Schulforderungen der katholischen Welt auf Grund ihrer kirchenrechtlichen Fundierung eine weit starrere Form und die Erinnerung an ältere Kämpfe und Formulierung katholischer Forderungen öffnet gerade für die Gegenwart die Augen, da die geistige Haltung in ihrer Schroffheit und traditionellen Gebundenheit sichtbar wird.

1869 enthielten die Forderungen der katholischen Kreise bei der Beratung eines Schulgesetzentwurfes im preußischen Abgeordnetenhause folgende Forderungen[1]: „Spezialvollmacht (missio canonica) für jeden Lehrer der Religion. Dieser Religionsunterricht soll aber für jeden Teil des wissenschaftlichen Unterrichts und für den gesamten Geist der Schule maßgebend sein. Ein Veto daher gegen die Anstellung eines

---

[1]) Angeführt nach Rud. von Gneist, Die staatsrechtlichen Fragen des preußischen Volksschulgesetzes, 1892, S. 89.

jeden Lehrers, ein maßgebender Einfluß auf die Prüfung, Anstellung und Entlassung der Lehrer, ein fortlaufendes Aufsichtsrecht des Bischofs auf jede katholische Schule, eine Mitdirektion, die in der Wirklichkeit die maßgebende Direktion wird, da dem höchsten Zweck der Erkenntnis der Heilswahrheiten sich in der Schule alles unterordnen muß. Schon die Unmöglichkeit, ein Kirchenlied oder ein Gebet für eine Schulandacht zu finden, welches Katholischen und Akatholischen gemeinsam sei, und die Verschiedenheit der Festtage machen eine gemeinsame Schule für Katholiken und Evangelische völlig undurchführbar." Und die Grundlagen einer katholischen Schule sind nach dem Kirchenrechtler Hinschius[1]) in folgenden Ausführungen zu sehen: „Zweck der Lehrtätigkeit der Kirche, der Ausübung ihres Lehrauftrages und ihrer Lehrgewalt ist die Erziehung der Menschheit zum ewigen Heile durch Vermittlung der übernatürlichen Wahrheiten. Führt die sonstige menschliche Erkenntnis zu Ergebnissen, welche den übernatürlichen Wahrheiten entgegenstehen, so können erstere nur falsch, nur Irrtümer sein. Folgweise hat alle menschliche Wissenschaft die durch den katholischen Glauben gesteckten Grenzen einzuhalten, und es folgt daher aus dem Lehrauftrag und der Lehrgewalt der Kirche ihr Recht, einmal das, was echte, christliche Wissenschaft ist, festzuhalten, und das, was nur scheinbar sich als Wissenschaft darstellt, zu verurteilen, ferner das Recht, über die Entwicklung und die Lehrer der Wissenschaft eine beständige Aufsicht zu führen und auf die Lehrer und die Lehranstalten in der Weise einzuwirken, daß sie von der Pflege und Überlieferung christlicher Wissenschaft nicht abweichen, endlich auch die Befugnis, wenn schon nicht als eine ihr allein und ausschließlich zustehende, selbst Lehranstalten aller Art, von der Volksschule bis zur höchsten, der Universität, zu errichten und zu leiten". . . „Aus dem prinzipalen, der Kirche kraft göttlichen Rechts zukommenden Recht auf christliche Erziehung der heranwachsenden Jugend folgt das akzessorische Recht, allen übrigen Unterricht

[1]) Kirchenrecht IV. S. 573 (angef. n. Gneist).

der Jugend in maßgebender Weise zu bestimmen und zu leiten." Für den Geschichtsunterricht hat das immer besonders heikle Folgen und Knechtung menschlicher Charaktere bedeutet. Denn sollte ein katholischer Schullehrer, der etwa seine Geschichte den Kindern nach dem Muster Janssens vorgetragen hat, sich auch selber überzeugen, daß diese Darstellung nach hundertfältigen Urkunden irrig ist, so darf er doch keine andere Geschichte vortragen, wenn er nicht gegen den Syllabus von 1864 Sätze VIII und XII und Conc. Vatican. de fide c. 4 verstoßen will, durch welche er verpflichtet wird, alle von der Kirchenlehre abweichenden Resultate der Geschichtswissenschaft für Irrtümer zu halten. Über die praktische Wirkung erzählt u. a. der Anatom Carl Gegenbauer[1]) aus seiner Schulzeit auf dem Würzburger Gymnasium. Zu seiner Zeit wurde der Geschichtsunterricht, der vordem dem Klassenlehrer zustand, auf den Religionslehrer, d. h. einen katholischen Geistlichen, übertragen. „Daß wir die Verschiedenheit der Behandlung der Geschichte bald empfanden, brauche ich wohl nicht hervorzuheben. Wir alle waren uns bewußt, daß die Verherrlichung der römischen Kirche der Zweck dieser Änderung war und die Jesuiten die Urheber. Bei uns allen, die nicht Geistliche wurden, ward wohl nur das Gegenteil von dem Gewollten erreicht."

Alle diese Anschauungen, nur für den neuen Fall zusammengefaßt, erregten die religiösen Menschen und weit über diese hinaus die Menschen der christlichen Länder beim Erscheinen der berüchtigten Enzyklica „Pascendi dominici gregis" vom 8. September 1907. Sie macht den Versuch, die Früchte der neuzeitlichen philosophischen Lehren, besonders der kantischen, bibelkritischen, dogmengeschichtlichen und sozialen Forschungen innerhalb der katholischen Theologie

---

[1]) Erlebtes und Erstrebtes, 1901, S. 26f. Gegenbauer erzählt auch a. a. O. S. 51f., daß er als Assistent am Juliushospital verpflichtet war, am Gottesdienst teilzunehmen. Die zwei Kaplane verlangten, daß die Ärzte sofort das von ihnen betretene Krankenzimmer verlassen mußten; der Oberarzt hatte sich dem längst gefügt und die oberste Spitalbehörde stimmte immer mit den Pfarrern überein.

und Wissenschaft zu vernichten. Hier wird nochmals auf Thomas von Aquino zurückgewiesen als die Norm der Philosophie. Und es heißt in ihr, daß auf alle diese Vorschriften das Augenmerk gerichtet werden müßte, wenn es sich darum handle, die Leiter und die Lehrer an den katholischen Seminaren und Universitäten auszuwählen. Alle, die irgendwie von einem Modernismus ergriffen seien, sollten, ohne irgendwelche Rücksicht, vom Amt eines Leiters wie eines Lehrers ferngehalten und wenn sie bereits ein Amt bekleideten, entfernt werden[1]).

Demgegenüber waren und sind die Machtansprüche der evangelischen Orthodoxie geringfügig, wenn auch ihre Einmischung in die evangelische Religionsfakultas manchmal zu denselben Charakterverbiegungen führte wie die ihrer katholischen Schwester. Mit Mühe hält sie die Ansprüche aufrecht, sich wenigstens ein Mitrecht im Religionsunterricht zu sichern und dabei zu bestimmen, was die „Grundsätze" des Bekenntnisses seien, womöglich den Einfluß auf die Lehrbücher zu behaupten, wo er noch bestand. Das bedeutet u. a., soweit die höheren Schulen in Betracht kommen, den sonderbaren Anspruch einer Regierung der Geistlichen über die an denselben Universitäten und denselben Fakultäten mit ihnen zusammen ausgebildeten Lehrkräfte, eine Forderung, die darum stets bei allen Lehrern, die ihr Amt hoch hielten, den lebhaftesten Widerspruch erregt hat.

[1]) „Die antimodernistischen Dekrete Pius X. sind bis zum heutigen Tage in Kraft, Benedikt XV. hat ihre fortdauernde Gültigkeit ausdrücklich bestätigt. Zwar haben sie keine Aufnahme in den Codex juris canonici gefunden, ein deutliches Anzeichen dafür, daß die römischen Kanonisten es nicht wagten, diesen Dekreten „ewige Geltung" zuzuschreiben und es für gut hielten, sich für alle Fälle eine Hintertür offen zu halten. Aber sämtliche kirchlichen Anordnungen, die im Gesetzeskodex nicht ausdrücklich aufgehoben oder durch neue ersetzt sind, behalten ohne weiteres ihre Gültigkeit. Jeder Priesteramtskandidat muß diesen Eid vor dem Empfang der höheren Weihen ablegen, und wenn bei einem Priester der Verdacht auf modernistische Gesinnung besteht, so wird bisweilen die erneute Leistung des Eides verlangt, wie das der Fall Willbrord in Münster im Jahre 1920 bewies." Fr. Heiler a. a. O. S. 652.

Aus allem erhellt, daß es sich hier gar nicht um Wahrheit, Freiheit, Gerechtigkeit, Sittlichkeit, Religiosität u. dgl. handelt, sondern einfach um Machtfragen. Man will Unterwerfung und Gehorsam, zerbrochene, gefügige Menschen, Agitatoren damit für die irdischen Interessen der Kirche, willfährige Anbeter und Hörige. Bezeichnend und typisch ist ein Fall aus dem Jahre 1914, und aus der evangelischen Welt[1]). Gymnasiasten gründen ein Bibelkränzchen, finden aber keine amtliche Förderung und können keinen Versammlungsraum erhalten. Bei einem Pastoren sollen sie drei Mark bezahlen, vermögen es aber nicht. Ein anderer hat neue Möbel; im Gemeindehaus, wo Platz reichlich vorhanden ist, wird ein Schüler auf einer Marmorfensterbank stehend gesehen, darauf der Raum ihnen genommen. Da flüchten sie zu einem Manne mit blondem Haare und blitzenden Augen, den man als Sektierer verschrie. Nun erhoben sich die Pastoren des Ortes wie ein Mann. Die vier Direktoren der höheren Knabenschulen erhielten amtliche Briefe. Durch einen Direktor wurden die Zusammenkünfte verboten. Die Öffentlichkeit des Ortes wurde durch die Presse mit Aufsätzen betitelt „Sektiererwesen unter Schülern", „Kampf gegen die Kirche", „religiös überfüttert" aufgeklärt und mobil gemacht, so daß von der amtlich frommen Gesellschaft des Ortes diesem Schülerverein das Lebenslicht ausgeblasen wurde.

Es ist der Kirche als Kirche nicht um Christentum zu tun, sondern um ihre kirchliche Autorität. Immer wieder tritt ihr wesenhafter Zug heraus: Macht- und Herrschaftsverband. Pflege des religiösen Gemüts oder der Religion an sich, das ist ebenso Nebenwerk der Kirche, wie es Nebenwerk des Staats ist, etwas für die Sittlichkeit zu tun. Daher auch in beiden das alle sozialen Gruppen charakterisierende Übergewicht des Verstandes. Und so kommt naturgemäß der Verstand leicht in Kampf mit den besonders im Gefühlsleben der Menschen ruhenden religiösen Kräften. Und es ist aus

[1]) „Jesus in unserm Schülerleben", Bilder aus einer Jugendbewegung von Odo Degenfeld. Furche-Verlag, 1917, S. 113ff. Nach S. Kawerau, Soziolog. Pädagogik, 1924, S. 73.

dieser Einsicht in das Wesen einer Kirche selbstverständlich, daß sie feind sein muß aller lebensfrischen, ungebunden hervorquellenden Religiosität. Sie das Schulwesen bestimmen lassen, das bedeutet darum, mit noch ärgeren Folgen als beim Staate, das geistige Leben hemmen und eindämmen, verseuchen und verkümmern lassen, gerade in den Jahren, wo sich der aufblühende Mensch aufnahmefähig zeigt für alles Geistige und gerade auch für das Heilige, das kirchliche Autorität allzu leicht zertritt. Die Folgen aber müssen vor allem aus zwei Gründen ärger sein als ähnliche Unterdrückung in einer Staatsschule: einmal weil der Kirche ihrem Wesen nach die ausgleichende Gerechtigkeit fehlt, sie will in noch schrofferem Maße als der Staat Autorität, und sodann, weil das wertvollste Gebiet des Wertelebens und Werterlebens, das des Heiligen, verwirrt ja zerstört wird. Es ist kein Wunder, daß das Christentum in den fast zwei Jahrtausenden so wenig Fortschritte und im Weltkriege zuletzt noch in allen christlichen Staaten in so grauenhafter Weise bankerott gemacht hat, aber das ist nicht ein Bankerott der christlichen Religiosität, sondern der durch die kirchlichen Organisationen herabgewürdigten, entstellten, und auf weltliche Machtgelüste, Unwahrhaftigkeit, Lüge und Betrug eingestellten Jesusreligion. Die Geschichte der Völker unter der Erziehung der Kirche warnt mit tausend Fingern vor einem Experiment in unsern Schulen. Und die Kirchen selber sollten gerade durch die Erfahrungen der letzten hundert Jahre, in denen sie mehr als heilsam war, Einfluß auf den Religionsunterricht und auf ganze Schulorganismen hatten, gelernt haben; ist doch die Kluft zwischen weitesten Volksteilen und den Kirchen nie größer gewesen als am Ende dieser Periode. Die Kirche hat durch das Mittel der Schulen in den letzten drei Generationen keinen Einfluß gehabt, der ihren religiösen Ideen nennenswerte Verbreitung verschafft hätte, sie hat nur zur Entblößung ihrer eigensten Natur als Gewaltinstitution wirksam selber beigetragen und steht heute ebenso aller idealen Gründe entschleiert da wie der Staat, freilich beschämender für sie, weil sie das Heiligste verletzt hat. Wehe dem Volke, daß nicht über Staat und

Kirche hinweg den Weg zu seiner Schule, zu einer freien allgemeinen Volksschule findet! Denn nur in der freien Volksschule kann ein freies Menschentum gepflegt werden, eine Menschlichkeit, die sich über die Verengung und die Verkümmerung der geistigen Werte erhebt.

Erwähnt sei noch, daß der Schulzwang gegen die katholische Kirche eingeführt worden ist. Denn einmal behauptet die Kirche, es sei ihre Aufgabe für die Bildung des Volkes zu sorgen, und zwar als ihr geschichtliches Recht. Aber wie das Mittelalter lehrt, war sie nicht imstande, für die Bildung der niedern Schichten hinreichend zu sorgen. Selbst nach dem Tridentinum wurde nur ein von den Küstern zu erteilender Katechismusunterricht vorgesehen. Und so wird auch heute noch in allen Ländern, wo die katholische Kirche Einfluß auf das Unterrichtswesen hat, der Bildungsstand des Volkes möglichst niedrig gehalten, was sofort beim Besuch katholischer Distrikte auffällt[1]). Ohne Zweifel wird damit die Aufgabe der Führung des Volkes bedeutend erleichtert. Ferner haben die Parlamentarier katholischer Parteien stets das „Recht der Hausväter", heute das Recht der „Erziehungsberechtigten" gegen die „Tyrannei des Staates" ins Feld geführt, nicht ohne Recht, nur daß wir uns heute vor der Skylla des Staates ebenso hüten wollen wie vor der Charybdis der Kirche. Beide Strudel bedrohen ein aufrichtiges und aufrechtes Schulleben und die Charakterbildung der jungen Generation. Es ist an der Zeit, daß wir die Wege bereiten für die freie Volksschule, die Kirche und Staat läßt, was beiden zukommt, aber außerhalb ihrer Mauern. Der Kirche gewährt sie den Raum, den ihr die Familien neben der Schule einräumen wollen, und dem Staate überlassen diese die Aufgabe der zweckmäßigsten Organisation und ein daraus folgendes Aufsichtsrecht, auch jede Mitwirkung zum Zwecke ausgleichender Gerechtigkeit. Mit ungebrochener Achtung vor beiden Machtsphären

[1]) In der Bergischen wie der französischen Verfassung von 1831 war ein grundsätzliches Verbot des Schulzwanges ausgesprochen, und in Belgien ist die allgemeine Schulpflicht erst 1915 von der deutschen Besatzungsbehörde durchgeführt worden.

wird dann der jugendliche Mensch ins Leben hineinwachsen und Glied einer Kirche wie Bürger eines Staates werden aus eigener Wahl und nach freiem Entschluß. Was das für beide bedeutet, für ihre innere wie äußere Kraftentfaltung, darüber wird kein Einsichtiger im Zweifel sein.

§ 9. Volk.

1. Der Begriff Volk ist seltsam verworren. Sein unklares Verhältnis zu dem Begriffe Nation verrät, wie sehr, gerade auch in Deutschland, vielen Kreisen das schlechthin natürliche Empfinden dem Volklichen gegenüber und damit die rechte innere Haltung verloren gegangen ist. Kein Wunder, denn im Jahrhundert des Nationalitätenkampfes mußte alles, was fein und zart, was rein und edel im Volklichen ist, zerrissen und zersplissen werden. Der Nationalismus bedeutete ja nicht Einstellung auf den Volksgedanken in dem Sinne, daß sie Achtung und Ehrfurcht vor dem Volklichen überhaupt bewirkt hätte. Nur in wenigen der Größten seiner Vertreter, mit europäischer Bedeutung etwa in einem Björnstjerne Björnson, wuchs gleichzeitig mit dem nationalen Gedanken und seiner politischen Ausnutzung der Menschheitsgedanke naturgemäß heraus und veredelte rückwirkend wieder jeden Dienst am eigenen Volke.

Die häufige Verquickung der Begriffe Volk und Nation und die damit erfolgende Verschiebung des Sinngehaltes findet sich typisch u. a. bei Rudolf Kjellén[1]): Volk ist ihm „die innerhalb eines Staates allein durch die Loyalität zusammengehaltene Menschenmasse“, dabei bedeutet Loyalität das Band der Gemeinsamkeit, welches durch gemeinsames Recht, Gerichtsordnung und durch solidarische Verantwortung im Kriege geknüpft wird und alle Bürger eines Staates vereinigt, abgesehen von allem, was sie sonst trennen mag. Nation dagegen ist „die durch die Nationalität zusammengehaltene Masse“. Damit ist Nation als ethnischer und Volk als politischer Be-

[1]) Staat als Lebensform, S. 104ff.

griff gefaßt, ein Gebrauch, geradezu dem entgegengesetzt, der dem Deutschen, ja dem Germanen, zunächst liegen würde. Jene Verstellung des Sinnes aber dürfte erfolgt sein durch Anlehnung an den Gebrauch des Wortes Nation in den romanischen Ländern, wo es die Bedeutung des deutschen Edelwortes Volk angenommen hat und wo das vom Lateinischen populus abgeleitete popolo, peuple an die zweite Stelle gerückt ist, ebenso wie im Englischen, das allein unter den germanischen Völkern das Wort Volk in seiner vollen Bedeutung verloren und an Nation abgegeben hat.

Nach deutschem Sprachgebrauch ist Volk zunächst ein ethnischer Begriff. Er faßt „einen in gewissen objektiven physischen Merkmalen des physischen Habitus, der Sprache und Sitte übereinstimmenden Teil der Menschheit" zusammen[1]). Gewöhnlich wird für diesen Teil auch eine genealogische Verwandtschaft angenommen, um die übereinstimmenden Züge zu erklären. Das Bewußtsein einer solchen Verwandtschaft kann verloren gehen; es können sich Teile, Stämme eines Volkes abgliedern und selbst ein „Volk" werden, z. B. die Holländer, die Portugiesen. Demgegenüber wird Nation als politischer Begriff genommen. Das Wort ist verhältnismäßig neu in diesem Sinne und im Deutschen so erst seit dem 16. Jahrhundert festzustellen. „Hier hat es endlich im 18. Jahrhundert sein besonderes Gepräge dadurch erhalten, daß der Schwerpunkt seiner Bedeutung auf die auf gemeinsame Abstammung und politische Einheit gegründete Volksgemeinschaft gelegt und so von dem allgemeinen Begriff Volk geschieden wurde." Daher konnte nun Lessing sagen, die Deutschen seien noch keine Nation, und Kant die Nation definieren als eine zu einem bürgerlichen Ganzen vereinigte Volksgemeinde[2]). Es sind demnach deutsches Volk und deutsche Nation unterschiedene Begriffe. Deutsche Nation sind die im Deutschen Reich politisch vereinigten Stämme; das deutsche Volk wohnt über diese politischen Reichsgrenzen, vor allem zurzeit, weit hinaus. Es

---

[1]) Wilh. Wundt, Völkerpsychologie VII. 71f.

[2]) ebenda X. S. 22.

können nun aber auch verschiedene Völkerstämme zu gleichen Staaten gehören und so eine Nation bilden. In diesem politischen Sinne könnte man dann z. B. von Belgien und der Schweiz sprechen, aber nicht von diesen Staaten als Volksstaaten, wenn man darunter nicht eine Staatsform versteht wie sie von der demokratischen angestrebt wird. Es sind demnach auch Nationalgeist und Volksgeist für uns verschieden, ebenfalls Nationalversammlung und Volksversammlung; eine wahre Volksversammlung ist etwas, das heute nur möglich ist jenseits oder über dem Politischen hinaus, da wo alles schweigt, was ständisch, konfessionell und parteipolitisch ist, also wo jene Voraussetzungen vorhanden sind, wie sie die Neue Schule für die Erziehung freier, natürlich wachsender Kinder und Jugendlicher fordert und verwirklicht, Voraussetzungen, die zugleich die Lebensbedingungen für alles wahrhaft Volkliche sind.

Bislang war es so, daß die Unklarheit über die Sinnbedeutung dieser beiden Begriffe zu Wortverbindungen geführt hat, die verraten, wie man über Nation vergessen hatte, was denn Volk eigentlich sei, und dies trotz der Reden Fichtes, die zwar an die deutsche Nation gerichtet sind, in denen aber bestimmt wird „was ein Volk sei". Solches Gegensatzpaar neuesten Datums ist Staats- und Kulturnation (Fr. Meinecke): Kulturnation bedeutet die durch Sprache, Sitte, Literatur und wie Meinecke meint, am stärksten durch die Religion zusammengebundene und vermittelte Einheit, während Staatsnation die durch die politische Verfassung vermittelte Einheit bezeichnen sollte. Die Vermengung stammt ohne Zweifel daher, daß auch in Deutschland Nation gleich Volk gesetzt wurde, wohl deswegen, weil auch bei uns das Edelwort Volk degradiert war. Ähnlich wie in den romanischen und englischen Ländern sah man gern darunter den einer hohen Regierung und der sie tragenden oder sich ihr zuzählenden Schicht gegenüberstehenden regierten Menschenhaufen mit dem unqualifizierten Verstande. Wir haben eine Sammlung „Deutscher Nationalliteratur", Karl Lamprecht beginnt seine „Deutsche Geschichte" mit einer Geschichte des deutschen

„Nationalgefühls“ und meint doch offensichtlich damit das Volksgefühl der „tiusche man“. Der Begriff „Volk“, den es in seiner ganzen Tiefe und Fülle wieder herauszustellen gilt, ist demnach zurzeit verschüttet, und in derjenigen politischen Gesellschaft, die seit dem 17. Jahrhundert, etwa angefangen mit dem englischen Königsmorde 1649, in den Staaten Europas nach und nach zur Herrschaft kam, überall durch Nation ersetzt worden. Auch in Deutschland hat man die nationale Einigung erstrebt, in Nationalversammlungen dem deutschen Volke Verfassungen gegeben. Kennzeichnend ist es für diese Zusammenhänge, daß auch das Wort Nationalität jung ist. Meinecke[1]) findet es zum ersten Male bei Novalis 1798; das Wörterbuch der französischen Akademie hat es erst 1835 aufgenommen.

Es ist aber gut, daß dieses Fremdwort gleichzeitig in Umlauf kam, um all die Abscheulichkeiten und politischen wie menschlichen Torheiten und Erbärmlichkeiten, und mehr als das, zu bezeichnen, die im 19. Jahrhundert und bis zum Gipfelpunkte im Versailler Traktat unter dem Deckmantel und dem Wahnwort des „Nationalitätenprinzips“ geschehen sind. Besinnen wir uns darauf, daß nach Lloyd George der Weltkrieg ein Krieg der Nationalitäten gewesen ist, und auf das, was während des Krieges geschehen ist und ärger noch nach der Atempause, die in Versailles gehalten wurde, dann bedarf es eben jener leichtschwebenden Sittlichkeit nur politischer Naturen, um noch zu atmen. Sollte doch nach dem freien Selbstbestimmungsrecht der Völker das neue Europa begründet werden, und ein Völkerbund das Ganze krönen! Auf das Nationalitätenprinzip aber spekulierten seit je gewissenlose und geschäftstüchtige politische Personen und Cliquen, um sich Macht und Einfluß zu verschaffen in, wie man es nennt, „selbständigen Nationalstaaten“. Und die Folge ist eine Zersplitterung Europas in eine Fülle von Staaten, die kaum den Schatten von Selbständigkeit aufzeigen können

---

[1]) Weltbürgertum und Nationalstaat; Rud. Kjellen, a. a. O. S. 102, Anm.

und deren Völker sich innerhalb der Staatsgrenzen gegenseitig das Dasein ingrimmig erschweren, während das Staatsgebilde den Launen fremder Militärstaaten dient, die für die Völker nur das Interesse aufbringen, welches ein Werber der Fremdenlegion für das Material hat, das er zu liefern bezahlt wird. Ebensowenig kann sich länger eine wirklich freie selbständige Wirtschaft nationalstaatlich entfalten, kein europäisches Land wird je wieder seine Valuta aus eigener Kraft stabilisieren können, und ärger noch ist es, daß sich auch kein kulturell freies Leben entwickeln kann, weil die politischen Klüngel es niederhalten oder mit ihren Schlagworten durchsetzen. Weiter läßt die Eifersucht der drei vier politisch entscheidenden Großstaaten ihren Gebilden selbständige Entfaltung nicht zukommen, und wenn es ihnen eines Tages einfällt, so werden diese „selbständigen Nationalstaaten" das Schicksal von Birma und Siam, Belutschistan, Afghanistan oder Ägypten erleiden, oder wie im Weltkriege wird ihre Selbständigkeit gerade soviel beachtet und geachtet werden wie diejenige Belgiens, Portugals, Griechenlands, Chinas, Chiles u. a. m.

Freilich lag der politische Anlaß zur Weckung und nun zur Überspannung, und zwar zu einer recht bald wahrscheinlich segensreich wirkenden Überspannung des „Nationalitätenprinzips" in der falschen Einstellung der Staaten zu den Völkern und Volksteilen, die politisch in ein und demselben Staate zusammengefaßt waren; nur die Schweiz macht hier eine Ausnahme. Und wie selbst die sogenannten Vorkämpfer des Nationalitätenprinzips sich noch heute gegen die Rechte der Nationalitäten versündigen und scheinbar seelenruhig Verbrechen begehen, die sie selbst vorgaben zu bekämpfen, das zeigen u. a. Frankreich, Italien, Belgien, Polen, die Tschechoslowakei und England tagaus tagein. Dahinter stehen letzte, nun ausklingende Lehren der Naturrechtsperiode; es sollte nie vergessen werden, daß fast alle heute führenden Politiker in diesen Nationen aus der Generation 1850—1880 stammen und in deren Anschauungen unterrichtet und erzogen worden sind, also in ihren Anschauungen zwei ja drei Generationen hinter denjenigen zurück sind, die heute sich durchsetzen sollten, um die politischen und wirtschaftlichen Voraussetzungen für eine europäische wie für eine Weltkultur zu schaffen. Nach den alten Anschauungen ist der Staat der Allmächtige, soweit er sich durchsetzen kann, und staatliche Vergewaltigung gar eine sittliche Aufgabe im Sinne dieser politischen Sittlichkeit, die mit wahrer Sittlichkeit nichts zu schaffen hat. Ebenso töricht ist es, das „Selbstbestimmungsrecht der Völker" im Sinne einer Entscheidung für eine Staatszugehörigkeit unter den Mitteln des militärischen Zwanges und in den Formen einer Wahlkampagne mit all deren unlauteren Mitteln und Beeinflussungen nach den Regeln einer Massenpsychologie durchzuführen. Ja, ist dies Prinzip überhaupt durchzuführen, so daß es einen wahren Ausdruck findet? Wie oft darf ein Volk oder dürfen Volksteile sich selbst bestimmen? Etwa stets nach dem Ablauf einer Generation? Ohne daß wir daran denken, irgendwie nationalistischen oder machtpolitischen Anschauungen solcher Verfasser ein anderes als ihr historisches Recht einzuräumen, war es doch richtig geurteilt, wenn Treitschke im Nationalitätenprinzip eine der leeren Abstraktionen des Naturrechts und Ratzel darin einen „Rückschritt ins Unterterritoriale" sah, wenn Kjellén meint, die nächste Zukunft werde dem National- und dem Rassegedanken als staatsbildender Kraft ein Ende machen.

Den neuen Weg kann man aber einzig und allein durch eine klare und neue Besinnung auf das bereiten, was Volk seinem Wesen nach ist. Und alsdann kommen wir auch wieder zu wahrhafter Erziehung und Bildung. Denn soll es eine nationale Erziehung, eine nationale Schule oder eine Volkserziehung und eine Volksschule werden, also eine Erziehung des Volkes durch seine freie Volksschule zum Volke? Und was folgt nicht alles daraus für den Inhalt dieser neuen Erziehung bis hinein in die einzelnen Stunden wie für den ganzen Geist einer solchen Erziehung! Da genügt es nicht länger nationale Gesinnung zu züchten durch eine oft lächerliche Verherrlichung des Nationalen, sondern volkliche Gesinnung gilt es zu wecken und diese sich vor der jungen

Generation rein und unbefleckt nicht nur in den Werken des eigenen Volkes, sondern überhaupt in den Völkern offenbaren zu lassen. So liegt vor uns ein neues Land im Morgenrot, und ist doch das alte Land unserer Väter; wir lebten immer in ihm. Aber es war eine lange Nacht, durch die wir mit allen Völkern um uns hindurch mußten, um wieder zu diesem Lande zurückzukehren und seine Schönheiten ungetrübt zu erkennen. Inmitten der Aufgaben, die sich diese Betrachtungen gestellt haben, finden wir aber dieses Land, wenn wir nach dem Wesen des Begriffes Volk suchen, und das kann geschehen, indem wir durch die große Zahl der Theorien hindurchbrechen und uns wieder auf unsere Vorbetrachtungen besinnen.

2. Man hätte nie Volk und Staat aneinander binden sollen. Schon deswegen nicht, weil Volk immer die Voraussetzung für den Staat und seine Bildung ist, aber zu einer solchen obersten Einheitsveranstaltung sich verschiedene Völker oder Volksteile vereinigen können. Volk und Staatsbürger decken sich in den seltensten Fällen. In Europa wohl nur in Portugal, von Lichtenstein, San Marino und solchen Miniaturstaaten abgesehen. Die allemannisch redenden Oberdeutschen gehören zum Teil zum Deutschen Reiche, zum Teil zur Schweiz und zu Frankreich; ähnlich geht die Staatsgrenze nun schon seit vier Jahrhunderten mitten durch das Friesische und das Niederdeutsche und scheidet Holland von Deutschland. Nicht zu reden von den ehemaligen Staatsgrenzen, jetzt glücklicher Landesgrenzen genannt, innerhalb des Deutschen Reiches. Dennoch liegt es richtig im Gefühl, daß hinter einem Staate etwas wie ein Volksbewußtsein und die Kraft eines solchen stehen sollte; daher auch fast alle Staatsnamen von Volksnamen abgeleitet sind; in Europa wohl mit nur zwei Ausnahmen: Niederlande und Österreich.

Auch Volk und Rasse decken sich nicht, ganz abgesehen davon, daß es schwer sein wird, eine reine Rasse, vor allem unter den sogenannten Kulturvölkern, festzustellen. Selbst die nordischen Völker, die für die reinsten in Europa gelten, sind nicht unvermischt. Am reinsten sind vielleicht Friesen,

Jüten und Norweger, jene Volksstämme, die im Westen durch die Nordsee und im Osten durch den Großen Belt, der eine große Völkerscheide gewesen ist, begrenzt werden. Die Entstehung der meisten Kulturvölker Europas liegt außerdem im vollen Licht der Geschichte, man denke nur an Deutsche, Engländer, Holländer, Franzosen, Spanier, Italiener. Innerhalb dieser Völker ist nun wiederum die Rassenmischung verschieden stark. So ist rechts der Saale und Elbe die Vermischung mit Slawen stärker als links dieser Flüsse, im Süden Deutschlands mit Kelten und Römern stärker als nördlich des Mains. Die Italiener sind im Süden der „Urbevölkerung" verwandter als in Nord- und Mittelitalien usf. Aber das, was man mit „Rasse" bezeichnet, kommt zur Ausprägung in den kulturellen Leistungen der Völker. Völkern und Volksgruppen eignen Fähigkeiten, die einen Typus fixieren und ihn wie aus einer Erbmasse weitergeben, der nahezu unwandelbar erscheint, zum mindesten für die Mehrheit der Angehörigen eines Volkes unüberschreitbar ist. Und wohl nur durch Blutmischung kann die Variation dieses Typus und damit das Hinüberspielen in den andern erfolgen. So gibt es den slawischen Typus, den romanischen und germanischen, und innerhalb dieser, irgendwie verwandter Typen wiederum den Unterschied zwischen dem rationalistischen und skeptischen, dabei doch impulsiven Franzosen und den die reine Abstraktion verachtenden und mehr praktisch gerichteten Italiener, der darin wieder dem Engländer verwandt ist mehr als dem Deutschen, den am stärksten die Neigung zur Metaphysik auszeichnet, allein ohne daß er dabei ins Utopische geriete. Vielmehr hat Grünberg in seiner Geschichte der Utopien nachgewiesen, daß von den 20 Utopien, welche die Geschichte vom 16. bis 18. Jahrhundert zählt, auf Frankreich 14 kommen, auf England nur 4 und auf Italien 2. Die deutsche Neigung zur Metaphysik ist logisch fest im Zügel gehalten, und innerhalb der deutschen Spekulation der logisch folgerechte und ihr notwendige Abschluß des erkenntniskritischen Anstieges im Denken und Forschen. Wie wenig aber die Rasse über die Zugehörigkeit zum Volke entscheidet, das lehrt jeder Tag.

Die englischen Gesandten, die im August 1914 in Berlin und Wien die englische Kriegserklärung überreichten, entstammten Geschlechtern, die vor ganz wenig Generationen deutsch gewesen waren; in Petersburg überreichte die deutsche ein Graf Pourtalès. Auch erinnere man sich der vielen Deutschbalten im russischen Heere und diplomatischen Dienst.

Ähnliches gilt von der Sprache. Schon durch die Mundarten, in die jede Sprache eines größeren Umkreises gespalten wird, sind Möglichkeiten gegeben, neues Volksbewußtsein zu erzeugen, das dann schließlich auch staatenbildend werden kann. Die Möglichkeit eines „großdeutschen Staates" ist ohne Zweifel dadurch geschaffen worden, daß zu Beginn des 18. Jahrhunderts die Jesuiten in Wien dem Ausbau der deutschen Grammatik auf Grundlage des Lutherschen Deutsch zustimmten. Hinter der Sprache birgt sich, besser in ihr ruht die Volkheit zu einem wesentlichsten Teile. Darum nähern wir uns hier dem, was Volk bedeutet. Denn durch das Mittel der Sprache kommt überall das zum Ausdruck, was in einem Volk schlummert. Sprachen sind Sinnträger, Deuter des Innerlichen am Menschen, so auch am Volke. Und der deutsch redende Tscheche, für den deswegen eine deutsch geschriebene, freilich stocktschechisch gesinnte Zeitung geschrieben werden muß, wie seinerzeit die „Politik", und ebenso der englisch redende Ire sind auf dem Wege, die Fühlung mit ihrem Volkstume zu verlieren. Es gehört zu den großen Wundern von der Macht des Blutes, daß dennoch trotz fremder Zunge das ursprüngliche Volkstum bewahrt werden kann: wie bei Friesen, die plattdeutsch oder jütisch reden, bei Finnen, die schwedisch reden usf. Und es ist eine richtige Erkenntnis, welcher Machtpolitiker stets gefolgt sind, die Völker zu vergewaltigen suchten, daß sie damit begannen, ihnen die Sprache zu rauben, um sie dadurch von ihren geistigen Zusammenhängen zu trennen und nun die isolierten aufzusaugen. Freilich ist es bezeichnend, mit welcher Zähigkeit Völker an ihrer Sprache festhalten, sobald man sie nur nicht aus ihrer Natur, ihrer natürlichen ländlichen Heimat oder einer der heimatlichen nah verwandten Siedlungsform verpflanzt.

Diese Zähigkeit, mit der Völker an ihrer Eigenart festhalten, solange sie auf ihrem Lande wohnen, berechtigt zu behaupten, daß ein Volk verschwinden müsse, wenn man ihm sein Land nimmt und es zur Auswanderung in eine ganz andere Natur zwingt. Es ist bekannt, wie sich auf dem Boden der nordamerikanischen Union die verschiedenartigsten Völker zu einem neuen eigenartigen Volksgebilde umwandeln und nach neuesten Forschungen sich wieder ähnliche Typen entwickeln wie die der früheren Bewohner, der Indianer. Wir zeigten schon früher, daß der Mensch mit der Natur von Urbeginn auf Gemeinschaft steht, und daß es hier eine natürliche Abhängigkeit gibt so gut wie für Tier und Pflanze. Germanische Stämme mußten sich darum verschieden entwickeln, nicht nur wegen der Blutmischung mit anderen, die zumeist geringen Umfanges gewesen sein dürfte, sondern vor allem wegen der veränderten Natur, je nachdem ob sie in Italien oder Spanien, in Gallien oder England seßhaft wurden. Der Geograph Kirchhoff hat nicht unrichtig die Naturgebiete als die „Gußformen" bezeichnet. Es ist daher auch ein Traum, der über kurz oder lang zerrinnen wird, wenn englische imperialistische Politiker aus der Tatsache, daß sie in allen Erdteilen englisch reden hören, schließen, es werde über Großbritannien und den Vereinigten Staaten von Nordamerika sich ein den Erdball beherrschendes „Größeres Britannien" erheben. Die volkliche Spannung zwischen europäischen und amerikanischen Engländern ist bereits in Sprache und Gesichtsausdruck zu erkennen, auf politischem und wirtschaftlichem Gebiete bestand sie längst, ersichtlich für jeden. Die Landschaft mit ihren Eigentümlichkeiten des Bodens und des Klimas tritt zwischen Mutter- und Tochtervolk und arbeitet im Ablauf der Jahrhunderte einen neuen selbständigen Volkstyp heraus.

Das geschieht aber darum, weil die Menschen zwischen sich und der Natur jenes „Mittlere" geschaffen haben, das sich darstellt als ein System von Formen, Kräften, Funktionen und Vorgängen und das wir Kultur im objektiven Sinne genannt haben. Es muß in dieses System immer von dem eingehen, was in der Natur, in der ganzen Umwelt der Menschen angelegt ist, und diese Unterschiedenheit der Kräfte bewirkt die Unterschiedenheit im gesamten System. Wo deutsche Bauern auf ähnlicher Flur wie in der Heimat die gleichen Bauten aufführen, sich eine fast gleiche Umwelt in der Landschaft geschaffen haben wie die des Heimatdorfes, dort haben sie ihre Eigenart in Sprache und Sitte, in Tracht und Lied bewahrt: in Südrußland, an der Wolga, auf der Krim, in Kaukasien, im Banat, in der Zips und Siebenbürgen. Ganz anders aber liegt es in vielen Gegenden Nordamerikas. Von den Städten ist nirgends zu reden, sie sind alle Menschenfresser, weil in ihnen der Natureinfluß fast völlig ausgeschaltet ist, Hunderttausende ihn nicht mehr erleben, ja ihn kaum noch suchen, weil sie dem Nährboden gesunden Lebens entwöhnt sind. Und so entstehen diese Wesen, die nur noch in ihren auf Erwerb und Genuß eingestellten Instinkten und deren Betätigung Menschen sind. Es ist ein erfreuliches Zeichen für anhebende Gesundung größerer Schichten der Stadtbevölkerung, daß seit etwa 20 Jahren der Drang aufs Land wieder stärker geworden ist. Es ist dies eine Reaktion des Blutes, das diese Gemeinschaft mit der Natur von Ursprung her fordert[1]).

Unter den Kulturobjektivationen ist nun eine der ersten Schöpfungen, und zwar in den Urformen nicht mehr faßbar, die **Sprache**. Wir sehen nur, wie im Lichte der Geschichte neue Sprachen entstanden: die romanischen, das Neugriechische, das Hochdeutsche, das Englische usw. Und mit der Ausbildung schärfer abgegrenzter Mundarten, wie des Holländischen vom Niederdeutschen, des Portugiesischen vom Kastilianischen, ist auch die wichtigste Vorbedingung für einen eigenen Staat gegeben. Die Sprache bezeichnet in erster Linie den örtlichen Umkreis, innerhalb dessen eine volkliche Gemeinschaftsbildung möglich ist, nur daß es wiederum falsch wäre, diesen Umkreis mit fast unverrückbaren geographischen Grenzen gleichzusetzen. Insofern die Sprache dem Menschen

---

[1]) Vgl. **Willy Hellpach**, Die geopsychischen Erscheinungen, 3. A. 1923, S. 450ff.

die geistigen Güter eines Volkes vermittelt, ist damit theoretisch ein Mittel gegeben für jeden Menschen, einerlei welche Sprache er als Muttersprache spricht, sich in die Gemeinschaft, von der die betreffende Sprache zeugt, hineinzuleben: das kann eine Volksgemeinschaft der Vergangenheit sein so gut wie eine der Gegenwart, das sprachliche Medium kann sein mittelhochdeutsch oder altgriechisch, spanisch oder schwedisch. Darum wirkt nun auch ein Volk so tief über seine Volksgrenzen hinaus, als seine Sprache gelernt wird. Die gewaltigste Niederlage Frankreichs im Weltkriege ist der Rückgang des Unterrichts und damit des Gebrauchs der französischen Sprache in ganz Europa, insonderheit in den germanischen Ländern, aber auch in Rußland, zugunsten des Englischen und des Deutschen.

Die Bedeutung der Sprache für eine Volksgemeinschaft zeigt sich in allen Stadien ihrer Entwicklung. Sie gehört zu den ersten Bedingungen ihrer Entstehung und bleibt das wichtigste Mittel zur Erhaltung und Herstellung des Zusammenhanges zwischen den Individuen und den Volksgruppen. Jede mundartliche Entwicklung bereitet die Möglichkeit neuer Abspaltungen vor. Jedoch die Sprache bleibt stets nur Mittel; denn das Einigende und Gemeinsame liegt hinter der Sprache. Es ist das, was wir das Volktum nennen, dieses Volktum, das weit zurückreicht in seinem Quellgrunde und das immer geschichtlich mitbedingt ist. So gibt es kein Volk ohne ein Volktum und ohne eine geschichtliche Überlieferung. Und es ist verständlich, wenn Schiller, W. v. Humboldt, Fichte, Jahn in der gemeinsamen Kultur und Überlieferung das Wesentliche eines Volkes gesehen haben. Die Summe der geistigen Kulturschöpfungen, Ideengestaltungen, Lebensgewohnheiten und Eigentümlichkeiten des Handelns bildet den Sockel, über dem sich ein Volk erhebt, richtiger das Erdreich, aus dem ein Volk unaufhörlich emporwächst und sich in seiner Jugend immer wieder erneuert. Kein Volk demnach ohne gemeinsame Erlebnisse; keine Volksgemeinschaft, die nicht Erlebnisgemeinschaft wäre. Durch Erlebnisse in Zeiten gemeinsamer Not und gemeinsamer Siege, Erlebnisse geistiger Kämpfe und kultureller Höhepunkte, durch all ihr gemeinsames Weh, alles Gemeinsame an Triumphen und Freude wächst ein Volk zusammen und verdichtet sich zu Kraftmittelpunkten, geistigen Kraftmittelpunkten, deren Wirkung abhängt von dem Grade der Verdichtung und Verinnerlichung, deren Einfluß abklingt mit der Verdünnung und Veräußerlichung, vor allem mit der Ablenkung der geistigen Belange auf das wirtschaftliche Gebiet. Alsdann hört eine Volkskultur auf werbend zu sein, so wie es die preußisch-deutsche war gegenüber Elsässern, Polen und Nordschleswigern. Und dadurch erklärt sich dann der erfolgreiche, politisch organisierte Gegenstoß mit idealen geistigen Gütern.

Infolge dieser Wichtigkeit der gemeinsamen Überlieferung wird auch für die Erhaltung eines Volkes die Frage der Erziehung seines Nachwuchses zu einer ersten Ranges. Diese Erziehung vollzieht sich wie alle auf zwei Wegen: der stärkste und umfassendste Faktor der Erziehung ist die soziale und geistige Assimilation, d. h. die Angleichung der Menschen aneinander, die sich inmitten gemeinsamer Lebenszusammenhänge von selber vollzieht. Auf diesem Wege wandert das allermeiste Kulturgut von Geschlecht zu Geschlecht, und daneben tritt in der neuesten Zeit, zuletzt den ganzen Nachwuchs erfassend, die beabsichtigte und planmäßige Erziehung durch Schulen, Volksbildungseinrichtungen verschiedenster Art, usf. Auf keinen Fall ist aber die Erhaltung einer Volkskultur abhängig von der Schule, so wenig wie ihre Höhe je davon abhängig war. Von den Schulen hängt nur ab die Ausdehnung der kulturellen Güter, wie weit sie und wie vielen sie zugänglich sind, aber nicht die Erhaltung, noch die Höhe einer Kultur. Wohl kein einsichtiger Deutscher wird glauben, man könne jemals ein Zeitalter wie dasjenige Wolframs oder das von Weimar und Königsberg durch Schulen herausbilden und gleichsam schaffen. Von der bisherigen Schule und ihrer Praxis dürfte eher das Gegenteil zu befürchten sein. Allein damit wird von vornherein die Aufgabe der Schule viel zu hoch gesteckt, in Wolken, die sie nie erreichen kann, noch braucht. Sollte wieder eine ähnliche

Kulturhöhe erreicht werden, so wird niemand so vermessen sein zu wähnen, das sei ein besonderes Verdienst der Schulerziehung, — es sei denn, daß aus den Schulen etwas vollkommen anderes geworden sei, als sie bisher waren. Die große Bedeutung der Schule kann immerhin darin gesehen werden, daß sie das Bewußtsein des geistigen Zusammenhanges innerhalb eines Volkes in immer mehr Angehörigen des Volkes weckt und diesem Bewußtsein einen Inhalt gibt. Aber schon hier stoßen wir wieder auf eine Schranke aller Schulen: sie wirken genau so gut trennend und sogar zersetzend, zerstörend in einem Volke wie aufbauend und zusammenhaltend und vereinend. Denn die bewußte Erziehung, im Gegensatz zu jener unbewußt wirkenden, verstärkt genau so gut das Trennende wie das Verbindende. Daher sei sich jedes Volk darüber klar, was es von seiner Schule will. So wie es bisher gegangen ist, hat wenig so stark wie die Schule — ungewollt, denn wir wissen, daß ihre Ziele ganz anders lauteten — mitgeholfen zur Zersetzung innerhalb aller Völker. Sie fördert die Kritikfähigkeit der Staatsbürger, indem sie ihnen zugleich die Waffen der Worte und der Wissenschaft gibt, ohne ihnen mehr als eine bedenkliche Halbbildung in allen Dingen gegeben zu haben. So liefert sie die Jugend durchaus nicht nur den Mächten aus, welche ein Volk in ihren gemeinsamen Gütern kräftigen, sondern zugleich auch denen, welche diese Güter anfechten und zerreiben. Bevor wir demnach die Frage stellen, was denn die Schule für ein Volk bedeuten soll, gilt es sich darüber völlig klar zu sein, daß die Schule ihrem Wesen nach eine durchaus zweischneidige Waffe ist, vor allem wenn sie in falsche Hände kommt, und es gilt demnach vor allen Dingen zu wissen, daß es mit der Schulerziehung durchaus nicht allein, auch nur vor allem, getan ist. Schulmeister gewinnen keine Kriege und verlieren keine, solche Behauptungen sind kurzatmig und entstammen unverantwortlichen Reden. Soll aber die Schule ihren Dienst im rechten Sinne leisten, dann werden wir eben ganz neu und eingehend zu prüfen haben, wie sie denn arbeiten solle und was sie überliefern solle. Vorerst und ganz allgemein sei nur hier gesagt, alle Schulen sollen den Zusammenhang des Volkes stärken und bewahren helfen, sie sollen dem Zerfall und dem Untergang entgegenwirken. Dabei ist es ihnen unmöglich, mit Aussicht auf Erfolg ihre Arbeit auf den ganzen großen Volkszusammenhang einzustellen, vielmehr muß sich jede Schule bemühen, die an ihrem Orte bestehenden, gegebenen Beziehungen zwischen Menschen aller Kreise aufzunehmen, um die Jugend des Ortes zu ihnen in solche Beziehungen zu bringen, daß sich ein starkes Gemeinschaftsgefühl entwickelt, das seine Macht über möglichst alle dort gegebenen Lebenskreise erstreckt und sich im reiferen Alter über das ganze Volk ausdehnen kann.

Allein, was ist es denn nun, das ein Volk zusammenhält? Im Anschluß an die Grundbedeutung des Wortes „natio" weist man gern auf den Zusammenhang hin, der durch die Zeugung, das Hineingeborenwerden in diese oder jene Volksgemeinschaft geschaffen wird. Und sicherlich bedeutet das etwas Wichtiges. Denn alles, was Vererbung vermag, kommt dabei auch einem Volk zugute. Aber wie der Blutzusammenhang allein nicht genügt, sahen wir bereits. Ist auch Blut ein besonderer Saft, so nicht seiner physischen Substanz halber, sondern weil Blut ein Träger und Mittler ganz besonderer geistiger Werte ist. Im Blut wohnt das Leben, im Blut wohnt alles, was zur Urmacht des Lebens gehört: alles vom dunklen Trieb bis zur heftigsten Leidenschaft und dem klarsten Gefühl. Es ist die Liebe, die Blut zu Blut treibt, und die Liebe ist die Kraft zu allem Guten unter Mensch und Tier, aber dann ist aus der geschlechtlichen Liebe die versittlichte und ins Religiöse gewandte Liebe geworden, und aus dem Trieb ist das geklärte und vom Willen getriebene und beherrschte Gefühl der bewußten Zuneigung und der Hingebung geworden.

Jedes Individuum innerhalb eines Volkes ist eine Tateinheit, eine vorübergehende substanziierte Aktualität und organische Einheit. Ebenso wäre dann jedes Volk eine solche Tateinheit und eine organische Einheit, und der Zusammenhang zwischen allen individuierten Tateinheiten würde hergestellt durch die Gefühle der Zuneigung, der Liebe, welche mit Blutesgewalt alle Einheiten gegeneinander triebe. Auf Verstand und Wille allein ließe sich nie und nimmer diese Gemeinsamkeit, dieser Zusammenhang gründen. Der Verstand würde rechnen und ausrechnen, wo es vorteilhafter und nützlicher wäre, der Wille könnte erlahmen oder sich vom Verstande bestimmen lassen, nur das Gefühl überbraust beide und sagt: ich erkenne klar, dieses ist schlecht und jenes ist schlecht, und das muß ich hassen und dies verwerfen, ich könnte ein anderes Volk wählen, ja mein Verstand vermag zu beurteilen und sein Urteil mit durchschlagenden Gründen zu versehen, daß mir jene Volksgemeinschaft besser zusagen, mir auch größere Vorteile bringen werde, aber: ich liebe dieses Volk, ich liebe es mit allen Fasern und dränge deshalb Verstand und Wille zurück und will dies Volk, weil ihm allein meine Liebe gehört. Menschen, die ihr Volk nicht lieben, stehen außerhalb ihres Volkes und gehören nur äußerlich zu ihm, weil sie dort geboren sind, ihren Wohnsitz haben oder ihr Einkommen, ihr Geschäft. Ihnen ist Volk etwas wie eine Gesellschaft m. b. H. Sie sind auf die Volksgemeinschaft ebensowenig eingestellt wie jene, welche den Staat, weil er ihre Nützlichkeits- und Machtinteressen vertritt, mit dem Volke verwechseln, und sich daher in Schmähungen ihrer, ihren Staat oder ihr politisches Interesse nicht anerkennenden, Volksgenossen ergehen und sich nur zu ihren Parteigenossen halten.

Zum Volke gehört wahrhaft und allein, wer dieses Volk liebt, und zwar jeden in diesem Volke, einerlei ob reich oder arm, in Bluse oder Frack, und der fähig ist, über all das viele Trennende hinweg doch die Volkseinheit zu erfassen und als Gegenstand seines Strebens und Tuns gegenwärtig zu halten. Erkaltet diese Liebe zum Volke in übermäßig vielen seiner Angehörigen, dann fällt es auseinander und keine Macht der Welt kann ihm mehr aufhelfen. Alle Züchtung mit Mitteln des Verstandes nützt nichts, auch keine Schule! Denn keine Schule kann Liebe lehren, — oder wiederum wir müssen aus diesen Schulen etwas ganz anderes machen als bislang.

Wir können nun aber zusammenfassend sagen, was wir unter Volk verstehen, und so definieren: Volk ist die oberste Besonderung der geistigen Gemeinschaften, deren Glieder ihre, auf dem Grunde einer gemeinsamen Natur und Sprache und einer gemeinsamen Kulturarbeit vieler Geschlechter in Vergangenheit und Gegenwart erlebten idealen Güter und Werte mit allen Liebeskräften umspannen und täglich neu erwerben, um sie dem zukünftigen Geschlechte zur Arbeit an ihnen zu überliefern.

3. Die Familie: Der Aufbau eines Volkes erfolgt wie der aller Organismen aus Zellen, und die Zelleneinheit bildet die Familie. In der Gegenwart wird noch von mancher Seite gegen die Familie geredet, auch in den Kreisen gewisser Richtungen der Jugendbewegung werden diese Wendungen nachgesprochen, vor allem die von Gustav Wyneken gebrauchten. Nun ist sicherlich niemand weniger befähigt, gerade den Wert der Familie zu beurteilen als der Jugendliche, der in einem Alter steht, wo er sich nach ewigen Gesetzen in einem Sinne von der Familie ablösen und zum Begründer einer eigenen Familie werden soll. Und wollte man diese Urteile gelten lassen und daraufhin die Familie auflösen, so würde sich empfehlen, auch an das Recht der Kinder im Alter von 1—12/13 Jahren zu denken, sodann auch Jugendliche zu befragen, nachdem sie selber in das Alter gekommen sind, wo sie eine Familie begründet haben. Es ist fast verwunderlich, wie sich Erzieher gesunder Sinne in gewiß idealer Begeisterung für die Menschen jugendlichen Alters und ihre Rechte zu solchen Urteilen über die Familie haben verleiten lassen können, wenn nicht Stimmungen aus der vergehenden Epoche dieses Urteil verständlich machten, welche die Bedrohung des Familienlebens durch die hochkapitalistische Epoche der Menschenausbeutung und seine innere Auflösung manchen Ortes vollzogen sahen[1]. . . Ja diese Zersetzung der

[1]) Es ist auch bereits von rein wirtschaftlichem Standpunkte aus gefragt worden, ob es nicht volkswirtschaftlich gerechnet billiger wäre, die Familie, d. h. dann in der Regel die Kindererziehung durch die Mütter, durch namhafte Zuschüsse zu unterstützen, anstatt un-

alten Familieneinheit, richtiger ihre äußerliche, unter Marterqualen sich vollziehende Anpassung an die neuen wirtschaftlichen Verhältnisse, hat zu der utopischen Lehre Anlaß gegeben, die Familie müsse vollständig zerschlagen werden, an ihre Stelle habe zu treten eine gemeinsame rationelle Küchenwirtschaft, Geschlechtertrennung und womöglich ein kommunistischer Betrieb. Und so heiße es denn, dem Grundsatze folgen: was fallen wolle, solle man noch dazu stoßen. Es gibt aber nichts, das unausrottbarer ist als die Familie, das heißt die Gemeinschaft von Mann und Weib und Kindern. Ohne Kinder besteht keine wahre Familiengemeinschaft, so hart das klingen mag; die Sehnsucht fast aller kinderlosen Ehegatten nach Kindern bezeugt u. a. die Richtigkeit dieser Behauptung.

Unaufhörlich setzen alle Völker solche Zellen an und ersetzen abgestorbene, und wo diese Zellenbildung aufhört, da wissen wir es, daß dem Volke der Volkstod nahe ist. Daß wiederum dieser Volkstod nicht entscheidend durch die wirtschaftlichen Verhältnisse der Familie bedingt ist, das lehrt die Geschichte unterdrückter, wirtschaftlich ausgebeuteter Völker hinreichend. Es versiegt vielmehr dann auf allen Gebieten die schöpferische Kraft der Zeugung und insofern auch auf dem wirtschaftlichen, aber einen Vorrang hat dieses nicht, und die Auflösung der Familie, um, wie man wähnt, ein Volk wirtschaftlich rationeller arbeiten und leben zu lassen, ist eine Kur nach den Methoden des Doktor Eisenbart. Das Leben besteht gar nicht auf „Rationalität"; wenn doch die Menschen mit diesem Irrtum aufräumen wollten! Das Rationale ist nur der mühselige Versuch, der Urmacht des Irrationalen ein wenig Stand zu bieten.

Die Familie ist und bleibt diejenige Stätte, in der alle

---

geheure Summen auszugeben für Fürsorgeerziehung, Strafanstalten usw. Die Kernfrage wird dann auch hier wiederum die Wohnungsfrage, in der sich die verantwortlichen Parteien während und nach des Krieges als im höchsten Grade unsozial und aller humanen Gesinnung bar erwiesen haben, der Staat seine im Grunde indifferente Stellung zur „Kultur" jedem deutlich erhärtet hat.

Menschen, entscheidend für ihr ganzes Leben, die erste Möglichkeit haben sollten, sich geistig ihrem Volkstume zu assimilieren, zunächst einem kleinen Ausschnitte dieses Volkstums, als dem Wurzelgrunde für die weitere Entfaltung im Berufsleben. Und das Günstigste ist jedenfalls, wenn der heranreifende Mensch nicht allzu viel Stoff zu assimilieren braucht und vor jeder geistigen Überernährung bewahrt bleibt. Es erhalten sich dann, ganz nach seinen Fähigkeiten, die er ins Leben mit hineingebracht hat, seine Fang- und Saugapparate kräftiger, um selbständig weitere Stoffmassen aufzusuchen und aufzunehmen. Man hüte sich davor, frühreife Kinder zu erziehen, sie geistig zu überfüttern, sie künstlich mit Geist zu päppeln! Das soll nicht heißen, daß man die Familien planvoll zu einem Mittelpunkte flachgeistigen Lebens ausgestalten soll, sondern dies: nicht an die Kinder Probleme und Fragen künstlich heranbringen, überhaupt nicht solche Probleme und Fragen in einen Kreis hineindrängen, der als Gemeinschaft zu ihrer Behandlung und Lösung so gut wie nie geeignet ist, auch nicht von Natur dazu bestimmt ist. Das soll nicht heißen, daß ein Vater oder eine Mutter, die dazu imstande sind, sich nicht mit Kindern, die es ernsthaft fordern, über alle Lebensfragen unterhalten sollen. Allein wie zahlreich sind denn diese Väter und Mütter! Zu einer Lebensgemeinschaft gehört ein leichter und vor allem ein heiterer Ton, der die Glieder von Tag zu Tag in innigem Verkehr miteinander weiterträgt, der alle Lebenslagen und Lebensfragen umfaßt von der Kleidung bis zur Musik, von der Küche bis zur Philosophie und der über dem Grunde eines Liebeszusammenhanges die Kräfte vorbereitet, selbst das Schwerste gemeinsam zu tragen und zu ertragen.

Der Mensch muß zur gesunden und vollen Entfaltung seines Wesens einen Kreis von Menschen besitzen, wo er sich in allen Lebenslagen, d. h. nicht nur dann, wenn es ihm gut geht, von verstehenden Menschen umgeben weiß, die für ihn als ganzen Menschen Verständnis besitzen, und zwar ein Verständnis, das weniger auf intellektueller Klarheit ruht, als erlebt und gefühlt wird ohne Worte, eben darum Begriffe verschmäht und an ihre Stelle den Blick des Auges, den Druck einer Hand und vor allem die stets bereite Tat der Hilfe und des Beistandes setzt. Wer so in einem Familienkreise ruht, dessen Schaffen steht auf aus einem fest begründeten Wirbewußtsein, das ihn stärkt und schützt im Kampfe um sein Schaffen. So ist hier ein Umfangensein des ganzen Menschen über seinen Wert und Unwert hinaus wie überall da, wo die Liebe wirklich herrscht. Denn jeder Liebende will den Geliebten ganz, so wie er ist mit Gutem und Schlechtem, und er will ihn ganz sein Eigen nennen. So ruht ein Gatte im andern, so ruhen die Kinder in den Eltern, wenn anders nicht durch Not oder Schuld verkümmerte und am Herzen verkrüppelte Eltern außerstande sind, ihren Kindern auch nur Eltern zu sein. Wo aber die Bindung dieser Liebesgemeinschaft vorhanden ist, da geschehen Erlebnisse, die kein Glied dieser Gemeinschaft ungestraft vergessen oder verleugnen kann. Ewig bleibt Mutter das süßeste Wort; die Welt, in der sie wirkte und die sie wirkte, von Sonne durchwebt, und sei sie noch so schlicht, so einfach und klein gewesen diese Welt, sie bleibt für jeden Menschen, der sie einmal hatte, etwas, das er nie verlieren kann, sei sie etwas zum Guten für ihn oder auch zum Bösen. Das Schicksal der Mutter entscheidet mehr denn alles spätere Geschehen über das Schicksal des Kindes. Darum ist mutterlos aufwachsen das härteste Schicksal! Und es ist uralte Beobachtung, daß Kinder, die lange an der Mutterbrust lagen, die tiefsten, eigensten sind, daß zu früh losgerissene stets in Gefahr sind, sich zu verlieren. Denn die Mutter steht unter allen Menschen der Urgemeinschaft am nächsten, der wir alle entstiegen, aus der sich unser Geistleben erhob und zur Erkenntnis seiner selbst und seiner Herkunft gelangte. Jedes Menschenkind wird von einer Mutter aus dieser Urgemeinschaft herausgetragen, und darum ist allen Völkern, die nicht in Auflösung begriffen sind, die Mutter heilig, und ist allen Männern, welche die Grundlage aller Tugenden besitzen, nämlich die Ehrfurcht, das Weib heilig, weil es zur Mutterschaft bestimmt ist. Wehe dem Volk, dessen Männer diese Ehrfurcht nicht mehr besitzen, aber doppelt wehe, wenn seine Frauen die letzte Scheu verlieren und nicht mehr fähig sind, Ehrfurcht zu gebieten! Denn mit der Frau steht und wankt das Haus, sie hält das Schicksal der Kinder, das der Familie in der Hand. Die Mutter umkreist der Familiensinn, mit dessen Erlöschen ein Volk auslischt. Wo in der Welt Angehörige eines Volkes den Familiensinn ihres Volkes, von dem sie getrennt wohnen, bewahren, da erhält sich ihr eigenes Volkstum. Auch bei den Deutschen in Nordamerika wird es sich zeigen lassen, daß der Amerikanisierung der Deutschen die Amerikanisierung der Familie vorangeht, d. h. wenn sich u. a. der wohl größte Unterschied zwischen der europäisch-germanischen und der amerikanischen Familie, wenn sich in ihr die Stellung der Frau ändert.

Die Familie bleibt daher die Zelle aller Volkskraft und mit ihrer Wandlung wandelt sich das Volkstum, mit ihrer Zersetzung zergeht ein Volk oder wandelt sich um zu neuen Lebensformen [1]).

4. Der Einzelne und sein Volk. Die Stellung des Einzelnen zu seinem Volke wird demnach nicht nur bedingt durch seine Geburt, sondern in noch höherem Maße durch seine Familienerziehung. Vermittelt diese Familie von früh auf dem Kinde z. B. geistige Stoffe eines anderen Volkes, als das ist, dem beide Eltern angehören, so wird sich die Macht des Blutes gewiß nicht immer verleugnen, allein es bedarf doch einer Umwandlung, welche nicht jeder, welche die allerwenigsten je ganz vollziehen können. Zwischen den Einzelnen und sein Volk tritt entscheidend immer und überall die Familie. Ist

[1]) Die Beteiligung der Unehelichen an der Verwahrlosung ist drei- bis fünfmal größer als bei anderen Jugendlichen; sie werden zu 44 % ungelernte Arbeiter, die übrigen zu 27 %. Auch ihr Anteil an der Kriminalität ist größer. Der Hamburgischen Zentrale für Berufsberatung wurden im Sommer 1921 täglich 25 Knaben und 30 Mädchen zugeführt, davon 75 % Stiefkinder, und doch hält es Pollitz (a. a. O. S. 37) für das Beste, wenn der Vater oder die Mutter wieder heiratet. Vgl. Walter Hoffmann, Psychologie der straffälligen Jugend, 1919, S. 36ff.; Pollitz, Die Psychologie des Verbrechers, 1916.

er nun der Familie entwachsen (wenngleich nicht ihr entronnen, was unmöglich ist) so steht das Volk zwischen dem Einzelnen und der Menschheit, wie vordem die Familie zwischen dem Einzelnen und dem Volke stand. Nicht jeder wächst über den Umkreis der Familie und ihrer allernächsten Beziehungen voll und ganz hinein in sein Volk, und kann es auch nicht, so wächst auch nicht jeder über sein Volk hinaus und hebt sich selbst zugleich auf in der höchsten und letzten Gemeinschaft, in der Menschheit. Dennoch verschafft bereits die Familie die erste Fühlung mit dem rein Menschlichen. Denn hier finden sich die drei Grundnormen der sittlichen Welt, die wir bei fast allen Naturvölkern so gut wie bei den kultiviertesten finden und die Wilhelm Wundt daher als diejenigen hinstellt, aus deren Entwicklung und Steigerung innerhalb der verschiedenartigen Gemeinschaftsformen die höher und höchst bewerteten Ideale, bis zu dem der Humanität, hervorgegangen sind: die Ehrfurcht in der Forderung des Gehorsams gegenüber den Älteren, die Hilfsbereitschaft im Gebot, den Genossen hilfreich zu sein und ihnen in der Not beizustehen, und die Treue gegenüber der überlieferten Sitte[1]). Ergreift ein Mensch diese Normen mit dem ganzen Herzen und läßt all sein Handeln bestimmt sein durch die Motive der Ehrfurcht, der Hilfsbereitschaft und der Treue, so schafft er sich damit eine eigene sittliche Welt, die unmittelbar hineinragt in die allgemein menschliche und zuletzt die Menschheit erreichen muß. Freilich werden nur ganz wenige auserlesene Menschen diese Stufe in solcher Reinheit erreichen, daß das Volkliche in ihren Gedanken und in ihrem Handeln nur ist wie Mantel und Kleid; vielleicht nennt man mit Recht Jesus in diesem Sinne „Menschensohn" und lebt ein Tagore also in der Menschheit. Daß es weit mehr Menschen waren und sind, als je festzustellen sein wird, das halte ich für gewiß, aber ihre Namen können nicht genannt werden, um so weniger als die Menschheit noch nicht diese Besinnung auf sich selbst vollzogen hat in solchem Maße, daß davor das

---

[1]) Sinnl. u. übersinnl. Welt, S. 384.

volkgebundene Denken und Handeln zurückstünde. Allzu wenige haben, der Menge erkennbar, diesen Blick auf die Menschheit und vermögen, ohne ihrem Volke unrecht und weh zu tun, sich, mitsamt ihrem Volke, aufzuheben in dem, was über ihnen beiden ist und aus dem sie beide sind. Denn allzu wenige haben die volle Einstellung zu ihrem eigenen Volke. Sie sind eingestellt auf Außenwerke ihres Volkes: ihr Geschäft, ihren Beruf und Berufsstand, ihre Partei, den Staat, die Kirche, aber nirgends auf ihr Volk. Es gab ja auch bislang keine Volkserziehung. Nur Ansätze sind vorhanden, und wo es freiwillig Männer und Frauen taten im Rahmen der vorhandenen Schulen auf eigene Faust und aus dem Nicht-anders-können, aus einem inneren geistigen Getriebensein zum ganzen Volke hin. Erst wenn wir eine wahre und dann eben auch freie Volkserziehung haben und das über einem reichen Stamm gesunder Familien, da wird der Aufstieg zur Menschheit für die Tausenden vorbereitet, erst dann kann jene „Umwertung aller Werte" geschehen, deren Schauung Nietzsche[1]) erleiden mußte, und die Züchtung des „Übermenschen" in dem echten und nicht in dem verfälschten vulgären Sinne. Das heißt „des starken, mächtigen, prachtvollen, lebenüberströmenden Menschen", der unter einer neuen Wertetafel handelt, der durch Erziehung unter neuen höchsten Wertsetzungen von Jugend auf in seinem Wesen den Menschen dieser Zeit gegenüber verändert ist, in seinem Wollen und Handeln, seinem Denken und seiner Auffassung von Leben und Welt, derart verändert, daß er mit dieser Zeit Menschen verglichen als wahrer Übermensch erscheint. Und Nietzsche schwebte ja dabei auch etwas ganz Konkretes vor; er dachte an etwas Gleiches wie jene Umwertung aller Werte, die durch das, was als Christentum aus der Jesusreligion hervorging, geschah und geschichtlich festzustellen ist: die vollkommene Umwertung der griechisch-römischen Welt in ihrer Denk- und Handlungsweise. Weshalb sollte nicht abermals solche Umwertung möglich sein und dabei ein anderer, ein ganz

---

[1]) Werke (Taschenausgabe) VII. S. XIff.

anders auf die Menschheit eingestellter Typus herrschend werden? Und ohne Zweifel bereiten sich in der Kunst und Wissenschaft, in der Politik und Wirtschaft diese neuen Wertungen vor. Niemals aber wird diese Züchtung gelingen, wenn sie nicht zuvor die Stufe des Volksgeistes voll und ganz erreicht hat. Sonst zerflattert der Mensch in Nebelmeeren. Auch dem Juden wird der letzte Aufschwung in das Höchste und Geistige, das sein Volk darzustellen berufen ist, nur gelingen, wenn er vorher in seinem Volke oder zum mindesten in einem Volke ganz aufgegangen ist, sonst bleibt der im nebligen Menschentume wohnende und nirgends gefestigte, überrationalisierte Typus hier vorherrschend, ebenso wie er jeden anderen bestimmt, der sein Volk überfliegen will.

5. Volk und Menschheit. Nur durch das Volk hindurch kann die Menschheit auf uns erzieherisch einwirken, heute fast allein durch die Familie vermittelt, und das wohl immer unbewußt in einem stummen Dienst an der Menschheit, nur gelegentlich durch planmäßige Veranstaltungen der Schulen. Das Humanitätsideal der neuhumanistischen Gymnasien war nur in Teilen der Form, die es an den Schulen erhielt, wirklich menschheitsbildend. Und Vertreter des Gymnasiums haben mit Recht es wieder und wieder betont, daß sie es sich zum größten Ruhme anrechneten, gerade auf den Gymnasien nationales Bewußtsein geweckt zu haben. Und es konnte ein Streit zwischen ihnen und den Oberrealschulen darüber entstehen, welche Schule wahrhaft nationaler erzöge, da die Oberrealschule mit ihrer Neigung, zu mathematischen Gymnasien zu entarten, damit einem Internationalismus dienen sollte. Aber es wäre auch verkehrt den Gymnasien und allen ähnlich gesinnten Schulen vorzuwerfen, daß sie auf absolut falschem Wege gewesen seien, wenn sie die Ideale der Menschheit in volksbewußte junge Seelen zu senken bestrebt waren. Ihr Weg ist nur da falsch gewesen, wo sie die Jugend von ihrem Volke ab- und dem Staate zugeführt haben, wo sie sie zu gehorsamen Dienern eines Staatsmechanismus und nicht zu freien Menschen und Volksbürgern erzogen haben; denn damit haben sie gerade die Wege gewiesen, die am wei-

testen abführen vom Volkstume wie von der Menschheit. Außerdem aber die schlechtesten Wege zu einem guten Staat, der nicht mehr die Völker verfeindet und nicht den Weg zur Menschheit und zu einem menschenwürdigen Dasein der Völker untereinander absichtlich verrammelt. Soll der Deutsche noch einmal die Hoffnung Fichtes (in der VI. Rede an die deutsche Nation) wahrmachen, daß er berufen sei, den vollkommenen Staat zu errichten, dann wird das nur möglich sein, wenn er zuvor in der Mehrheit seiner Mitbürger den Volksgedanken zu voller Lebendigkeit erweckt hat. Denn der Staat ist nur eine Form, ein Gefäß, eine Organisation, und er zeugt immer von seinem Schöpfer. Den Staat aber schafft das Volk, und ein vollkommener Staat wäre Ausdruck des ganzen Volkes, und wo ist das heute der Fall, vor allem in einem nur etwas größeren Staate[1])?

Ohne dabei den Gedanken der Menschheit irgendwie zu vergessen, dürfen wir darum fordern, daß das erste sein muß die Erziehung zum Volke. Die Völker sind die obersten

---

[1]) Folgerecht verwarfen die echten Humanisten jede Züchtung eines „Nationalstolzes", was in der jüngsten Generation nur — leider — vergessen worden ist. So wandte sich Oskar Jäger, Aus der Praxis, II. S. 223f. gegen einen gewissen Martens, der „das Gefühl oder Bewußtsein staatlicher Verantwortlichkeit" zum eigentlichen Leitsatz des geschichtlichen Unterrichts machen wollte, und nannte das „Verstiegenheit" des didaktischen Forderns in den typischen Geschichtsunterrichtsreferaten. S. 242 lehnt er sich auf gegen die „gewissermaßen amtlich und methodisch" geforderte Gesinnung, Charakter, Patriotismus, glühende Begeisterung usw., gegen den Unfug und den „albernen chauvinistischen Mißbrauch", der mit den Worten deutsch und national getrieben werde, auch S. 13 gegen den „im Vergleich zu früheren Tagen sehr hochgespannten und sich gern in starken Worten ergehenden Patriotismus" und sagt „das gute Wort Deutsch gehört zu denen, die überall und namentlich, wo die klaren Begriffe fehlen, zur rechten oder vielmehr oft zu sehr unrechter Zeit sich einstellen". Und Bogumil Goltz (Die Deutschen, S. 99) konnte schreiben: „Der Deutsche allein ist am meisten Mensch, weil er kein Narr und Sklave seines Nationalstolzes, seiner nationalen Ausschließlichkeiten, Illusionen, Lügen, Borniertheiten und Brutalitäten sein will. . . . Dieser deutsche Mensch soll und kann der Erzieher aller anderen Nationen sein."

Typen und Besonderungen der Menschheit. Wer daher in eine Volksgemeinschaft recht hineinerzogen wird, der ragt unmittelbar hinein in die Menschheit selber, und verfällt nicht Surrogaten und Falsifikaten wie Staat und Kirche, Beruf, Stellung, Geschäft. Der ragt damit auch einzig und allein hinein in den Quellgrund des geistigen Lebens. Und so gibt es keine andere Möglichkeit für den Einzelnen, sich selber zu vollenden als in sein Volk hineinzuwachsen und dann — vielleicht — auch darüber hinaus, aber stets so, daß er sein Volk mit aufhebt in die höhere Gemeinschaft. Die Entwicklung der Individualität zur Persönlichkeit wird hier allein möglich. Denn so sagten wir früher: Individualität ist nur Einheit von selbstbewußtem Vorstellen, Wollen und Handeln. Der Mensch muß diese Einheit als sittliche Idee erfassen und als ein Sollen demnach, ein Sollen, das die Gemeinschaft gebietet. Und dort, wo sich die Individualität mit den Zwecken der Gemeinschaft erfüllt und sich mit allen Kräften des Leibes und der Seele in den Dienst dieser Zwecke stellt, sich ihnen unterwirft, da verwandelt sich die Individualität, sie entfaltet sich zur Persönlichkeit. Und als Persönlichkeit wird der Mensch zum D i e n e r im Reiche der Werte, in den Hallen der Menschheit, und nur als Diener in diesem Reiche ist er wahrhaft frei, und sein Dienst wird ihm zu einem Genießen seiner Selbst, da er sich auslebt in all seinem Besten und ist wie ein Strom klaren und unerschöpflichen Wassers, der reine Bilder spiegelt.

Höher kann nun auch kaum der Wert einer Volksgemeinschaft bezeichnet werden als dadurch, daß sie die unaufhebbare Voraussetzung und Bedingung aller Persönlichkeitsbildung ist. Verächtliche Wesen und falsche Propheten sind darum alle, welche wähnen, sich höheren Wert dadurch zu geben, daß sie ihr Volk schmähen und sich trotzdem als human ausgeben. Es sind das, nach unserm Unterschied von Erziehung und Bildung, vielleicht gebildete Menschen, aber nicht wahrhaft erzogene. Sie mögen wundervolle Begriffsjongleure und Meister aller syllogistischen Künste des Wortes und der Feder sein, verbildet ist ihr Bestes, ihr Instinktleben, das den Schwingungen des geistigen Gemeinschaftslebens, ohne zu irren, folgen und von ihm unmittelbar geleitet werden soll. Es rechtfertigt auch jene Propheten durchaus nicht, daß sie nachweisen können, diese Volksgemeinschaft sei wertvoller als jene, und daß sie recht damit haben. Denn gewiß sind die mannigfaltigen Volksgemeinschaften verschiedenwertig, und es kann nicht anders sein. Sie sind Ordnungen verschiedener Potenz, aber alle sind sie doch, nach Fichtes herrlichem Worte (in der VII. Rede) Ordnungen der Dinge, welche der edle Mensch für selbst ewig und für fähig, Ewiges in sich aufzunehmen, anzuerkennen vermöchte. In ihrem letzten und höchsten geistigen Gehalte sind sie alle gleichwertig, und der Unterschied ist nur, ob sie stammelnd auf ihren Knien vor dem Ewigen liegen oder aufrecht hineinschauen in seine glänzenden Lichter und beredten Mundes seine Schönheiten und Seligkeiten preisen. Darum ist es auch selbstverständlich, und nicht nur gebotene Notwendigkeit, daß ein jeder sein Volk liebt. Aber wenn er sein Volk recht liebt, so liebt er damit immer auch die Menschheit. Denn er erkennt sein Volk als eine Perle neben unzähligen anderen an der großen Kette in der Hand des Weltenschöpfers, und die Schönheit seines Volkes erstrahlt erst an dieser Kette im höchsten Glanze und in Harmonie mit allen den andern Perlen. Und wer will die kleinere verachten vor der größeren, da die eine der andern bedarf, um die volle Wirkung zu erzielen?

Diese Erwägungen führen auch zu einem Verständnis jener scheinbar über gut und böse hinausliegenden Äußerungen des „Nationalgefühls", wonach sich jede Nation für die beste hält und außerstande erscheint, der andern auch nur gerecht zu werden. „Der Engländer verurteilt mit dem Brustton tiefster Überzeugung den ‚deutschen Michel', gegen dessen Hinterlist und Brutalität seine eigene Reinheit so sonnenklar absticht. Von der entgegengesetzten Seite antwortet ein allgemeines Geschrei über das ‚treulose Albion' — eine Bezeichnung, die bekanntlich in Frankreich entstanden ist —, das die deutsche Gerechtigkeit hindert, auf Erden im rechten Lichte dazustehen. Der Amerikaner sieht verächtlich auf beide herab und findet die Welt überhaupt recht erbärmlich, mit einer einzigen Ausnahme: dem Amerikaner“[1]), und so geht es fort. Wo diese Äußerungen über die Harmlosigkeit gegenseitigen Verspottens hinausgehen, da sind sie alle sorgfältig gepflegte Münzen, für deren Wertbeständigkeit eine gut belohnte Presse unaufhörlich sorgt, für die Geschäfte der „Nationalisten“, welche gerade die ärgsten Verderber des Volksbegriffes und eines wahren Volksgeistes unter allen Völkern sind, jener Geschäftsmänner, die völlig fern stehen dem, was Volk ist und im Tiefsten zu bedeuten und zu vollbringen hat. Was haben jene Aufpeitscher des „Nationalgefühls“ auch nur zu tun mit den Aufgaben und den Idealen der Völker, deren Bürger sie mißbrauchen? Denn jene Lügner und Verleumder in Presse, und so auch in Schulen und Kirchen, machen doch nur im Rahmen dieser Völker ihre ekelhaften Geschäfte unter Ausnutzung edler Gefühle und ihrer widerlichen Verdrehung und Verkehrung auf unedle Handlungen. In ihnen lebt die Idee des Volkes, das sie mit ihrem Treiben täglich besudeln, so wenig, daß Nietzsche einmal richtig von einem „Hornvieh-Nationalismus“ geredet hat[2]).

Wer sein Volk mit der wahren Liebe aus der Tiefe seiner Volksgemeinschaft heraus ergriffen hat, dem ist es heilig, allem Profanen entzogen. Er schiebt nicht sein Volk vor, wenn er lügt und betrügt, mordet und sich außerhalb aller Menschen- und Völkermoral stellt, weil er sich schämt, mit seiner Handlung den Namen seines Volkes zu beschmutzen, ja ein solcher Mensch kann gar nicht Gedanken der Art verwirklichen. Wie ihm sein Volk erhaben und heilig ist, so achtet er gleich heilig jedes andere und trennt genau zwischen den internationalen Geschäftemachern, die mit Militär und Bankwelt einstweilen die Völker aufeinander hetzen, und den einzelnen Volksbürgern hüben und drüben. Er verkennt auch nicht, daß selbst jene Geschäftswelt mithelfen muß, den Gedanken der Menschheit in und über den Völkern vorzubereiten. Jede Zeit hat ihre Eingeweide, sagt Nietzsche einmal, und

[1]) R. Kjellen, Der Staat als Lebensform a. a. O. S. 116.
[2]) a. a. O. X. S. 20f.

meint damit jene Welt der Geschäfte und der Geschäftigkeit, welche die niederen Funktionen im Organismus der Völker zu erledigen hat.

Somit wird die nächste Forderung, um zu würdigeren Verhältnissen der Völker untereinander zu gelangen, die sein, aufzuräumen mit allen Versuchen nationaler Proselytenmacherei, auch durch Schulen. Es muß vielmehr die oberste Forderung werden, daß jeder erzogen werde zur Achtung vor den andern Völkern und vor allem vor denen, die mit ihm in demselben Staatswesen vereinigt sind. Es muß selbstverständlich sein, daß niemand etwas anderes erwartet, als daß jeder sein Volk über alles liebt, dann erst wird der Weg frei, sich in dem Reiche wiederzufinden, zu dem wir nur über die Volksgemeinschaft gelangen können, im Reiche des Humanen. Unter allen Völkern hat das deutsche Volk, in seiner Verfassung vom Jahre 1919, soweit die Stellung des Staates zu diesen Fragen in Betracht kommt, den ersten Schritt getan und im Art. 113 bestimmt: „Die fremdsprachigen Volksteile des Reiches dürfen durch die Gesetzgebung und Verwaltung nicht in ihrer freien, volkstümlichen Entwicklung, besonders nicht im Gebrauch ihrer Muttersprache beim Unterricht, sowie bei der inneren Verwaltung und der Rechtspflege beeinträchtigt werden“. Das bedeutet den Bruch mit allem voraufgegangenen Nationalismus und ist ein Vorbild für alle Völker, dem sie sich anschließen werden, weil nur auf diesem Wege die politischen Verirrungen des letzten Jahrhunderts wieder einigermaßen werden ausgeglichen werden können. Es ist gleichfalls im Sinne unserer Forderungen, wenn nach Art. 148 derselben Verfassung in allen Schulen nicht nur der Geist der Völkerversöhnung herrschen soll, sondern zuvor der „Geist des deutschen Volkstums“.

Dies alles ist dem Kosmopolitismus der Goethe- und Schillerzeit verwandt, unterscheidet sich aber doch grundsätzlich davon. Denn der Kosmopolitismus neigt allzusehr dazu — und bei den meisten Individuen wird es praktisch die Folge — den Sprung vom Individuum zur Menschheit auf einmal zu machen und dabei das Volk zu überspringen, und dann nimmt er vorschnell alles als gleich an in einem überschwellenden und unklaren Gefühl von Menschenliebe und Menschlichkeit. Jene Großen hatten es leicht, Kosmopoliten zu sein und als solche öffentlich zu leben, denn in ihnen war das Volkliche dargestellt eben in seiner vollendeten organischen Steigerung ins Allgemeinmenschliche hinein; aber ihrem Kosmopolitismus nachleben ohne eine starke Bindung an das Volkliche, heißt für die Mehrheit der Glieder eines Volkes, die höchsten Begriffe nachreden, ohne sie mit dem eigenen Leben und Sein organisch verbinden zu können, und so wird das Höchste rationalisiert, verflacht und aus dem, das inhaltlich das Reichste sein sollte, wird ein Leer-Allgemeines, eine hohle Nuß. Es kommt aber gerade auf die Verschiedenheit, auf den Reichtum des Mannigfaltigen in der Völkerwelt an. Und wir wollen den Volksbürger, weil nur er fähig ist, zugleich Menschheitsbürger, nein, Mensch zu sein, weil es in der Menschheit nicht besondere Bürger gibt, sondern eben nur Volksbürger. Volksbürger tragen auf ihren Schultern die Menschheit. Und so können wir sagen: die Vollendung des Einzelnen zum Volksbürger macht ihn zum Träger der Gemeinschaft der Menschen, oder die Gemeinschaft der Menschen ruht allein auf Persönlichkeiten. Jede Persönlichkeit ist wahrhafter Volksbürger und damit Glied der Menschheitsgemeinde.

Daß der Weg durch die nationalistische Epoche für alle Völker eine harte, aber doch eine segensreiche Erziehung gewesen ist, bleibt unsere Hoffnung. Und diese wird dadurch verstärkt, daß Meineckes Untersuchungen über „Weltbürgertum und Nationalstaat" gerade gezeigt haben, daß die nationalstaatlichen Gedanken aus einer Spannung zwischen universalen und nationalen Ideen entstanden sind. Und insofern damit in allen Völkern eine breitere und bewußte Aktivität geweckt worden ist, steht auch zu erwarten, daß sich diese im Dienste der mächtigeren universalen Ideen bekunden und ihnen allüberall, wo sich der Nationalismus ausgetobt hat und noch austobt, im Sinne einer Synthese des Volksgedankens mit dem der Menschheit zum baldigen Durchbruch verhelfen wird.

6. Die Struktur einer Volksgemeinschaft und von Ge-

meinschaften überhaupt. In jeder Gemeinschaft gibt es Glieder, die gleichsam nur auf Gastrolle anwesend sind, echte Mitglieder und solche können Dauergäste werden. Sie sind unbeliebt, weil sie nur die Gemeinschaft verstören und den vollen innigen Zusammenschluß erschweren. Dahin gehören in allen Völkern die „internationalen" Elemente der Geschäftswelt, die sich nur durch ihre Kapitalinteressen gebunden fühlen, oder Arbeiterscharen, welchen es gleich ist, wo sie ihre Arbeit finden, desgleichen Gelehrte dieser Art oder Künstler usw. Das soll keineswegs heißen, daß jeder aus dieser Welt gar nicht oder nur locker mit seinem Volke verbunden sein muß. Nein, es handelt sich immer nur um diejenigen Elemente, denen der Sinn und der Wert des Daseins zusammenfällt mit der Art ihres Erwerbs und der Höhe ihres Einkommens. Es wird nie ein idealer Zustand zu erreichen sein, in welchem alle, die offiziell einem Volke angehören, seine Gemeinschaft tragen. Aber auch die Träger der Volksgemeinschaft sind keineswegs eine gleichartige Masse, weit entfernt. Sie sind in hundert und tausende von Gemeinschaften geordnet. Diese Ordnungen fallen nicht mit den wirtschaftlich-gesellschaftlichen zusammen, etwa mit Lehr-, Wehr- und Nährstand und deren Unterabteilungen, um archaische Ausdrücke zu gebrauchen, oder mit den Berufsklassen. Insofern aber bei einer Fülle, wenn auch nicht bei allen Berufsklassen, die geistigen Fähigkeiten des Einzelnen von Bedeutung sind und damit auch einen vorsichtigen Schluß auf sein Vermögen zulassen, sich am geistigen Leben zu beteiligen, so sei hier auf eine Beziehung wenigstens hingewiesen, die zwischen der beruflichen Schichtung eines Volkes und der intellektuellen Befähigung seiner Bürger besteht. Die letzte deutsche Berufszählung, diejenige von 1907 ergab: 75 % Handarbeiter, 20 % mittlerer Berufe und etwa 1 %, die eine wissenschaftliche Ausbildung höchster Art wirklich verwerten konnten. Damit lassen sich die Angaben Galtons vergleichen[1]: nach ihm befinden sich unter 1 Million Personen 838 140 Menschen, die geistiges Mittelgut sind. Vom

---

[1]) Zit. n. Kerschensteiner, Charakterbegriff usw., S. 263f., danach s. auch Otto Ammon, Gesellschaftsordnung, 1900.

Rest 161 860 liegt die erste Hälfte über dem Durchschnitt, die zweite Hälfte unter dem Durchschnitt. In der ersten Hälfte sind etwa 250 Menschen, die man als außerordentlich begabt, oder nach dem von Galton gebrauchten, im Deutschen überstarken Begriffe, als Genies bezeichnen kann, in der zweiten Hälfte sind ebenso viele vorhanden, die überhaupt nicht erziehungsfähig sind.

Aus diesen Zahlen gewinnt man eine, leider sehr oberflächliche Vorstellung von dem Intelligenzkapital, das einem Volke zur Verfügung steht. Nun aber kommt keineswegs alle in einem Volke vorhandene Intelligenz, auch keineswegs etwa alle die jener Genies, der Volksgemeinschaft zugute. Für die unterste Schicht innerhalb aller Völker fanden wir keinen besseren Namen, als sie mit Nietzsche Eingeweide zu nennen. Es ist das der vierte von Ad. Ferrière[1]) unterschiedene Typ, welchen er „sensoriel" nennt: dessen vorherrschendes Interesse es bildet, zu essen und zu trinken oder sich das Universalmittel für Essen, Trinken usw. zu verschaffen. Und dieser Geldmanntyp reicht vom Milliardär bis zum ungelernten Arbeiter, wie denn diese Typen überhaupt nicht an gesellschaftliche Klassen gebunden sind, „soziale" Gruppen darstellen. Für den, der die Volksstruktur unter dem Gesichtspunkte der Gemeinschaft prüft, werden Begriffe wie sozial sekundärer Natur. Zum Eingeweidetyp gehören aber alle Grade der Intelligenz, und gerade recht viele der höchsten. Es ist eine ganz geläufige Tatsache, daß die intelligenten Diebe usw. nicht gefaßt werden. Verbrecher sind nicht nur oder überwiegend die minder Intelligenten, vielmehr sind diese nur diejenigen, welche ertappt werden, vor allem weil sie sich mit den großen Schutzmitteln des Verbrechens, d. h. den nötigen Rechtskenntnissen oder -anwälten, Geldmitteln, „sozialem" Ansehen, politischer Geltung oder Freundschaft, nicht umgeben können. So nennt Wilhelm Wundt einmal die amerikanischen Milliardäre eine Reihe von Verbrechern[2]). Dieser Typ bildet nun die Unterschicht in allen Völkern, ganz einerlei ob sie

---

[1]) L'École Active, 1922, S. 68 (Bd. I).

[2]) Erlebtes und Erkanntes, S. 367.

wirtschaftlich-gesellschaftlich auch zu den sog hervorragenden Männern und Frauen gehören oder gar Führer genannt und dafür in der Presse und einer von ihr beeinflußten öffentlichen Meinung dafür gehalten werden, richtiger dazu gemacht werden und recht häufig durch den Ankauf der nötigen Reklamemittel sich selber dazu machen. Auf die geistige Schichtung, von der Gemeinschaft aus, gesehen, sind sie die unterste. Grimmelshausen hat sie in vielen Kapiteln seines „Simplizissimus" meisterhaft geschildert. Sie sind nicht anderes als Eingeweide, nicht zu entbehren wie diese, aber ihr Leben ist Erwerben zum Fressen und Saufen, Spielen und Tanzen, Huren und Buben. Alle sogenannten „Kulturvölker" sind ganz besonders reich an diesem Bodensatz, insonderheit setzt er sich dicht und dick in den Großstädten ab. Auch Kriegszeiten sind von je her der Bildung solcher Menschenmassen besonders günstig gewesen, und nach jedem Kriege mußte erst ein innerer Gesundungsprozeß, d. h. der Kampf gegen die drohende Überwucherung durch diese Schicht innerhalb eines Volkes durchgefochten werden. Und es ist kein Zufall, daß besiegte Völker in der Regel eher gesundeten als der Sieger; weil jene zur Arbeit, zum Zusammenraffen der Kräfte, um den Verlust wieder auszugleichen, gezwungen wurden, während der Sieger erst einmal auf den „Lorbeeren ausruhte". Greift freilich der Krebs in Gestalt von Wucherei und Schiebertum, Korruption und Nepotismus, Unterschleifen, Parteikliquenwesen allzu stark um sich, dann bedarf es eines außergewöhnlich kräftigen Organismus, um solche gefährliche Krankheit auszuheilen und der Eingeweide die ihr zukommenden Funktionen in nicht allzusehr schädigender und störender Weise wieder anzuweisen. In der Regel haben solche Kreise nie lange „regiert", weil sie im Erraffen der Geldmittel stehen einer gegen den andern, und selbst zeitweilig Zusammenarbeitende mit dem Momente der Trennung, etwa der Gründung eigener Geschäfte, gegeneinander angehen wie zerteilte Weichtierkörper.

Über dieser numerisch sehr zahlreichen, ja wohl zahlreichsten Schicht [1]) erhebt sich die wiederum numerisch starke

[1]) Ad. Ferrière a. a. O. S. 251 (Bd. II) unterscheidet vier

der „Relativ-Passiven", allein nun im Gegensatz zu jener Unterschicht doch auf die Geistigkeit ihres Volkes Eingestellten, über ihnen wieder die Schichten der „Tätigen" und der „Schöpferischen". Diese beiden sind die führenden unter den Völkern, numerisch schwer zu erfassen, doch sicher nur wenige Prozent, und unter ihnen der ganz kleine Kreis der „Führer" im engeren Sinne dieses Wortes. Alle diese Schichten, jene rein Funktionellen, die verhältnismäßig Passiven, die Tätigen und die Führer sind in allen „sozialen" Klassen vorhanden, im Bürgertum wie in der Arbeiterschaft, in Landwirtschaft und Handel. Das Geistige ist weder an Stand noch an Besitz gebunden, ja, recht verstanden, nicht einmal an Intelligenz. Selbst nicht beim „Führer". Denn eine überragende Intelligenz ist nicht das Kennzeichen des Führers. Zum Führer wird nie und nimmer der Nur-Intelligente. „Führer" ist ja nicht einmal gleichzusetzen dem „genialen Manne", dem Genie. Es muß vielmehr eine Einheit verschiedenster Fähigkeiten und Begabungen vorhanden sein, bevor eine Gemeinschaft, gar ein ganzes Volk, sofern es sich als Volksgemeinschaft betrachtet, in einem Bürger einen Führer anerkennt. Es kann nun aber gerade die Feststellung dieser Führereigenschaften uns darüber aufklären, wodurch sich Gemeinschaften von sozialen oder organisierten Gruppen unterscheiden. Daß dabei Eigenschaften genannt werden müssen, die dem Führer schlechthin zukommen, also auch dem solcher Gruppen, ist unvermeidlich.

Wohl die erste Eigenschaft, welche jeder Führer besitzen muß, ist die Fähigkeit zur Überschau. Mehr als andere muß er die jeweils gegebene Lage übersehen können und aus seiner Einsicht in die gesamte Konstellation seine Urteile fällen. Führernaturen sind weiterhin befähigt, eigenartig, neuartig

---

Typen: den rationalen, konventionellen, sinnlichen und intuitiven und versucht recht interessant, wenn auch sehr hypothetisch, sie zahlenmäßig zu fassen. Gibt es, so sagt er, in einem Lande 100000, die zum sinnlichen Typ gehören, dann 10000 Konventionalisten, 1000 Intuitive und 100 Rationale. 1921 bildeten in Frankreich bei 42 Mill. Einwohnern die Verbände der geistigen Arbeiter eine Gruppe von 120000 Mitgliedern.

zu kombinieren. Sie leben mehr und anders als andere Menschen in einem Ganzen und schöpfen nun aus diesem Ganzen mit vollen Händen, suchen und finden neue Verbindungen, andere Wege, als bislang beschritten wurden. Sie lehren uns die Dinge anders sehen, eben weil sie die Gabe der Kombination in einem besonderen Grade besitzen. Dazu kommt, daß die wichtigsten Entscheidungen, vor die Führer auf allen Gebieten gestellt werden, nach dem Worte von Clausewitz' und Moltkes über den Feldherrn, „im Nebel der Ungewißheit“ gefaßt werden müssen[1]. Die Fähigkeit zu kombinieren, muß tief in die Zukunft hineinreichen, um das, was in ihr frommen wird, zu erschauen und auszunutzen. Und alsdann kommt alles an auf Eigenschaften des Willens. Und es ist hier im Frieden wie im Krieg: alles ist unsicher außer, was der Führer an Willen und Tatkraft in sich trägt (Moltke). Um aber in diesem Nebel der Ungewißheit nicht zu schwanken ist eine tüchtige Gabe Selbstvertrauen, Vertrauen auf sein Glück nötig, gepaart mit weisem Mißtrauen dem Gegner gegenüber. Mindestens nach außen hin, daher ein starker Optimismus den echten Führer kennzeichnet. Denn ohne diesen würde es unmöglich sein, diejenigen zu begeistern und mit sich zu reißen, die man führen will. Diese Begeisterung nun, die ein wahrer Führer einer Gemeinschaft stets erweckt, stammt nur zum geringen Teile daher, daß die Gemeinschaft, die ihn anerkennt, einsieht, erkennt, als richtig versteht, was der Führer will, es ist statt Einsicht und Erkennen vielmehr das Erste und das Wesentliche das Empfinden für das Richtige, ein Glauben daran. Es ist stets etwas stark Gefühlsbetontes, das Führer und Gemeinschaft verbindet. In den führenden Menschen ist der Zeitgeist wirksamer als in anderen; er verkündet sich wirksamer durch sie, und das heißt: sie sind im besonderen Grade Organe des sich kundgebenden Irrationalen im Grunde des Zeitgeschehens. Und das Volk oder die Volksteile, in denen derselbe Geist, der „Volksgeist“ waltet, können sich innerlich auf den Genius in diesem Menschen einstellen, ganz

[1] Vgl. z. B. Th. Ziehen, Die Psychologie großer Heerführer, 1916.

gewiß ohne die letzte intellektuelle Klarheit über ihr Verhältnis zu ihm. Anders im Wirtschaftsleben. Hier ist der verstandesmäßig zu errechnende Erfolg ausschlaggebend und dadurch daß sich die größere Intelligenz, im Sinne jener von uns früher schon charakterisierten Schlauheit, mit einem forschen Zupacken paart, genügt sie in ihrem Sinne auf dem Wirtschaftsmarkte und im politischen Getriebe zu führen. In Wirtschaft und Politik will oder möchte doch das Gefolge unbedingt verstehen, wohin es geht. Jeder möchte in seinem Interesse ausrechnen können, wobei er am besten fährt, wessen Rat und Führung er sich am vorteilhaftesten anschließt. Von diesen rechnerischen Dingen ist zwischen dem Führer einer Gemeinschaft und dieser Gemeinschaft keine Rede. In keiner Gemeinschaft würde solches Verhältnis genügen. Zwischen den Gemeinschaften und ihren Führern kommt es zu einem innerlichen Verhältnis, das Verehrung ist und zur Schwärmerei ausarten kann. Hier wirkt Eros und wirkt Liebe und Verehrung, Anhänglichkeit und Treue. Eros aber herrscht über den ganzen Menschen und nicht zum mindesten in dem Reiche des Unbewußten und Triebhaften und bereitet eine Gestimmtheit unter Menschen vor, die immer die Menschen in allen Teilen ihres Wesens berührt und erfaßt. Daher ist es die Einstellung des ganzen Menschen auf Seiten des Führers wie auf Seiten der Gemeinschaft, welche das geistige Verhältnis zwischen Menschen letzten Endes bestimmt und erst wertvoll macht, und damit auf beiden Seiten Hingabe an dies gemeinsame Ganze und Opferkraft für das Gemeinsame. Wo sich darum der Macht- und Herrscherwille im Dienste des Selbst bei einem Führenden auswirkt, da haben wir es stets mit einem Führer im wirtschaftlichen, sozialen oder politischen Sinne zu tun, im Gemeinschaftsverbande ist er eingegangen in das allgemeine Streben dieser Gemeinschaft und Diener für das ihr frommende Tun. Gelegentlich können sich diese Führertypen in einer Person vereinigen, und so sind sicherlich Aug. Bebel, Fr. Naumann politische Führer gewesen und zugleich von Gemeinschaften, weil sie in Rede und Schrift und durch das ganze Mittel ihrer Persönlichkeiten dem Sehnen hier des vierten

Standes dort eines großen Teiles der Intellektuellen Deutschlands Ausdruck verliehen.

Im Wirtschaftsleben, in der Politik geht es um Tatsachen, Berechnungen, Vorteile, im Geistleben geht es um Erlebnisse und geistige Werte und deren Verwirklichung im Leben. So sind darum unsere vier Schichten zugleich die Stufenfolge der Fähigkeiten, an den Gemeinschaftserlebnissen teilzunehmen. Gleichzeitig ist aber jeder Einzelne innerhalb dieser Gruppen danach selbst wieder abgestuft. Ein durchaus schöpferischer und führender Mensch wird immer auf gewissen Gebieten lediglich passiv sein, Universalgenies sind selten. Und wiederum ist der Begriff des „Passiven" durchaus relativ Rein passiv ist nur der geistig Blöde. Sonst haben alle bestimmte und, auf das Ganze gesehen, wichtige Funktionen, einer lebt im andern und bedarf zum vollen Erleben des andern und seiner Geistigkeit. Die Gruppe der Passiven, wie wir sie nannten, ist es, die jenes „immaterielle Kapital" aufhebt und bewahrt, das zuvor angesammelt und ererbt werden muß, bevor sich darüber ein irgendwie machtvolleres Gemeinschaftsbewußtsein erheben kann. Sie sind es auch, welche den Autoritäten Dauer verleihen, die breite Auswirkung und die lange Nachwirkung. Auch kann nicht verlangt werden, daß die Mehrheit der Menschen ständig oder auch nur sehr oft in den höchstgeistigen Gefilden lebt. Für die hohen Zeiten hat nicht jeder täglich Zeit, weil ihn die Lebensnot in Anspruch nimmt, Dinge, die sich niemals ändern werden. Dennoch sehen wir stets von neuem, wie das Höchste und Heiligste unausrottbar festgehalten wird und in Zeiten der ernsten Erregung oder wirklicher Gemeinschaftsnot kraftvoll sich bekundet. — Die Tätigen nun halten das geistige Gut wach durch ihre Arbeit an ihm, Arbeit für sich selber und für andere. Sie überprüfen immer wieder die Werte, vergleichen und erhärten sie. Die Führer aber bestimmen die Oberwerte, und so ändern sie auf der Tafel der Werte die Rangordnung und vermögen es auf Grund ihrer innerlichen Schau und ihrer Gestimmtheit, diesen Werten eine jeweils unbedingte Autorität zu verschaffen. Wie sie begeistern und mit fortreißen, so erziehen sie eben dadurch die Gemeinschaft, die ihnen folgt; denn sie haben die Kraft zu bewirken, daß sich diese Gemeinschaften ihren Ideen und Gedankengängen assimilieren, wie am deutlichsten vielleicht das Beispiel von Gemeinschaften zeigt, die sich um Künstler oder Dichter wie Liszt, Bach, George, Rilke bilden.

Somit hat jede einzelne Gemeinschaft innerhalb der umfangenden des Volkes den nämlichen Aufriß: Führer, Tätige und Aufnehmende, und das entspricht der Dreiheit von Wertschaffen (in jenem Sinne der Arbeit an den Wertreihen), Werthandeln und Werterhalten innerhalb einer jeden Gruppe. Und so ist es, wie wir bereits früher gesagt haben, daß jeder Mensch seine Aufgabe hat, und es ist genug, wenn er dieser dient, und er kann sie erfüllen im Leben; denn sein Leben hat kein anderes Ziel, als eben diese seine Aufgabe aufzunehmen und darzustellen; das Weitere bleibe dem Geschick der Seele nach dem Tode überlassen, wenn ihr neue Aufgaben gesetzt werden sollten. Das furchtbarste Verbrechen der „Gesellschaft" bildet es darum, wenn ihre Einrichtungen es unmöglich machen, daß sich jeder seiner Aufgabe widmen und sie erfüllen kann, ja wenn sie ihn seiner Aufgabe untreu macht und seine Kraft pervertiert, vorzeitig zerbricht, wohl gar bereits bei der Geburt durch eine erbliche Belastung ihn unfähig macht, wertig zu leben und zu schaffen. In jedem Falle — ohne irgendwelche Ausnahme gilt dies — fällt für jedermann jede Berechtigung zu einem hochmütigen Sich-erheben über andere. Muß man doch selbst jenen „Eingeweiden" ihr Recht zugestehen, eben Unterschicht zu sein und notwendige Funktionen zu verrichten. Allein diese höchste Beurteilung ist nur dem möglich, der jene Liebe zu seinem Volke besitzt und eben durch diese Liebe sein Volk will mit allem Guten und Schlechten, allem Schönen und Unvollkommenen. Und wer von dieser Liebe getrieben handelt und urteilt, der kommt auch zu einer grundsätzlich anderen Beurteilung dessen, was man die „Phasen der Kultur" genannt hat. Denn nach dieser Betrachtung erhebt sich im Sinne eines unhaltbaren Entwicklungs- und Fortschrittsgedankens eine Phase über die anderen, und die letzte ist die vollkommenste und sittlich bessere.

Und es beginnt alsdann ein Kampf derer, welche die derzeitige soziologische Struktur eines Volkes analysiert haben, gegen das, was ihnen die „niedere“ Phase wird. Da erscheinen die Anschauungen der sog. spätfamilialen oder derjenigen der hochfamilialen Phase in der Entwicklung der romanisch-germanischen Völker vom Mittelalter bis in das 19. Jahrhundert dort, wo sie heute noch vorhanden sind, schlechthin als verwerflich und zu bekämpfen. Und alles soll hineindirigiert werden in die „frühpersonale“ Phase, sogar durch schulische Maßnahmen, geeigneten Unterricht und was dergleichen Rudimente aus der Aufklärungsepoche und ihrem Schulwesen mehr sind. Diese Ansicht ist nur zu erklären aus jener Auffassung von Entwicklung und Fortschritt, die wir ablehnen mußten. Entwicklung ist vielmehr zu nehmen im Sinne der biologischen und der Bewußtseinsentwicklung als Entfaltung von Anlagen unter der Einwirkung äußerer Reize bis zur Reife und bis zur Frucht. Dann aber sind jene Kulturphasen nicht übereinanderliegende Schichten, von denen die oberste zunehmend die untere verdeckt, sondern diese Phasen sind wie die Ringe am Baumstamm nebeneinander gelagert, sie streben alle miteinander zur Höhe und sie halten alle zusammen den ganzen Baum. Solange des Baumes Kräfte reichen, legt er Ring an Ring, nicht anders legt ein Volk in der Entfaltung seiner geistigen Anlagen Phase an Phase. Und welcher Ring im Baumstamm ist da der wichtigste, der, welcher der Rinde am nächsten ist oder der, welcher sich an das Mark legt? Alle sittlichen Wertmaße, an Kulturganze angelegt, sind von solcher Relativität, daß sie wertlos werden. Es ist vielmehr als Grundlage für die geistige Struktur aller Völker anzuerkennen, daß in ihr das Gesetz der Kontinuität herrscht. In Sitte und Brauch, im Spiele der Kinder wie der Großen, in Wissenschaft, Kunst und Weltanschauung leben zu jeder Zeit Jahrhunderte nebeneinander. Durchmustert man in einer stark differenzierten Volksgemeinschaft die religiösen Vorstellungen, etwa in Italien und in Deutschland[1]), so wird

[1]) Vgl. das reiche Material, das Theodor Trede, Heidentum in der römischen Kirche, 1889ff., und Fr. Heiler, Der Katholizismus;

man darin fast alle antreffen, die je von Menschen gedacht wurden, vom Zauber und Fetisch bis zum Atheismus und zum abgeklärtesten Monotheismus. Auch die Geschichte der Metaphysik zeigt, daß in der Gegenwart sämtliche Richtungen vorhanden sind, welche seit den Tagen der alten jonischen Weisen im europäischen Geistesleben festzustellen sind. Die Untersuchung der Frage der Lokalisation der Seele belehrt darüber [1]), daß sämtliche Vorstellungen, die seit dem homerischen Zeitalter vorhanden gewesen sind, noch heute leben und nicht überwunden sind, geschweige denn, daß die Frage der Lokalisation eine „Lösung" gefunden hätte. Das Ringen des philosophischen Denkens umkreist heute noch dieselben Grundfragen wie vor Jahrtausenden, und wer will es wagen in der Geschichte der Kunst oder der Literatur von einem „Aufstieg" zu immer vollendeteren Werken zu reden, auch nur innerhalb eines einzigen Volkes? „Überragt" Dürer die Kölner Meister des 12. und 13. Jahrhunderts, Max Klinger einen Mathias Grünewald? Hebbel Wolfram oder Goethes Lyrik diejenige Walthers? Und wenn man solches behauptet, was soll das heißen, in seinem letzten begründeten Sinne? Oder wenn die Reihe verglichen wird Homer, Sakuntala, Vedendichtung, Edda, Nibelungenlied usf. Welchen Sinn hat es hier von Höher und Besser zu reden? Alle diese Erscheinungen bezeugen, daß wir von einem Gesetze reden können, von dem Gesetz der nebeneinander geschichteten Struktur aller Gemeinschaften, und es ist klar, daß auch die gesellschaftliche Schichtung ein gleiches Nebeneinander aufweisen muß.

Besäßen wir eine Erziehung zum Volke, dann wäre unser Blick von Jugend auf dafür geschärft, es wäre dieses Nebeneinander uns selbstverständliche Weisheit und wir achteten es wie ein Naturgesetz. Volkserziehung fördert daher, wo sie geschieht, auch in der planvoll angelegten Arbeit der

---

seine Idee und seine Erscheinung, 1923, bieten. Auf protestantischer Seite liegt es natürlich ganz ähnlich.

[1]) B. Revesz, Geschichte des Seelenbegriffs und der Seelenlokalisation, 1917.

Schulen und ähnlicher Veranstaltungen, Verständnis für diese Mannigfaltigkeit der Wertungen und ihre Berechtigung, und wiederum möglichst nicht allein durch das immer unzulängliche Mittel der Belehrung, sondern durch Erlebnisse. Das nicht voll zu erreichende, aber unter den gegebenen Schranken beste Mittel wäre es, wenn die einzelnen Schulklassen und besser noch ganze Schulen von Ort zu Ort wandern könnten, um in möglichst vielen Gauen ihres Vaterlandes Natur und Volk zu erleben, indem sie mit ihnen zusammenlebten — freilich nur wenn sie bereits in der eigenen Heimat wurzelfest sind, um von einem sicheren Grunde aus das Neue aufnehmen und verarbeiten zu können. Dann könnten sie ihr Volk ähnlich erleben wie der recht wandernde Handwerksbursche und Studio von ehedem, wie es sich heute abertausende unserer Jugendlichen erwandern und die Werkstudenten der eisernen Not gehorchend kennen lernen. Es wäre gewiß nicht schlecht, wenn jeder erwachsene Deutsche verpflichtet würde, anstatt der früheren zwei Militärjahre nun außerhalb eines Ringes von mindestens 100 km von seinem Heimatorte entfernt zu leben und zu arbeiten. Einstweilen muß Bestes erhofft werden von dem Zusammenleben der Kinder aller Volksklassen in einer rechten Schulgemeinde, während von dem gemeinsamen Unterrichten in der alten „Einheitsschule" wenig ja nichts für unsern Fall zu erwarten war; und das Zusammenleben in den Schulheimen und auf Wanderfahrten mag ein Weiteres zu einem wirklichen Verständnis für Volksgemeinschaft beitragen.

7. Die freie Volksschule: Die letzten Gedanken bekräftigen bereits unsere Forderung nach einer „Freien Volksschule", und nach ihrer Selbstverwaltung durch Familie und Erzieherschaft. Immer ist wahr gewesen, was Pestalozzi[1]) gesagt hat, „daß die Menschheit in Rücksicht auf die Individualbesorgung unseres Geschlechts, in Rücksicht auf Volksbildung und Volksbesorgung und den ganzen Umfang der Fundamente des Volkswohls von den Regierungen nicht zu

---

[1]) Wie Gertrud ihre Kinder lehrt, 12. Brief.

viel und nicht das erwarten darf, was diesfalls von den Individuen im Volk allein geleistet werden kann. Nein, es ist eine ewige, aus der Menschennatur leicht erklärbare und durch die ganze Weltgeschichte bestätigte Wahrheit, was diesfalls von der Belebung und Erhebung der Individuen im Staat, d. h. vom Volk geleistet werden kann, das kann die Regierung nie also leisten. Man darf es auch nicht von ihr erwarten, noch viel weniger fordern". Damit fällt aber die praktische Durchführung den Familien und den Berufserziehern zu. Es gibt keine anderen Kreise, die zu einer wahren Volkserziehung befähigt sind. Volkserziehung heißt Einordnung, Einleben in das Ganze eines Volkslebens, und ist immer zweierlei: das unbewußte Sichhineinleben und organische Sichanpassen und die absichtsvollen Veranstaltungen dazu. Wo aber sind in einem Volke diejenigen Kreise zu finden, welche imstande sind, die aufwachsende Generation, soweit dergleichen irgend möglich ist, absichtlich und doch allen politischen und wirtschaftlichen Sonderzwecken fern nur auf die Volksgemeinschaft einzustellen, auf ihre höchsten Güter und Lebenswerte? Vollkommen unfähig dazu sind die Interessentengruppen des Wirtschaftslebens, politische Parteien und andere Erwerbsverbände. Es liegt nicht im Wesen des Staates, wie sehr auch immer noch staatsbegeisterte Menschen ihm die höchsten Kulturaufgaben zuweisen möchten. Wir haben, wie ich hoffe, deutlich genug erkennen lassen, warum er in diesen Aufgaben versagen muß, ebenso wie die Kirchen. Wirtschaftlich gerichtete Gruppen erziehen nie zu den Tiefen des Lebens, weil sie sein Gebiet nur umspülen, man braucht nur an das erbärmliche Verständnis für den jugendlichen Menschen in den Kreisen der Arbeitgeber und auf sie eingestellter Schulräte und Schuldirektoren der Berufsschulen zu denken oder in den politischen Parteien. Der Staat gebraucht seinen Zwang, die Kirche ihre liebeleere Unduldsamkeit, um jene Einordnung zu bewirken. Aber das kann nur einseitige oder verbogene und verkrüppelte Menschen geben, und der freie Bürger entwickelt sich immer im Gegensatz und nur zu oft dann auch im Haß gegen diese Einrichtungen, und ist damit um sein

Bestes gebracht, weil er nicht mehr wahrhaft frei werden kann. Desgleichen kommen aber auch Staat und Kirche auf diese Weise um die wahre und ihnen gebührende Anerkennung, ja Achtung. Das ist der Schaden, der Staaten verwüstet und Kirchen niederreißt und blühende Länder zerstört, und doch ist dieses niederreißende Verhalten gegenüber Wirtschaft, Staat und Kirche von Grund auf falsch. Es sind notwendige Gebilde, sie müssen sein, die Lebensnot erheischt sie. Und wenn auch ein Blick in eine Zukunft getan werden darf, in der es weder Staat noch Kirche gibt, so wissen wir es doch nur zu genau, daß es für unser Leben und das der nächsten Generationen auf Jahrhunderte hinaus, zum allermindestens für die Organisation des Erziehungswesens nicht die geringste praktische Bedeutung hat, wenn wir davon absehen, daß nach Möglichkeit die Richtung auf diese Zeit schon heute eingehalten werden sollte. Heute und auf lange Jahre hinaus liegt es aber auch im wohlverstandenen Interesse der genannten Kreise, wenn sie die Schulerziehung in solche Hände legen, aus denen sie Mitglieder und Mitarbeiter zurückerhalten, die vom rechten Verständnis für sie erfüllt sind und die nicht eines Tages aufwachen und erkennen, sie seien von einer Gruppe ihres Volkes für Sonderinteressen mißbraucht worden und sich in Haß und Verachtung gegen sie kehren.

Diejenigen Kreise, welche in unsrer Epoche einzig und allein zur Leitung der Schule in äußeren und inneren Angelegenheiten in Frage kommen, das sind eben die Familie und die Erzieherschaft, und zwar beide untrennbar zusammen. Ich suchte zu zeigen, wie die Familie zwischen dem einzelnen und seinem Volke vermittelt und wie in jeder Familie ein erweiterter Gesichtskreis vorhanden ist, weil sie sich auf alle Lebensfragen erstreckt, keineswegs etwa einseitig auf Erwerb oder auf Politik oder auf Religion oder etwas dergleichen, sondern tausendfältig verwoben, immer auf eine Vielheit von Fragen, auf ein Lebensganzes. Dabei ragt die Familie hinein in die Reiche der Lebensnot, in denen sie mitten inne steht. Es ist nirgends eine idealisierte Gemeinschaft, sondern eine lebenswahre, auch lebensharte, aufgeschlossen für die Wahrheit des Wortes: Arbeit ist not. Und dann ist sie wieder innerhalb der Völker diejenige Ordnung von Menschen, in der das über Wirtschaft, Staat und Kirche hinausliegende Wertleben entsteht und erhalten wird und zuerst sich wandelt, auch der Ort, in dem die innigsten Neigungsgefühle der Menschen zueinander geboren und zuerst betätigt werden. Hier und nirgends anders in der Welt, von Busenfreundschaft abgesehen, die aber selten ein ganzes Leben hindurch währt, wird der Mensch im vollen Umfang seines Wesens gewollt und gewertet. Es gibt keinen andern Kreis, der das gleiche volle Interesse an der Jugend hat, wie es eben die Familie an ihren Kindern hat, und der so leicht über die Liebe zu den eigenen Kindern den Weg zur Liebe für Kinder überhaupt, aller Stände und aller Völker, finden kann.

Immer ist es darum auch wahr gewesen, was Fr. W. Dörpfeld so ausgedrückt hat: die Familie ist der Vollinteressent an der Erziehung und das Familieninteresse schließt die Teilinteressen des Staates, der Kirche und der bürgerlichen Gemeinde als Bestandteile in sich. Denn jede Familie, die sich ihrer Erziehungspflicht klar bewußt ist — (und diese Verpflichtung ist nicht zum Nutzen für die Gesamtheit bedenklich stark ihr gerade durch die vom Staate verordnete Zwangsschulpflicht abgenommen worden, richtiger, ihr Gefühl für diese unaufhebbare Verpflichtung ist ihr dadurch verwirrt, manchmal leider sogar vernichtet worden) — muß die ganze Erziehungsaufgabe bedenken, ihr muß die ganze Persönlichkeit des Kindes am Herzen liegen. Und so fährt er fort: „Nicht Staat, Kirche und bürgerliche Gemeinde sorgen für den leiblichen Unterhalt der Kinder in Nahrung, Kleidung, Wohnung usw., sondern diese Pflicht ruht lediglich und ganz auf der Familie. Und da der Geist mehr ist als der Leib, so müssen die Eltern nur viel lebhafter die Pflicht fühlen, für die Geistespflege, für Unterricht und Erziehung zu sorgen. Weder der Staat, noch die Kirche, noch die bürgerliche Gemeinde, sondern die Familie ist es, welche das volle Weh zu tragen hat, wenn die Erziehung mißrät. Jene drei Gemeinschaften nehmen ihr von diesem Leid nichts ab und können es nicht [1]). . . Es steht darum fest: solange die Kinder den Eltern gehören, und solange die Eltern es sind, welche die Sorge und Kosten der leiblichen und geistigen Pflege, samt den schlimmen Folgen einer vielleicht mißlungenen Erziehung zu tragen haben, solange wird der Familie bei der Erziehung die erste und Hauptstimme gebühren" [2]).

Neben die Familie aber hat die Erzieherschaft zu treten, das ist der Kreis von Männern und Frauen, die, getrieben durch ihre Liebe zum Kinde und zum aufwachsenden Menschen, ihr Leben diesem Berufe, diesem Dienst an der Entfaltung menschlichen Lebens zur Reife erster Männlichkeit und ersten Frauentums geweiht haben. Sie ist mehr als eine Körperschaft, welche die Männer und Frauen umschließt, welche die Unterrichts- und Erziehungsfragen von Fach vertreten und sich in diesen Dingen didaktisch-technisch zu vervollkommnen suchen. Sie soll vor allem auch in der Lage sein, aller Einseitigkeit und dem Ichsüchtigen, das ja jeder Familie mitanhaften muß, entgegenzutreten und ausgleichend zu wirken, indem sie stets die Richtung auf das Volksganze sieht und weist und selber einhält. Während die Familie die Erzieherschaft davor schützt, daß sie nicht in blasse Ideologien verfällt, wie sie sich im alten Schulsystem und zu dessen Begründung entwickelt haben, und somit auch der Schularbeit die Berührung mit dem wirklichen Leben erhält (stets müssen die Betätigungen der Kinder durch den Arbeitskreis der Familien, aus denen sie kommen, auch im Schulleben mitbedingt sein), so gleicht die Lehrerschaft das Egoistische der Familie aus, da sie nicht auf dieses oder jenes Kind hin ihre Arbeit tut, sondern um aller Kinder des Volkes willen, weil sie der ganzen Jugend dient. Auch deswegen müssen die Stände der Lehrer zerbrochen werden als ein Fluch und als ein Ver-

---

[1]) Was sie können, das ist nur die Achsel zucken, Beileidsworte finden, aber an das innere Weh einer Mutter, eines Vaters, deren Kind an der Gesellschaft, die jene insgesamt bilden und stützen, zerschellt ist, reicht nichts und kann nichts reichen.

[2]) Fundamentstück, S. 65f., Bd. VII der Ges.-Schriften.

brechen wider die Volksgemeinschaft. Alle müssen in dem Geiste ihre Ausbildung suchen, daß sie allen Kindern ihres Volkes dienen wollen, ja den Kindern überhaupt, wo in der Welt sie ihren Dienst brauchen werden. Es muß deswegen alles getan werden, um diesen Stand für seinen Beruf freizumachen. Aufgabe der Familie ist es, durch ihre Zugehörigkeit zur bürgerlichen Gemeinde und zum Staate dahin zu wirken, daß zur Ausübung des Berufs die wirtschaftlichen Sicherheiten gewährleistet werden, vor allem aber muß die neue Erzieherschaft durch ihren ganzen Bildungsgang innerlich frei geworden sein, sie muß darum als Einheit selber das Beste dazu tun. Und dieses Beste liegt nicht auf dem Wege über eine Lehrergewerkschaft, wirtschaftliche Vorteile und Standesinteressen durchzusetzen, sondern wird gefunden im Kampfe um ihre innere Freiheit für den Beruf. Und diese innere Freiheit wird sie sich nach zwei Seiten hin erringen und bewahren müssen: einmal die Freiheit von allem Zwang äußerer Gewalten, die für die Erziehung Richtlinien geben wollen, welche in Wahrheit von dem Ziel der wahren Volkserziehung abführen, und hierzu gehört dann auch, daß man sich nicht selber als Erwerbsgruppe oder Machtgruppe im Sinne politischer Kliquen organisiert und in der Besoldungsgruppe und dem Titelwesen ein Wesentliches sieht. Das sind zum Teil Lebensnotwendigkeiten, die auch sein müssen, allein die Aufgabe der Erzieherschaft liegt darüber hinaus in einem anderen Reiche, das nicht von dieser Art ist, aber in dieser Welt von ihnen in erster Linie mitbegründet werden soll. Und daher ist die zweite und höhere Aufgabe die, sich alle Mittel zu beschaffen, innerlich frei zu werden und frei zu bleiben. Und hier rühren wir an die Fragen der Ausbildung der neuen Berufserzieher und ihrer Fortbildung, eine Frage, die ebenso wichtig ist wie die erste[1]).

---

[1]) S. m. Antrittsvorlesung: „Der Bildungsweg des neuen Erziehers auf der Hochschule," 1924; auch abgedruckt in der Zeitschrift f. päd. Psychologie, Jan. 1924.

Die zur Gilde der Erzieher zusammengeschlossene und zum Kampf um die Erhaltung und Bereicherung ihrer inneren Freiheit für eine reine und ungetrübte Durchführung ihres Berufes entschlossene Erzieherschaft wird Hand in Hand mit den Familien unserer Jugend den Weg zum Volksbürgertum im Vollsinne dieses schönen Wortes bereiten helfen; sie wird die Volkserziehung durch die freie allgemeine Volksschule wahr machen.

Von demselben Verfasser:

1. Der Entwicklungsgedanke in der Philosophie Wundts. Leipzig 1908.
2. Die Philosophie Friedrich Adolf Trendelenburgs. Hamburg 1913.
3. Goethe und Aristoteles. Braunschweig 1914.
4. Gemeinschaft und freies Menschentum, die Zielforderungen der neuen Schule. Gotha 1919.
5. Die Geschichte der aristotelischen Philosophie im protestantischen Deutschland. Leipzig 1921.
6. Der Bildungsweg des neuen Erziehers auf der Hochschule. Leipzig 1924.
7. Den nyeuropaeiske Skolebevaegelse. Kopenhagen 1924 (weitere Übersetzungen in Vorbereitung).
8. Wilhelm Wundt und seine Zeit. (Erscheint, Stuttgart, Herbst 1924.)

Sammelschriften:

1. Der Aufstieg der Begabten. Leipzig 1916.
2. Der Kampf um die Schuldauer. Gegen jede Verlängerung des Lehrgangs der höheren Schule. Berlin 1921.
3. Die vier Hauptaufgaben der neuen Berufsschule und die Berufsschulgemeinde. Forderungen und Begründungen. 1924.

Kolibri 360 GmbH
Ferdinand-Jühlke-Straße 7
99095 Erfurt, Deutschland
produktsicherheit@kolibri360.de